公共数据的价值共创

开放、共享到授权运营

凌帅 著

机械工业出版社
CHINA MACHINE PRESS

本书深入探讨了在数字经济时代，公共数据作为关键生产要素的重要性以及如何通过开放、共享、授权运营来实现其价值共创。重点研究了公共数据授权运营的理论和实践，为我国各地推进公共数据授权运营提供了有益思路。最后从应用场景、产业赋能以及政策设计三个方面阐述了公共数据价值共创的未来发展趋势。本书适合数据治理和管理领域的研究人员和学者、公共政策制定者和政府工作人员、企业管理者阅读。

图书在版编目（CIP）数据

公共数据的价值共创：开放、共享到授权运营 / 凌帅著. -- 北京：机械工业出版社，2024.11（2025.3 重印）. -- ISBN 978-7-111-76802-9

Ⅰ . G250.73

中国国家版本馆 CIP 数据核字第 2024LK4922 号

机械工业出版社（北京市百万庄大街 22 号　邮政编码 100037）
策划编辑：朱鹤楼　　　　　责任编辑：朱鹤楼　廖　岩
责任校对：王荣庆　陈　越　责任印制：邓　博
北京盛通数码印刷有限公司印刷
2025 年 3 月第 1 版第 2 次印刷
169mm×239mm • 18.75 印张 • 2 插页 • 259 千字
标准书号：ISBN 978-7-111-76802-9
定价：128.00 元

电话服务　　　　　　　　　网络服务
客服电话：010-88361066　　机 工 官 网：www.cmpbook.com
　　　　　010-88379833　　机 工 官 博：weibo.com/cmp1952
　　　　　010-68326294　　金 书 网：www.golden-book.com
封底无防伪标均为盗版　　　机工教育服务网：www.cmpedu.com

凌帅

天津大学管理科学与工程专业博士、管理与经济学部副教授、博士生导师，现代城市治理实验室（天津市重点实验室）执行主任；美国范德堡大学欧文商学院访问学者，国家保密学院数字安全创新实验室主任，管理科学与工程学会青年工作委员会委员。主要研究城市治理、数据治理、交通运营管理，主持和参与了包括国家自然科学基金青年项目、面上项目、重点项目，以及科技部重点研发计划项目等10余项国家级项目，在 Transportation Research Part A/B/C、《中国管理科学》等国内外权威学术期刊发表论文三十余篇，所撰写的资政建议有3份获得重要领导同志批示、6份获得中央有关部委采纳、20余份获得省部级相关部门采纳或在内刊出版。曾荣获全国高校教师创新大赛三等奖、天津市社会科学优秀成果二等奖等多项奖励；作为领域专家为国内多家企事业单位提供咨询工作。

前言

在数字经济时代,数据已经成为关键生产要素,从个人生活到企业经营,从政府治理到科学研究,数据的应用无处不在。2024 年政府工作报告中提出,要大力推动数据开发开放和流通使用,以广泛深刻的数字变革,赋能经济发展、丰富人民生活、提升社会治理现代化水平。而公共数据作为全社会数据资源的重要组成部分,涉及政府行政记录、财务信息、城市规划、交通管理等多个行业领域,这些数据的规模宏大、覆盖广泛,且质量较高,蕴藏着巨大的经济和社会价值。从国家层面到地方政府,从社会治理到经济发展,公共数据的开放与利用正逐步成为推动社会创新、促进公共和经济领域融合发展的关键力量。如何有效地开放、利用公共数据,推动价值共创,已成为摆在我们面前的重要课题。

过去,公共数据因其权属特性的限制,主要局限于政府体系和相关部门之间流通,对外界或非指定机构则相对封闭。随着数据资源在数字经济中的重要性不断提升,公共数据的价值逐步由封闭向市场释放。近年来,我国各地政府积极免费开放共享部分公共数据,取得了一定成效,公共数据开放平台逐年增长,但该机制下政府部门缺乏对数据实现合规化治理和产品化开发的能力,出现了诸如公共数据开放范围不广、数据质量参差不齐、时效性差、供需不匹配等问题。2022 年 12 月,"数据二十条"发布,文件首度强调推进公共数据的确权授权机制,加强汇聚共享和开发开放,强化统筹授权使用和管理,推进互联互通,打破"数据孤岛"。在中央政策的引导下,各地政府积极建立公共数据授权运营管理机制,引入专业化、市场化的授权运营单位对公共数据资源进行运营开发，将原始数据转化为高质量的数据产品和服务，不仅加快了公共数据的有序开发利用，更为政府带来了经济收益，激励了政府更积极地参与公共数据的供给与利用，同时也激发了企业参与公共数据的利用与创新的动力，推动了公共数据的价值共创，为公共数据的深度开发和广泛应用开辟了新的道路。

我国的公共数据授权运营工作总体上还处于发展的初级阶段，尽管已有一些地区和机构在公共数据授权运营方面进行了尝试和探索，但整体上仍面临着诸多挑战和困难。为此，本书基于公共数据的理论内涵和政策基础，探讨了公共数据如何从开放共享走向授权运营。本书系统地梳理了公共数据授权运营的理论框架，结合公共数据授权运营在重点行业和领域的典型应用场景，对授权运营落地推动和实现公共数据价值共创的关键点和难点进行分析总结，反映了公共数据授权运营实践和理论成果。

本书分为 10 章，第 1 章至第 4 章为公共数据的理论基础与政策梳理总结，第 5 章至第 10 章为从开放共享到授权运营的研究部分，具体内容如下。

第 1 章，阐述了数据要素作为核心引擎的重要作用。首先回顾了数字经济的发展历程，接着分析了数据要素在经济和技术创新中的关键地位，最后强调了公共数据作为高质量数据要素的关键作用及其对数字经济发展的重要作用。

第 2 章，是数据要素的发展背景和基本概念的梳理总结。首先阐述了数据要素的概念、特点和分类，然后重点分析了数据要素化的路径，最后探讨了数据要素化的关键突破口。

第 3 章，将从理论层面探讨公共数据的内涵及其开放共享的动力。首先介绍了公共数据的"来龙去脉"，接着探讨了公共数据和政务数据的区别，最后分析了公共数据的内涵与外延。

第 4 章，进一步对公共数据的政策基础进行深入研究。首先分析了国外公共数据政策的发展情况，其次重点梳理划分了我国公共数据政策的不同发展阶段，最后深入总结了国内外公共数据开放政策的经验借鉴。

第 5 章，重点研究了公共数据开放共享的现状与实践困境。本章首先基于平台建设层、数据供给层和开发利用层分析了公共数据开放共享的现状，然后深入研究了公共数据开放共享面临的实践困境。

第 6 章，是公共数据授权运营的理论研究部分。首先分析了公共数据授权运营与开放共享的区别，阐述了授权运营的内涵和理论基础，然后分析了公共数据授权运营里的价值共创，最后深入分析了公共数据授权运营模式。

第 7 章，探讨了如何保障公共数据的质量。首先分析了公共数据治理的原则和现状，其次讨论了公共数据的质量管理内涵和评估标准，确保数据的准确性、完整性和可靠性，最后提出了公共数据授权运营背景下的公共数据治理全生命周期模型和路径。

第 8 章，探讨了公共数据授权运营中的安全保障机制。首先分析了公共数据授权运营的安全现状，然后重点探讨了从组织、制度、技术和监管四个方面构建公共数据授权运营安全保障体系，最后进行了案例分析。

第 9 章，分析了公共数据授权运营在各个领域的应用场景和实践经验。本章从行业数据特点、授权主体、运营主体以及授权模式等方面重点分析了三个行业领域授权运营的典型应用场景。

第 10 章，探讨公共数据授权运营在应用场景、产业和政策等方面的发展动向。

本书不仅反映了公共数据授权运营的实践和理论成果，也为政府、企业和研究机构提供了宝贵的参考和借鉴。本书适合对公共数据开放共享和授权运营感兴趣的读者阅读，包括政府工作人员、企业管理人员、科研人员以及相关专业的学生等。通过对本书的阅读，读者可以深入了解公共数据的重要性、开放共享的必要性以及授权运营的有效性，为推动公共数据的价值共创提供有益的思路和方法。

本书的出版离不开团队的支持。感谢我的学生对本书的贡献，参与到各章节的资料收集整理、内容审校等工作中,他们是周梦圆、胡兆英、王阳、樊佳磊、曾思诚、丁瑾轩、马晨贺等。在成书的过程中,特别感谢我的学生谢肖蝶对本书的统稿给予了大力支持。

  受作者水平所限,书中难免存在疏漏之处,恳请读者提出宝贵的批评和建议,使本书日臻完善。

前言

第1章 导论 /1

    1.1 数据要素是数字经济深入发展的核心引擎 /1

    1.2 公共数据是高质量数据要素供给源 /4

    1.3 公共数据价值激活新质生产力 /6

第2章 时代背景：数据要素化的理论与实践 /9

    2.1 数据要素的基础概念 /9

    2.2 数据要素价值的实现路径 /18

    2.3 数据要素市场化实践 /24

第3章 理论内涵：公共数据的概念与开放共享的动力 /41

    3.1 公共数据的概念 /41

    3.2 公共数据开放共享的动力 /54

第4章 政策基础：国内外公共数据开放相关政策分析 /65

    4.1 欧美、日本积极探索公共数据开放模式，政策持续聚焦落地 /65

    4.2 我国政策不断强化，推进公共数据开放运营 /72

    4.3 国内外公共数据开放政策经验借鉴 /96

第5章 对话现实：公共数据开放共享的现状与困境 /103

    5.1 公共数据开放共享现状 /103

    5.2 公共数据开放共享面临的实践困境 /132

第6章 时代背景：数据要素化的理论与实践 /140

    6.1 公共数据从开放到授权运营 /140

6.2　公共数据授权运营理论基础　/ 146

　　6.3　公共数据授权运营的内核：推动价值共创　/ 152

　　6.4　公共数据授权运营模式　/ 156

第 7 章　质量保障：公共数据的数据治理　/ 170

　　7.1　公共数据治理　/ 170

　　7.2　公共数据的质量管理　/ 175

　　7.3　公共数据治理流程：基于数据全生命周期　/ 183

第 8 章　安全保障：公共数据授权运营安全体系建设　/ 197

　　8.1　公共数据的安全现状　/ 197

　　8.2　公共数据授权运营安全保障体系　/ 203

　　8.3　公共数据授权运营安全体系实践案例分析　/ 219

第 9 章　智慧融通：公共数据授权运营的典型场景　/ 228

　　9.1　医疗健康领域　/ 228

　　9.2　交通运输领域　/ 237

　　9.3　金融服务　/ 243

　　9.4　其他领域　/ 250

第 10 章　未来展望：公共数据授权运营的未来发展趋势　/ 257

　　10.1　公共数据授权运营的未来应用场景创新　/ 257

　　10.2　支撑推进未来产业发展　/ 267

　　10.3　公共数据价值共创的未来政策设计　/ 272

附录　/ 279

参考文献　/ 281

第1章 导　论

随着信息技术的飞速发展，特别是互联网、大数据、区块链、云计算和 AI 等技术的广泛应用，数字经济已经成为全球经济增长的新引擎，推动了全球资源重组、经济结构重塑和竞争优势重构。我国高度重视数字经济发展，出台多项政策以促进数字经济建设。在这一宏大的时代背景下，公共数据作为数字经济的重要基石，其开放、共享与授权运营不仅关乎数据资源的有效利用，更是推动数字经济持续健康发展的关键所在。公共数据作为政府和社会公共机构掌握的重要信息资源，具有广泛的应用价值和深远的社会影响。通过对公共数据的开放、共享和授权运营，可以充分发挥公共数据的价值，推动数字经济持续健康发展，为构建数字中国、实现经济社会的高质量发展做出积极贡献。

1.1　数据要素是数字经济深入发展的核心引擎

数字经济已经成为各国抢占未来发展的制高点。作为农业经济和工业经济之后的主要经济形态，它以现代信息网络为主要载体，通过信息通信技术的深入融合应用以及全要素的数字化转型，来推动经济的增长，促进效率和公平的双重提升[1]。根据国际数据公司（IDC）的预测，到 2025 年，全球数字经济规模将达到 23 万亿美元，占全球 GDP 的 24.3%，其中，中美欧是数字经济的主要推动力㊀。

㊀ 数据来源：https://www.huawei.com/cn/news/2018/5/Huawei-Global-Connectivity-Index-2018。

党的十八大以来，我国对数字经济的重视程度不断加强，习近平总书记多次强调要"不断做强做优做大我国数字经济"，国家先后出台《国家信息化发展战略纲要》《数字经济发展战略纲要》《"十四五"数字经济发展规划》《"十四五"大数据产业发展规划》《数字中国建设整体布局规划》等数字经济纲领性发展文件，不断推进我国数字经济建设[2]。数字经济已成为推动我国经济增长的重要引擎，是我国经济社会发展的稳定器、加速器、倍增器。如图 1-1 所示，2023 年我国数字经济规模达到 56.1 万亿元，同比名义增长 11.8%，占 GDP 比重达到 44%，预计到 2025 年我国数字经济规模将超过 60 万亿元⊖，我国数字经济展现出蓬勃的发展势态和光明的发展前景。

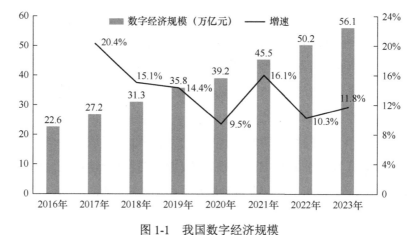

图 1-1　我国数字经济规模

（资料来源：中国信通院、https://www.cac.gov.cn/2024-03/12/c_1711914435806252.htm。）

随着信息技术与人类生产生活的深度融合，加之互联网的广泛普及，全球数据量呈现出爆炸性增长，形成了蕴含巨大经济和社会价值的海量数据资源。数据资源是数字经济的关键要素，对数据资源价值的挖掘和利用，正在推动数字经济的蓬勃发展，并深刻地改变着社会和经济的运行模式。

数据要素是数字经济蓬勃发展的核心动力。作为一种新型生产要

⊖ 数据来源：《数字中国发展报告（2022 年）》。

素,数据要素不同于传统工业经济时代的劳动、土地、资本,它具备可共享、可复制、无限供给的特性,从而突破了传统生产要素供给限制对经济增长的制约,对推动经济增长具有倍增效应。习近平总书记指出:"要构建以数据为关键要素的数字经济",充分发挥数据要素这一新型生产要素的作用,推动数据要素价值的不断释放,提高社会生产效率,推动经济持续高质量发展。

首先,在生产要素层面,数据要素作为新型生产要素参与到产业发展的各个环节,推动生产方式变革,推进产业创新发展,进而促进数字经济高速发展。从制造业这一传统工业经济时代的主导产业和实体经济的核心来看,劳动、土地、资本等作为传统生产要素促进了制造业的创新和高质量发展。在数字经济时代,数据要素成为制造业发展的核心驱动力,全面融入其各个环节。从产品研发到生产制造,再到销售服务,数据要素通过大数据、人工智能等先进技术,高效连接产业链的不同部分,促进各环节间的协同合作,显著提升了产业发展的资源配置效率。数据要素为产业发展注入了新动能,数字技术与实体经济的融合加速了数字产业化和产业数字化的转型进程,为经济社会的稳健发展注入了源源不断的动力。依托海量的数据资源,大力推动数字产品制造业、数字产品服务业、数字技术应用业以及数字要素驱动业等多个领域的蓬勃发展,从而为数字经济注入强大的动力,实现数字产业的全面赋能和升级。

其次,数据要素作为数字经济的基础资源,不仅承载着丰富的信息和知识价值,还能通过分析和挖掘促进决策优化、知识发现和技术创新,进而推动数字技术创新和应用的核心。数据要素正迅速渗透到生产、分配、流通、消费以及社会服务管理等的各个环节中,为生产方式、生活方式以及社会治理模式带来了翻天覆地的变革[3]。当数据要素与其他生产要素相结合发挥乘数效应时,就能精准匹配供需,优化价值链,从而显著提升劳动力、资本等要素在各行业中的价值[4]。在经济领域,数据的交易和共享为创造新的经济增长点提供了可能。此外,数据作为数字技术创新的核心驱动力，支撑了大数据、云计算、人工智能等前沿技术的发展，推动整个社会的数字化转型。

最后，数据要素价值化的过程，为数字经济提供了源源不断的动力。数据要素的价值实现需要经历数据要素资源化、资产化和资本化的路径[5]。在这三个阶段中，数据价值得到了充分挖掘，为数字经济的持续增长提供了不竭动力。在数据要素资源化阶段，数据被收集、整理、清洗、加工和存储，从未经加工的原始状态变为可被利用的资源。在这个阶段相关的数字经济产业，包括数据采集和存储服务、大数据分析和挖掘技术以及数据安全和隐私保护服务，为数字经济提供了基本的数据基础设施和技术支持。在数据要素资产化阶段，围绕数据的价值创造而进行的一系列包括数据采集、加工、治理、开发以及交易等诸多环节和流程使得数据被加工和分析，转化为具有特定价值和用途的资产，相关的数字经济产业包括数据分析和商业智能服务、人工智能和机器学习应用以及数据驱动的决策支持系统，帮助企业和组织更好地理解和利用数据，从而优化业务运营和提高效率。在数据要素资本化阶段，数据被转化为可以产生经济价值的资本，通过交易、共享和交换来实现价值最大化，包括数据的商业化、数据交易平台的建立以及数据共享和合作模式的形成，相关的数字经济产业包括数据市场和交易平台、数据服务和解决方案提供商以及数据合作和共享平台，促进了数据的流通和利用，帮助各个行业和组织共享并获益于数据资产。

1.2 公共数据是高质量数据要素供给源

数据是数字时代的关键性生产要素，是国家基础性战略资源[6]。近年来，我国数据产量快速增长，数字经济规模不断扩大。中商产业研究院发布的《2024—2029年中国大数据中心建设情况及发展前景研究报告》显示，2022年我国数据产量为8.1ZB，同比增长22.7%，占全球数据总产量的10.5%，位居世界第二。如图1-2所示，2023年我国数据产量达到约 9.5ZB，预计 2024 年数据产量将增至 10.6ZB。海量的数据资源奠定了数字经济中新产业、新业态和新模式发展的基石[7]。

图 1-2　2019—2024 年中国数据产量趋势图

（资料来源：国家互联网信息办公室、中商产业研究院整理。）

虽然我国拥有丰富的数据资源，但仍然存在数据高质量、有效供给不足的问题。2022 年 12 月《中共中央 国务院关于构建数据基础制度更好发挥数据要素作用的意见》（即"数据二十条"）发布，提出要进一步完善数据要素供给制度。文件强调加快构建数据基础制度的紧迫性，充分释放中国海量数据的规模和应用潜力，激活数据要素潜能，强化数字经济发展，为经济增长注入新动力。数据要素的高质量供给是数据价值释放的源泉，也是完善数据要素供给制度的重要抓手。只有大规模、高质量的数据得以投入生产，在要素市场进行流通、使用、复用，才能实现从数据到数据要素的转变。

公共数据是数据要素市场的核心基础资源，也是高质量数据要素的关键供给源，具有无可替代性[8]。公共数据包括政府机构、公共服务机构和公共基础设施等多种主体所产生的数据，这些数据不仅具有管理公共事务的职能，还涉及政务服务、教育、医疗、交通、能源等多个重要领域，呈现出总量大、种类多、形式多、来源主体多的特点，蕴含着巨大的经济和社会价值[9]。公共数据来源于官方渠道，其采集、整理、发布等环节均受到政府部门或相关机构严格的监管和审核，是政府和公共服务机构的官方记录和反映，具有真实性和准确性，在各个领域中均具有重要的参考价值。2023年12月31日财政部印发的《关于加强数据资产管理的指导意见》明确指出，需要通过加强和规范公共数据资产的基础管理，探索公共数据资产的应用机制，推动高质量公共数据资产的供给，从而有效释放其价值。根据麦肯锡的估算，我国公共数据开放的潜在价值高达10万亿至15万亿元，相当于2020年全国财政收入的约55%~82%。另有研究表明，政府部门掌握的数据资源占全社会数据资源总量的约80%[10]。

公共数据是国家资源的重要构成部分，对经济社会发展具有重要的作用。作为数字化转型与变革的基石，它提供了高质量的数据供给，助力各行各业推动数字化进程，蕴含着巨大的经济和社会意义。在我国当前推动数字中国建设及数字经济高质量发展的背景下，公共数据是不可或缺的基础资源和生产要素[8]。

1.3 公共数据价值激活新质生产力

2023年9月，习近平总书记在黑龙江考察调研期间首次提出"新质生产力"，强调通过科技创新驱动实现高质量生产力，引领发展战略性新兴产业和未来产业，提升资源配置效率，增强发展新动能、新优势，加快形成新质生产力。2024年1月31日，总书记在中共中央政治局第十一次集体学习时强调，推动新质生产力发展是高质量的内在要求和重要途径，必须持续进行创新探索，加快新质生产力的发展步伐。

新质生产力作为当前我国经济发展的重要动力，以高科技、高效能、高质量为特征，旨在提升全要素生产率，推动我国经济高质量发展。新质生产力的高科技、高效能和高质量特征体现在它摆脱了过去发展中对自然资源和能源的高度依赖，通过使用数字智能技术，大幅提高对资源的利用率，进而提高生产效率。而数字智能技术的发展高度依赖于数据资源，人工智能、大数据分析、云计算等技术的核心都在于对大量数据的收集、处理和分析。因此，数据要素是数字智能技术发展的基石，进而成为推动新质生产力发展的关键因素。

2023 年 12 月,国家数据局发布的《"数据要素×"三年行动计划（2024—2026 年）》,指出让"数据要素应用广度和深度大幅拓展,在经济发展领域数据要素乘数效应得到显现",促进"产业变革深入发展"。数据要素作为新质生产力的核心要素,发挥着至关重要的乘数效应,推动数字经济全要素生产率的提高。有研究指出"数据要素×"通过优化生产要素、提升生产过程智能程度、减少资源浪费、提高生产效率和产品质量,以及推动技术创新和生态系统构建,全面促进新质生产力的发展[11],其理论模型图如图 1-3 所示。

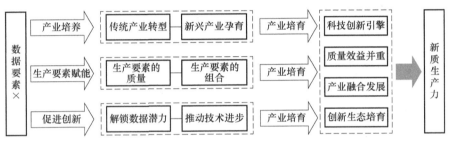

图 1-3 "数据要素×"驱动新质生产力的理论模型图

在"数据要素×"驱动新质生产力的路径过程中,数据共享机制和开放平台的建立成为关键,而公共数据作为高质量数据要素供给源,其价值能否得到充分释放,直接影响到数据要素在推动新质生产力发展中的作用。公共数据的价值在国家治理、经济增长和社会发展中的应用潜力极大,亟须释放这些公共数据的潜在价值。

在国家治理领域,公共数据的应用展现出巨大潜力。它不仅助力政策制定者深入洞察社会需求和挑战,催生更为精准有效的政策方案,还为政府监管机构提供了强有力的工具,以监督市场动态,保障法律规章得到切实执行,维护市场秩序不受侵害。进一步地,公共数据的运用在优化公共服务方面也发挥着重要作用,无论是教育、医疗还是交通服务,都能通过数据驱动的改进,实现效率的提升和民众满意度的增加。同时,公共数据的开放和共享,也极大地增强了政府工作的透明度,让公众能够更全面地理解政府运作,进而加强对政府行为的监督。

在经济层面，公共数据的价值表现在市场洞察、创新驱动和资源优化上。首先，公共数据为市场洞察提供了丰富的信息源，企业和投资者借此能够洞悉市场趋势和消费者需求，进而做出更加明智的商业决策。其次，公共数据是创新驱动的催化剂，能够激发出新的商业模式和服务创新，为经济增长注入活力，推动产业的升级和发展。最后，公共数据在资源优化配置方面也显示出巨大潜力，企业通过分析和应用这些公共数据，能够更有效地利用资源，提升生产效率，同时降低运营成本，也为整个经济体系的高效运转提供了支持。

在社会发展方面，公共数据的应用潜力体现在科研支持、教育改进、健康促进和社会参与上。科学研究可以利用公共数据作为宝贵资源，推动科技进步和知识创新。分析教育相关的公共数据有助于改进教育内容和教学方法，提高教育质量。同时，公共卫生数据的开放和分析可以帮助预防疾病，促进健康，提升公众健康水平。公共数据的开放也有助于促进公民参与社会事务，增强社会责任感和公民意识。

第 2 章 时代背景：数据要素化的理论与实践

在数字经济浪潮的推动下，数据已经成为继土地、劳动力、资本、技术之后的第五大生产要素。作为一种新型生产要素，数据以其独特的虚拟性、可存储性、可传输性和规模经济性，在信息社会中发挥着重要作用。数据资源化、资产化、资本化是实现数据要素价值化的关键路径，其中数据证券化、质押融资、数据银行和数据信托是资本化的重要方式。在数据要素市场化的实践中，政策支持和建设实践是推进数据要素市场发展的关键。目前，数据要素市场正在逐步建设和完善中，但仍存在流通不畅、交易不规范等问题。建立全国统一的大数据市场和多级市场体系，解决数据要素市场化的关键难题，是未来的发展方向。随着技术的不断进步和应用场景的不断拓展，数据要素的价值将得到进一步挖掘和发挥，为经济社会发展注入新的动力。

2.1 数据要素的基础概念

本书从数据作为生产要素的地位、数据要素的特点以及数据要素的分类三个方面来阐述数据要素的基础概念。

2.1.1 第五大生产要素——数据要素

生产要素是指进行社会生产经营活动时所需要的各种社会资源，是维系国民经济运行及市场主体生产经营过程中所必须具备的基本因素，是推动社会发展的决定性力量[12]。新的生产要素的涌现，能够深刻重塑并革新社会生产力的构建基石，推动社会生产力大幅提升，进而促使社会经济形态发生根本性变革。劳动力和土地是支撑农业经济社会生产力的核心要素。从农业经济到工业经济时代，受资本这一生产要素的影响，劳动力、土地二要素论逐渐让位于劳动力、土地、资本三要素论，极大地推动了人类社会发展进步。之后，科学技术是第一生产力的论断逐步成型，于是劳动力、土地、资本、技术四要素基本形成。

随着大数据时代来临，数据对生产的贡献日益突出，成为具有多重价值的生产资料，正与其他要素一同参与到经济价值创造的过程中，对生产、流通、分配、消费活动等各个环节产生深远影响[13]。同时，数据也在不断重塑着经济运行机制、社会生活方式以及国家治理模式，成为推动社会进步和变革的重要力量。2020年4月，《中共中央 国务院关于构建更加完善的要素市场化配置体制机制的意见》正式将数据确立为继土地、劳动力、资本、技术之后的第五大生产要素，凸显了数据作为新型数字化生产要素的战略地位，强调了其在现代经济体系中的核心作用。

数据成为第五大生产要素的原因可以从理论逻辑、历史逻辑和现实逻辑三个层面进行剖析[14]。从理论上看，数据具有符合马克思主义生产要素理论的特征，作为数字化的知识和信息，它是从自然和劳动中派生出来的，与传统生产要素相辅相成，并对提高劳动生产力有重要作用。从历史上看，随着生产力的发展和经济结构的变迁，新的生产要素不断涌现，而数据的数字化特性使其在现代科学技术条件下成为必然产物，推动了社会进入数字经济时代。从现实上看，数据在社会再生产的各个环节中发挥着关键作用，包括提高生产效率、优化资源配置、促进市场交易等，成为经济增长的核心驱动力。因此，数据作为第五大生产要素的确立不仅具备理论上的科学性和历史上的必然性，更在现实中展现出了其重要性和必要性，成为数字经济时代的显著特征之一。

在探讨数据要素的概念界定时，中国信息通信研究院[1]将数据要素视为在生产经营活动中，通过电子化记录并能为使用者及所有者带来收益的数据资源。学界在数据要素概念界定中呈现出多元视角与丰富的定义方式。白永秀等人[2]则着重从数据作为生产与服务过程中的关键生产要素的视角出发，强调了数据在经济活动中的基础性作用。马费成等[3]学者认为，数据要素以电子形式记录，并成为生产经营活动的基本投入之一，为使用者及所有者带来收益。在数字经济时代背景下，王泽宇等[4]研究者强调数据要素在大数据技术和产业中的地位，将其视为生产力与生产关系语境中的关键概念，突出了数据在推动生产价值方面的作用。郭如愿[5]的研究中，数据要素不仅是一种具有潜在经济价值的数据资源，还是数字经济发展的重要微观基础和创新驱动力，并具备非竞争性、非排他性和外部性等经济特性。聂耀昱等[6]学者则认为，数据要素是从不同的场景需求出发，对原始数据进行精细化整合和处理，转化为有效的数据资源供给，以匹配各类生产经营活动的实际需求，从而为使用者或所有者创造显著的经济效益。

在更多的研究中，数据要素的概念通常从"数据"和"要素"两个维度进行分析，但并未总是提供一个将二者紧密结合的整体性定义。从马克思主义政治经济学的角度，数据要素的定义则贯穿了潜在价值、价值创造、价值实现到价值增值的整个过程，强调了数据在经济活动中的

---

[1] 中国信息通信研究院政策与经济研究所. 数据价值化与数据要素市场发展报告（2021 年）[R]. 北京：中国信息通信研究院政策与经济研究所，2021.

[2] 白永秀，李嘉雯，王泽润. 数据要素：特征、作用机理与高质量发展[J]. 电子政务，2022(06)：23-36.

[3] 马费成，吴逸姝，卢慧质. 数据要素价值实现路径研究[J]. 信息资源管理学报，2023，13(02)：4-11.

[4] 王泽宇，吕艾临，闫树. 数据要素形成与价值释放规律研究[J]. 大数据，2023，9(02)：33-45.

[5] 郭如愿. 破除数据要素的交易困境：法律透视与机制重塑[J]. 中国流通经济，2023，37(11)：26-34.

[6] 聂耀昱，范梓腾，张文泽. 数据要素视角下公共数据开发利用的县域治理困境与长效路径——以中部 L 县为例[J]. 电子政务，2024，(05)：21-32.

动态价值转化。中商情报网商业分析报告将数据要素视为社会生产经营活动中的一种生产要素，与传统的土地、劳动力、资本、技术等生产要素并列，突出了其经济效益创造者的角色。

综上所述，数据要素的定义横跨了技术、经济、生产等多个维度，反映了该概念在现代社会中的多元价值和广泛应用。不同的研究者从各自的研究背景和角度出发，对数据要素进行了深刻的阐释和界定，为我们理解和利用数据资源提供了多维度的视角。

2.1.2 数据要素的特点

数据要素作为数字经济时代背景下的新生产要素，具有不同于其他传统生产要素的特性，可以分为**技术特性、经济特性和社会特性**。

1．数据要素的技术特性

（1）**数据要素的虚拟性**。数据要素的虚拟性特征，体现了其与土地、劳动力、资本等传统生产要素的本质区别，即数据没有可见的物理形态。尽管数据依赖于物理载体进行存储和传输，但其核心价值和功能发挥并不取决于这些载体，而是取决于数据本身的属性和内容。与传统生产要素相比，数据要素的虚拟性特征使其具有独特的灵活性和可塑性。数据可以被轻松地复制、传输和修改，而且不受地域和时间的限制。这使得数据成了一种极具活力和弹性的资源，在信息社会中发挥着重要的作用。另外，数据要素的虚拟性也给数据的管理和保护带来了一些挑战。由于数据无法被触摸或感知，其安全性和隐私保护变得尤为重要。必须采取有效的安全措施和技术手段，以保障数据的完整性、保密性和可用性，防止数据泄露、篡改和损坏。

数据要素的虚拟性特征构成了数据要素其他属性的基础，并且是区分数据要素与传统生产要素的关键特征。数据要素在确权、流通、定价、统计、交易和收益分配等方面面临的新问题和挑战，很大程度上源于其虚拟性。具体而言，数据的虚拟性带来两个直接影响：首先，数据具有无消耗性,即数据的使用不会导致其损耗或减少;其次,数据交易过程复杂化,买方在获取数据前难以准确评估其真实性和价值,往往需依赖交易中介或卖方的信誉体系,这种信任机制的必要性增加了交易的不确定性和价值评估的难度。

(2)**数据要素的可存储性**。数据要素的可存储性指的是数据能够长期保存在各种存储介质中,并且能够保持其原始状态和可访问的特性。这一属性是确保数据在不同时间、地点和系统中都能够被有效保存和转移的基础。数据要素的可存储性为数据提供了持久性和稳定性的保障,使得数据可以被安全地存储、管理和利用。无论是在企业内部的数据仓库中,还是在云端存储服务中,数据要素的可存储性都是确保数据价值得以充分发挥的关键因素。通过有效的存储管理,数据可以成为支撑业务运作和决策制定的重要资源,为组织的发展和创新提供有力支持。

(3)**数据要素的可传输性**。数据要素的可传输性揭示了其在数字时代的一个重要特性:即数据能够跨越不同的通信渠道进行传输,且这一过程不受地理位置的限制。这种能力为信息流动和共享提供了前所未有的便利,是现代数据经济的核心动力之一。通过互联网、移动网络、卫星通信等多种方式,数据可以在全球范围内几乎即时传输,无论数据源和目的地在何处。这一特性不仅促进了全球化,使得人们可以在世界任何地方获取和分享信息,还支持了远程工作和在线学习,提高了生产力和教育水平。然而,数据可传输性也带来了数据隐私和安全方面的挑战,需要制定合适的数据传输政策和安全措施,以确保数据的有效利用,同时保护个人和组织的数据权利。数据要素的可传输性不仅促进了信息的全球流动和共享,还带来了新的机遇和挑战,对现代社会产生了深远的影响。

2. 数据要素的经济特性

(1)**数据要素的可增值性**。数据的价值并非静止不变,而是可以通过分析和处理实现其价值的增值。数据要素的可增值性体现在其能够被转化为更有价值的信息和知识，这一过程对于促进创新、支持决策、优化业务流程以及创造经济价值具有重要意义[15]。在创新和发展方面，数据分析能够揭示数据背后的深层次模式和趋势，为科学研究、技术发展和商业模式创新提供关键支持。例如，通过分析大量的用户行为数据，企业可以设计出更符合市场需求的产品和服务，从而推动创新发展。在决策支持方面，数据要素的可增值性使得数据成为决策过程中的重要资产。通过对数据进行综合分析和处理，决策者可以获得准确、及时的信息，提高决策的质量和效率。例如，政府机构可以利用数据分析来优化公共服务资源配置，提高服务效率。在优化和改进方面，数据分析可以帮助企业和组织识别效率低下的环节，从而进行流程优化和服务改进。例如，制造业企业可以通过分析生产数据来优化生产线布局，减少浪费，提高生产效率。在价值创造和转化方面，数据要素的可增值性使得数据成为创造经济价值的重要资源。将数据资源进行深入剖析，能够揭示出前所未有的商业模式和市场机遇，进而将数据的内在价值转化为实际的经济利益，实现其经济价值的充分释放。例如，电商平台通过分析消费者购买数据，可以精准推送广告和促销信息，提高销售额。

（2）**数据要素的非排他性和非竞争性**。非排他性和非竞争性是指数据要素的使用不会减少其对其他人的可用性。非排他性意味着一旦数据被创建和共享，就很难限制或阻止其他人访问和使用这些数据。在数字环境中，数据的复制和传播成本几乎为零，这使得数据共享变得容易。因此，即使某些数据由特定个体或组织拥有，它们也通常无法有效地阻止其他人对这些数据进行访问。例如，公开的社交媒体帖子或政府发布的公共数据都属于这一类。

非竞争性指的是一个人的数据使用不会减少其他人的可用性。换句话说，数据可以被无限次地使用而不损耗。这与物理商品不同，后者一旦被消费，就不能再被其他人使用。例如，一个人使用某个在线数据库进行研究，并不会影响其他人使用同一个数据库的能力。

这两个特性对数据经济和政策制定有重要影响。由于数据共享的非排他性和非竞争性，它们为创新和知识传播提供了巨大潜力。然而，这也带来了隐私、安全和公平使用的问题。因此，制定合适的政策和框架，以确保数据的有效利用，同时保护个人和组织的数据权利，就变得尤为重要。

（3）**数据要素的规模经济性**。规模经济性是经济学中的一个重要概念，它描述了在一定的市场需求范围内，随着生产规模的扩大，单位产品的平均成本逐渐下降的现象。这一概念在生产制造业中尤为常见，但随着数据经济的兴起，它同样适用于数据要素的处理和使用。

在数据要素的背景下，规模经济性主要体现在以下几个方面：

第一，规模经济性体现在复制和分发的低成本。与传统的物理产品不同，数据要素（如信息、数字文件等）的复制和分发成本极低。一旦数据被创建和存储，它可以以几乎零成本的方式被复制和传输。这种低成本的复制和分发能力使得数据可以在全球范围内快速且广泛地共享，从而极大地降低了获取和使用数据的成本。

第二，规模经济性体现在初次生产成本集中。数据要素的生产成本主要集中在初次生产阶段，包括数据的收集、清洗、处理和存储。这些过程可能涉及复杂的技术和大量的人力资源，因此初次生产成本可能相对较高。然而，一旦这些数据被成功地收集和处理，后续的复制和分发成本几乎可以忽略不计。

第三，规模经济性体现在广泛的应用和共享。由于数据要素的复制成本极低，它们可以被广泛地应用于各种不同的场景和目的。这种广泛的应用和共享进一步降低了每个使用者的平均成本，从而实现了规模经济。

第四，规模经济性体现在促进创新和增长。数据要素的规模经济性为创新和经济增长提供了巨大的潜力。企业和研究人员可以利用这些低成本的数据要素来开发新的产品和服务，进行更深入的研究，从而推动技术进步和经济发展。

3. 数据要素的社会特性

（1）**数据要素的数据保护性**。数据要素往往涉及个人或敏感信息，有时涉及商业秘密甚至国家秘密，因此对数据安全的保护是数据要素发展的一个重要议题。随着数据量的增长和数据分析技术的进步，确保个人隐私不被侵犯、商业秘密和国家秘密不被泄露成为数据要素流通和应用过程中必须考虑的问题。

（2）**数据要素的伦理和法律风险性**。数据要素的使用还牵涉到伦理和法律问题。随着技术的不断演进，新的伦理和法律挑战也随之产生，例如算法偏见、数据主权等问题。这些问题的出现要求法律和伦理规范必须不断更新和完善，以便更好地规范数据要素的使用，确保其能够为数字经济社会的价值创造做出积极贡献。因此，建立适应性的法律框架和伦理指导原则，对于促进数据要素市场的健康发展至关重要。

2.1.3　数据要素的分类

根据数据的性质、来源和使用目的，数据要素通常可以分为三大类：公共数据、企业数据和个人信息数据。

公共数据是由国家机关、事业单位、经依法授权具有管理公共事务职能的组织或提供公共服务的部门，在履行公共管理职责或者提供公共服务过程中收集、产生的涉及公共利益的各类数据[16]。根据发布状态可以将公共数据分为已发布的公共数据和未发布的公共数据。已发布的公共数据包括政府的统计年鉴、公开的法律法规数据库和天气预报等信息，例如国家统计局发布的国内生产总值、人口普查数据，国家气象局发布的天气预报、气候检测等。未发布的公共数据除因为数据敏感、涉及国家秘密之外，还存在有相当一部分数据虽然本身是公共的，但由于缺乏适当的发布机制或政策限制导致暂时无法公开访问。公开的公共数据是支持公共服务决策、推动社会创新发展的关键数据资源[17]，不仅能够显著提升公共事务职能部门和公共服务部门的管理水平，还能激发社会各界的创新活力，已经成为社会生产经营的重要数据来源。

企业数据则是指企业在运营过程中产生、收集、存储和使用的数据信息。传统企业的数据中包含的用户信息是有限的，一般以客户联系信息、交易记录等形式存在。而随着互联网的普及以及电子商务和社交媒体的兴起，新兴的互联网企业往往包含大量的用户信息，包括用户的个人偏好、社交网络、网络行为习惯等，企业收集并使用这些数据以为用户提供更为个性化的服务。企业数据一般在内部用于用户体验增强、支持智能决策等，随着数据资源入表等政策的施行，企业数据的价值将得到进一步的释放。

个人信息数据根据数据集中是否包含个人信息进行分类。个人信息数据是指与已识别或可识别的自然人有关的各种信息，其中一些信息可以直接指向个人，如姓名、身份证、指纹、面部信息、数字ID等（称为识别符），而其余信息本身并不具有识别个人身份的属性，但通过结合分析或关联分析也可以使信息或数据集指向某特定自然人，如社交网络信息、浏览搜索记录等。个人信息数据上承载着人格权益和个人信息权益，保障这些权益不受侵害是一切数据利用行为的前提。

公共数据、企业数据和个人信息数据之间存在着相互交叉的情况，如图2-1所示。

（1）公共数据与企业数据的交叉。 公共数据可以为企业提供有价值的信息，如宏观经济数据、行业统计数据等，这些数据可以帮助企业进行市场分析和战略规划。同时，企业数据也可能成为公共数据的来源，例如企业在环境监测、交通管理等方面的数据可能被政府部门用于公共管理和服务。

（2）公共数据与个人信息数据的交叉。 公共数据中往往包含个人信息，尤其是在政府提供的服务和管理中，如社会福利、公共卫生、教育等领域。这些公共数据在处理和发布时需要去除个人识别信息，以保护个人隐私。同时，个人信息也可能成为公共数据的一部分，例如在政府统计数据中，个人的年龄、性别、职业等信息可能被匿名化处理后用于公共统计和分析。

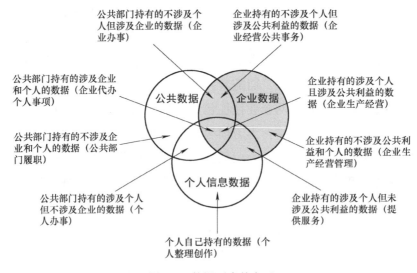

图 2-1 数据要素的交叉

（资料来源：中国信息通信研究院。）

（3）企业数据与个人信息数据的交叉。企业数据与个人信息数据紧密相连，企业数据中常常包含大量的个人信息，个人信息数据在企业数据中占据显著地位。对于提供服务的行业如银行、电信和电商而言，个人信息数据尤为关键，这些个人信息用于个性化服务定制、精准市场营销策略以及客户关系管理的优化。在涉及个人信息数据的使用时，企业必须依据法律法规，加强对个人信息数据的安全保障。

在实际应用中，公共数据、企业数据和个人信息数据可能相互关联和综合使用。例如，政府部门可能使用企业提供的用户行为数据来优化城市交通规划；企业在提供公共服务时可能需要使用政府提供的公共数据，如地理信息系统数据；个人信息可能在政府和企业之间共享，以提供更加便捷的服务，如在线政务服务。

2.2 数据要素价值的实现路径

数据要素价值化是指以数据资源化为起点，经历数据资产化、数据资本化阶段，实现数据价值化的经济过程[18]。数据要素价值化能够重构生产要素体系，是推动数字经济发展、提高产业效率、促进产业创新的重要手段。

从生产要素发展的历史经验看，土地、技术、资源等生产要素实现其市场化配置都需要经历资源化、资产化和资本化三个发展阶段[19]，同样地，数据要素的价值实现也必然遵循这一路径。2022 年 7 月，第五届数字中国建设峰会数字城市分论坛提出数据要素价值化的实现需要遵循资源化、资产化、资本化三个递进层次的途径。如图 2-2 所示，当前路径的数据要素价值化过程区别于传统路径。

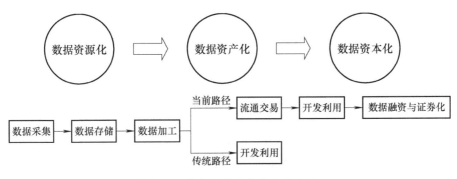

图 2-2　数据要素价值化实现路径

2.2.1　数据资源化

数据资源化是数据要素价值化的基础和前提，它涉及将原始数据转化为可用和有价值的数据资源的过程。在数据开放的基础上，通过数据的加工、处理和分析，数据资源化使得原始的、碎片化的数据变得有组织、完整，并且具备更高的可用性和应用性，如图 2-3 所示。数据资源化的本质是提升数据质量、形成数据使用价值的过程。

数据资源化是一个综合性的过程，涵盖从数据采集、整理、聚合到分析等多个环节。数据的采集环节是数据资源化的首要环节，涉及根据需要收集相关数据，其关键是确保数据的准确性和质量。数据整理则是数据资源化的核心环节，包括数据标注、清洗、脱敏、脱密、标准化等步骤，将原始数据转化为有序、标准化的数据格式，确保数据遵循一致的格式和标准，便于数据的比较和分析。数据聚合是数据资源化的枢纽环节，涉及数据传输、数据存储和数据集成汇聚等，为数据产业形态的更新升级奠定基础。数据分析是数据资源化的应用环节，利用统计和机器学习等分享技术对数据进行详细研究和概括总结，从数据中提取模式和洞察，为各种决策提供支持。

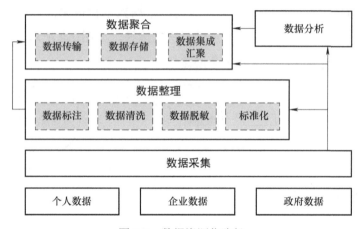

图 2-3　数据资源化路径

数据资源化的过程中，数据的分类和归档也是重要的步骤。通过分类和归档，人们可以更好地管理和利用数据，从而快速地找到所需的信息，并做出更加准确的决策。数据资源化不仅提高了数据的利用效率，还为科学研究、商业创新等领域的发展提供了强大的支持。

数据资源化也为数据的再利用打下了基础。经过加工和处理的数据可以多次被利用，发挥出更大的价值。例如，在商业领域，经过资源化的数据可以帮助企业更好地理解市场需求，优化产品和服务。在科学研究领域，资源化的数据可以促进新的发现和知识的产生。

2.2.2　数据资产化

数据资产化是当前数字经济中的一个关键趋势，它涉及将数据资源转化为可量化和可评估的资产，以便更好地管理、利用和衡量数据的价值，如图 2-4 所示。《企业数据资源相关会计处理暂行规定》的颁布，为这一过程提供了政策和规范上的支持。

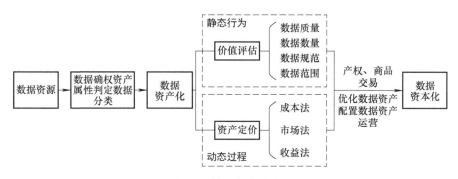

图 2-4　数据资产化流程

数据资产化的核心在于认识到数据不仅仅是一种信息形式，而是具有实际价值的资产。这些资产可以为组织带来收益和竞争优势。例如，电商平台通过数据资产化，可以将其他数据平台收集的大量用户数据转化为商业价值，为广告商提供精准投放服务，为商家提供个性化推荐和营销策略，从而显著提升了销售和市场份额。此外，数据资产还可以用于风险管理、决策支持和创新研发等方面。

目前，全国企业正在加速数据资产化的进程。许多企业开始将数据资产纳入财务报表，即数据资产入表。这一趋势始于温州实现数据资产入表的第一单，随后大批企业纷纷跟进。数据资产入表不仅有助于企业更好地管理和利用数据资源，还为企业的运营和发展注入了新的活力。

数据资产化的过程包括数据的价值评估和资产定价。首先，需要评估数据的价值，确定其对组织的潜在收益和竞争优势。其次，评估数据的价值后，探索建立数据资产的定价机制，使用不同的方法来更加合理地制定数据资产的价格。

数据的价值评估是数据资产化的第一步。在这一阶段，组织需要评估其内外部数据资源的潜在价值和重要性。对数据的质量、数量、规范和范围进行分析，以判断其潜在的内在价值。质量高、数量多且覆盖面广的数据通常被认为更有价值。通过评估数据的完整性、准确性、规范性和覆盖领域,组织可以确定数据在决策支持、市场应用和多领域分析中的价值和应用潜力。

数据资产定价是数据资产化的关键环节,在价值评估的基础上,利用成本法、市场法和收益法等方法对数据进行定价。成本法基于数据获取和处理的实际成本,市场法参考类似数据的市场价格,而收益法则根据数据未来预期的经济效益进行定价。通过这些方法,数据的内在价值被转换为实际的市场价格,从而推动数据资本化的实现。

2.2.3 数据资本化

数据的资本化,作为数据要素化的高级阶段,它不仅是对数据资源的管理和利用,而且是将数据转化为具有经济价值的资本形式。这一过程涉及将数据的价值最大化,通过加工整理、流通交易和金融产品化等步骤,将数据资源转化为具有经济价值的资本形式,进而为数据所有者带来额外收入。数据的资本化是数据经济的重要组成部分,对于推动经济增长和社会发展具有重要意义。目前,国内在数据资本化领域的探索主要呈现四种形式。

1)数据证券化。数据证券化是将企业的数据资产划分为不同的份额,然后发行给投资者的一种方式。这不仅可以为企业提供融资渠道,还可以进行资产管理。数据证券化使得数据资产成为一种可交易和投资的资产,为投资者提供了新的投资机会,同时也为企业提供了新的融资途径。

2)数据质押融资。数据质押融资是以资产化的数据作为质押,从金融机构获取资金的一种融资方式。这种方式将数据的价值转化为实际的资金,为企业提供了新的融资途径。数据质押融资不仅可以帮助企业解决资金问题,还可以促进数据的利用和价值实现。

3)数据银行。数据银行是将分散的数据以类似"存款"的方式吸纳集中起来,以实现数据的集中利用。数据银行可以提供数据存储、管理和分析等服务,为企业和个人提供方便和高效的数据服务。数据银行还可以促进数据的共享和流通，进一步发挥数据的价值。

4）数据信托。数据信托是将数据权益作为信托财产，引入第三方信托机构作为受托人的一种方式。数据信托可以起到制约监督数据权属相关方的作用，能够在更好地维护数据主体权益的前提下推动数据流通，进一步发挥数据价值。数据信托可以提高数据的安全性、可靠性和可信度，促进数据的利用和价值实现。

这些探索形式的出现，不仅为企业提供了新的融资途径和数据服务，也推动了数据的利用和价值实现。然而，数据资本化也面临着数据隐私、安全和合规等方面的挑战，需要制定相应的政策和规范来应对。此外，还需要加强对数据资产的评估和管理，以确保数据的价值得到充分的发挥和保护。

总体而言，数据资本化是拓展数据价值的根本途径，通过将数据转化为可交易资产，用市场化配置的手段推动数字经济发展，提升数据质量和价值，促进数据应用创新。一是在数据规范管理方面，一方面，数据资本化能够有效提升数据质量，促进数据流通。当前，我国期望实现各部门数据有序开放，但数据资源的供给质量很低，海量数据在互联网企业中，但没有有效的价值评估手段，导致数据无法公开流通，数据闲置与垄断问题突出，而数据资本化要求数据具有较高的质量以满足资本需求，能够推动治理工作的实施。另一方面，数据治理能够保障数据安全。数据泄露事件近年来屡屡出现，当前我国对数据产权与数据保护的手段匮乏，在数据资本化的过程中，数据的安全性和隐私保护成为重要考量因素，同时通过公开、透明的市场化手段进行交易，有利于推动数据要素规范化。二是在数据利用方面，我国大量"沉睡数据"未被激活，大量"碎片数据"未被整合，数据价值没有被充分挖掘，数据资源难以充分利用并转化为社会效能。数据资本化后，利益驱动会使得企业自发将海量数据资源转化为可度量、可交换的资产，能够激活数据的潜在价值，激发更多的数据创新活动，通过数据交易、流通等活动实现数据要素的社会化配置，有助于优化资源配置，提高资源利用效率。三是在数据保值增值方面,在数据资本化的过程中,数据资产通过有效的管理和运营,使得数据随着技术的进步和应用场景的不断拓展,提升数据资产的价值。同时,在市场机制的作用下,利益相关方更有动力对数据进行深度挖掘和分析,发现数据中的隐藏价值,推动数据资源的价值转化,实现数据的保值增值[20]。

2.3 数据要素市场化实践

数据要素市场化的实践是数字经济时代的核心议题,正在以前所未有的速度推动经济社会的深刻变革。在这一进程中,**政策引领、实践探索、关键突破口和未来发展方向**共同描绘了数据要素市场化的宏伟蓝图。

2.3.1 数据要素市场化政策

数据的资源化、资产化和资本化是数据要素价值转化的根本路径,是数据要素市场化的基础和前提,而数据要素市场化则是数据资源化、资产化和资本化的市场环境和推动力量,也是实现数据要素价值飞跃的重要动力。数据流通对外赋能是数据要素价值飞跃的关键[21]。在市场的驱动下,数据得以自由流通,看不见的手使数据精准地流向那些对其需求更为迫切的领域,实现了不同来源的优质数据在新兴业务需求与多样化场景中的高效整合与融合,共同创造出双赢乃至多赢的价值效益。

我国发展数据要素市场的政策由来已久,2004年中共中央办公厅、国务院办公厅发布了《关于加强信息资源开发利用工作的若干意见》,提出了"全面了解发展和利用信息资源的重要性和紧迫性";2014年,"大数据"首次被写入政府工作报告,标志着国家层面对数据要素的重视开始上升;2015年,国务院印发的《促进大数据发展行动纲要》,从国家大数据发展战略的大局出发,对我国大数据的发展进行了顶层设计。

2020年以来，中央陆续颁布了多条数据要素市场建设政策，如图2-5所示。2020年，《中共中央 国务院关于构建更加完善的要素市场化配置体制机制的意见》发布，国务院将数据与土地、资本、技术、劳动力并列为五大生产要素，标志着数据要素在中国经济中的地位被正式确立，着重提出要构建更加完善的要素市场化配置体制机制；2021年12月，国务院办公厅印发《要素市场化配置综合改革试点总体方案》，探索建立数据要素流通规则，健全要素市场治理，进一步对数据要素市场的发展提出要求；2022年12月《中共中央 国务院关于构建数据基础制度更好发挥数据要素作用的意见》发布，提出完善数据要素市场化配置机制，扩大市场化配置范围，并按价值贡献参与分配，确保全体人民能更好地共享数字经济发展成果；2023年3月，中共中央、国务院印发《党和国家机构改革方案》，提出组建国家数据局，加强数据资源整合共享和开发利用，统筹推进数字中国、数字经济、数字社会规划和建设；2024年1月，国家数据局会同多个部门联合印发《"数据要素×"三年行动计划（2024—2026年）》，为数据要素市场化配置和数字经济发展提供了具体行动指南，推动数据要素在各行业创新应用，为经济社会发展提供新动力。可见，数据要素已经成为数字经济时代经济社会高质量发展的核心引擎、促进新质生产力发展的重要动力，发展数据要素市场、完善数据要素市场化配置机制、充分实现数据价值是当前党和国家的重要战略部署。

2020.03.30	2021.12.21	2022.12.19	2024.01.04
《中共中央 国务院关于构建更加完善的要素市场化配置体制机制的意见》加快培育数据要素市场，健全要素市场运行机制	《要素市场化配置综合改革试点总体方案》探索建立数据要素流通规则，健全要素市场治理	《中共中央 国务院关于构建数据基础制度更好发挥数据要素作用的意见》聚焦数据产权、流通交易、收益分配、安全治理四大重点方向，初步搭建我国数据基础制度体系	《"数据要素×"三年行动计划（2024—2026年）》充分发挥数据要素的放大、叠加、倍增作用，构建以数据为关键要素的数字经济

图2-5 数据要素市场建设政策

为响应中共中央、国务院颁布的"数据二十条"政策导向，各地政府纷纷出台了地方化的"数据二十条"实施细则。目前，多个省市已针对数据要素的发展制定了相应的规划和目标。如北京市以数据制度和标准的创新、商业模式革新为重点，通过先行先试，在应用场景中积极探索，致力于成为数据基础制度的示范引领区；上海市致力于建设国家级数据交易所，打造数据产业新标杆，并规划了"2+X"数据要素产业集聚区。各地政府均根据本地实际，精准施策，积极推进数据基础制度的实施，力求在数据产业发展中抢占先机，培育壮大相关产业。

在北京市发布的《关于更好发挥数据要素作用进一步加快发展数字经济的实施意见》中，明确提出了一系列前瞻性的策略和目标。首要任务是构建一系列具有创新性和试验性的数据制度、政策及标准，旨在构建一个供需精准对接、层次丰富的数据交易市场，从而深度挖掘数据资产的潜在价值，将北京市打造成为数据要素配置的核心高地。此外，北京市还致力于推动数字经济全产业链的开放发展，并加强与国际的交流合作，以培育一批以数据要素为核心竞争力的领军企业。长远来看，北京市提出，力争到 2030 年，实现数据要素市场规模达到 2000 亿元，率先完成国家数据基础制度的试点探索工作，最终形成具有竞争力的数据服务产业集聚区。

上海市发布的《立足数字经济新赛道推动数据要素产业创新发展行动方案（2023—2025 年）》详细规划了未来三年的发展目标。预计到 2025 年，数据要素市场体系初步构建完成，国家级数据交易所的地位得到稳固确立。届时，数据要素产业将全面释放其强大动能，推动数据产业规模迅速扩张至 5000 亿元，年均复合增长率保持在 15%的高位水平。同时，数据服务领域将涌现出 1000 家优秀企业，共同推动数据经济的蓬勃发展。此外，上海将建成一批数链融合应用的超级节点，形成 1000 个高质量数据集，并推出 1000 个具有品牌影响力的数据产品。同时，将树立 20 个国家级大数据产业示范标杆，整体改善数据要素发展的生态环境，不断完善网络和数据安全体系，并全面深化国际交流合作。

江苏省发布的《关于推进数据基础制度建设更好发挥数据要素作用的实施意见》中明确指出，其目标在于促进数据要素的优质供给、高效流通与安全发展，以打造数据要素市场化配置的先行示范区。展望 2030 年，江苏省将致力于深化数据分类分级管理，建立统一标准、高效协调的数据运营管理机制，以构建一个运行高效、安全有序的数据要素市场，实现市场与政府协同作用的数据要素治理模式；同时，江苏省还将加强特色数据产业集群的建设，打造一个主体活跃、支撑力量强大的数据要素生态系统，以推动数据产业的持续繁荣和发展。

广东省在数据要素市场化配置方面进行了积极探索，发布了《广东省数据要素市场化配置改革白皮书》，旨在建设高标准的数据要素市场体系，激活数据要素服务实体经济的新动能。广东省在《白皮书》中提出"1+2+3+X"的数据要素市场化配置改革总体思路和实施框架，包括建立健全法规制度、构建两级数据要素市场体系、打造三大枢纽以及赋能经济社会各领域高质量发展。

2.3.2　数据要素市场化建设实践

数据要素市场化建设实践在政策推动下加速推进，形成了以数据开放、共享和交易为主要数据要素市场的流通模式，市场展现出蓬勃生机。

1．数据要素市场化建设

随着一系列数据要素市场化相关政策的颁布和国家数据局的成立，各地纷纷开启数据要素市场化建设实践。江苏省数据局于 2024 年 1 月 5 日正式揭牌，成为我国国家数据局之后设立的首个省级数据局，拉开了新一批省市级数据局成立的序幕。截至 2024 年 3 月，包括江苏、四川、上海等在内的 21 个省市已正式设立省级数据局，这一举措不仅为数据要素市场的深入改革提供了坚实的组织架构支撑，更在省级层面起到了顶层设计、全面布局及统筹协调的关键作用。各个省级数据局的存在，有利于推动建立一个标准统一、协同高效、运行流畅的数字治理体系，从而加速集约化、一体化数字政府的建设步伐。同时，这些省级数据局的组织架构和职能配置模式，将为后续市县级的机构改革提供有力的示范和引导，助力省域内各级数据局进行机构优化和职能调整，进一步完善省市县三级的协同联动机制，推动整个数据治理体系的升级和完善。

国家和省级数据局通过协同合作在数据要素市场化实践中扮演着顶层设计、总体布局、统筹协调和整体推进的关键角色。通过政策传导与执行、信息共享与交流、技术支持与创新、标准制定与推广、监督评估与反馈、项目合作与试点以及人才培养与培训等方式，实现上下联动，为数据要素市场化实践提供了强有力的组织保障和技术支持，促进数据资源的高效配置和利用，进一步释放数据要素的巨大潜力。

2. 数据要素市场化流通

目前，数据要素在市场上的流通以三种模式为主：数据开放、数据共享和数据交易。在数据开放模式中，数据提供方无偿提供数据，通常涉及公共数据，如图2-6所示。而数据共享涉及参与主体之间的双向数据交流，强调的是信息的共享而非货币的交易，常见于政府或行业之间。相比之下，数据交易则是数据提供方有偿提供数据，需求方通过货币支付对价，是市场化流通的主要形式。在数据的三种流通模式中，相对于数据开放和共享，数据交易更容易激发市场参与主体的积极性，因此成为数据要素市场化流通的主要形式之一。

数据交易市场是数据要素市场化流通的核心平台，通过货币媒介促进数据的有偿交换，激发市场参与主体的积极性。中国数据要素交易市场是一个多层次、多维度的复杂体系，涵盖了不同的交易方式、市场类型和行业应用。在狭义上，数据要素市场主要指为数据交易提供撮合、匹配等服务的场所或载体，例如近年来各地成立的大数据交易所，以及为数据要素点对点交易提供支撑和便利的云平台等。这些平台是数据要素交易的直接载体，通过它们，数据供给方和需求方能够进行高效、安全的数据交易。而在广义上，这个市场包括了所有潜在的数据要素供给方、需求方以及数据要素交易行为共同构成的系统，其涵盖了数据采集、存储、加工、流通、分析、应用等多个环节，形成了从数据产生到发挥要素作用的完整产业链，如图2-7所示。

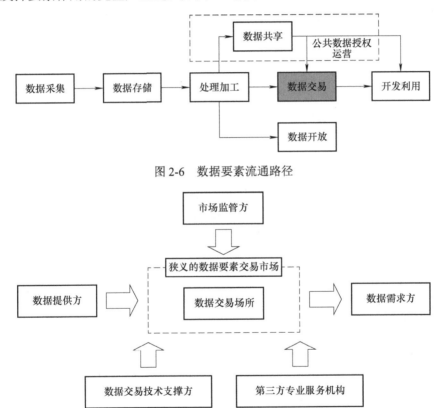

图2-6 数据要素流通路径

图2-7 广义数据要素交易市场

中国的数据要素交易体系根据数据要素特性、行业特性及市场发展规律，已经形成了一个多层次、多维度的市场结构，并通过多种交易方式以适应不同行业、不同区域的需求。数据交易主要包括场内交易和场外交易两种方式，场内交易通常在特定的数据交易场所或平台内进行，如上海数据交易所等。这些场所或平台提供数据交易的撮合、需求匹配等服务，确保交易的顺利进行。而场外交易通常通过供需双方的点对点交易或依托第三方完成。目前场外交易仍是数据交易的主要形式。一直以来，由于场外点对点交易灵活性高、交易速度快和隐私性强等特点，大量数据机构根据数据需求方的不同数据类型、购买期限、使用方式等个性化需求开展场外点对点定制化交易。在金融行业，领先企业如万得、同花顺等纷纷投入研发力量，精心打造金融终端平台。这些平台不仅实现了与各大交易所、券商、资讯公司等机构的紧密对接和数据采购，而且通过先进的技术手段，将多元化的数据源汇聚、整合，形成了标准统一、实时更新、内容全面的数据库。这些数据库为市场上的各类金融机构提供了强大的数据支持，满足了它们在日常业务中的多样化需求。随着综合查询服务、金融、征信、广告、人工智能等行业的快速发展，场外数据交易活动也日趋活跃。据统计，仅 2022 年一年，场外数据交易的规模就达到了惊人的 1000 亿元，这一数字是场内交易规模的 50 倍，充分展现了场外数据交易市场的巨大潜力和活力。

在场外交易占优势的情形下，场内数据交易也在不断地拓展新模式。自 2014 年起，中国数据交易市场迎来了一轮蓬勃的发展浪潮，数据交易所、中心及平台（以下统称"数据交易机构"）如雨后春笋般涌现，市场经历了快速扩张的井喷期、审慎发展的冷静期，以及当前的复苏重启期，如图 2-8 所示。据最新统计，截至 2024 年 2 月，全国范围内（包括港澳地区）已成立或正在积极筹备的数据交易机构总数超过 53 家。在股权结构方面，这些数据交易机构普遍采取了"国有资本+民营资本"的混合所有制模式，这种架构既保证了国家对数据安全和合规性的监管，又引入了民营资本的灵活性和市场敏锐度。在运营模式上，大多数机构遵循"政府指导+国资入股+市场化运营"的模式，确保在遵循国家政策导向的同时，也能按照市场规律高效运作。从地域分布来看，这些数据交易机构主要集中在京津冀、长三角、粤港澳等经济发达地区，以及部分中部经济较为活跃的区域。这些地区不仅具备较高的数据交易需求，而且拥有较为完善的数据基础设施和人才储备，为数据交易机构的发展提供了良好的环境[22]。

图 2-8　数据交易所成立数量

数据交易所在数据交易中起到一个平台撮合的作用，如图 2-9 所示。如上海交易所发布的交易服务流程包括交易前、交易中、交易后三个阶段，包含数据治理、产品登记、产品挂牌、交易测试、交易合约、产品交付、清结算、凭证发放和纠纷解决九个服务功能；北京数据交易所发布的交易服务流程包括交易申请、交易磋商、交易实施和交易结束四个流程，交易需方和交易供方通过平台运营方提供的数据处理、数据安全和数据存储等服务确保交易的进行[23]。

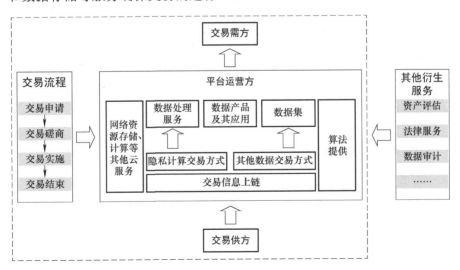

图 2-9　数据交易平台撮合：北数所交易服务参考模型

（资料来源：https://www.sohu.com/a/781987307_121825883。）

当前交易所的收益模式以交易佣金+会员费模式为主,还包括一些增值服务费。参照上海数交所 2023 年 8 月新发布的收费标准,佣金费率为 2.5%、供需方均需缴纳会员服务费,其中基础服务费 9980 元/年,增值服务费 19980 元/年,增值服务费跨度大,2 万~20 万元不等⊖。

目前,各大数据交易机构积极上架了超过 12000 种数据产品,从不同维度推进创新,不仅拓展了多元化的业务模式,还在增强权益保障方面下足了功夫,以此增强数据交易的吸引力。2023 年 1 月,贵阳大数据交易所率先招募了数据首席地推官,汇聚了银行、交通、医疗、时空数据、数据交付等领域的专家,以缩小数据供需之间的信息鸿沟。同时,该交易所还创新性地推出了"数据专区"运营模式,其中,气象数据专区和电力数据专区成为全国首创,官网数据显示,截至 2023 年 7 月,这两个专区的交易额已分别达到 3500 万元和 1 亿元。深圳数据交易所在 2023 年 2 月提出了构建动态合规体系的策略,并引入了"信用"工具,建立了动态信用评级机制。这一创新旨在降低企业合规的门槛,构建一个更为可信赖的交易环境,从而实现数据交易的包容性和审慎监管。此外,北京市在 2023 年 7 月发布了数据要素市场建设领域的十二大创新成果,其中九项成果由北京国际大数据交易所主导完成⊖。这些成果包括跨境征信报告核验项目、数据登记业务互认互通、数据资产抵押授信等,为数据跨境流动、数据服务业务互通以及数据要素金融服务等领域提供了宝贵的实践经验。

3. 数据要素市场现状

在顶层政策发力、国家和各地方数据局组建的推动以及数据交易所"遍地开花"的浪潮下,我国数据要素市场规模不断突破。如图 2-10 所示,截至 2022 年 12 月 7 日,中国数据要素相关注册企业数量达到了

⊖ 数据来源:数据要素白皮书—中国信息通信研究院 http://www.caict.ac.cn/english/research/whitepapers。

432399 家，2021 年新增数据要素企业达到 140837 家，年增速高达 49%。

图 2-10　2013—2022 我国数据要素相关注册企业数量及增速情况
（截至 2022 年 12 月 7 日）

（资料来源：https://www.21jingji.com/article/20231127/herald/5fc673fb993c5a7849a10f3b6bb34f81.html。）

在 2023 年 11 月 26 日的上海数据交易所年度发布会上发布的《2023 年中国数据交易市场研究分析报告》显示，2021—2022 年中国数据交易市场规模从 617.6 亿元增长至 876.8 亿元，年增长率约 42.0%，预计到 2030 年将达到 5155.9 亿元。中商产业研究院发布的《2024—2029 年中国数据要素市场前景及投资机会研究报告》指出，2022 年我国数据要素市场规模达到 1018.8 亿元，2023 年中国数据要素市场规模将迈上新台阶，达到 1273.4 亿元，而到 2024 年，这一数字有望跃升至 1591.8 亿元（见图 2-11），行业整体将进入群体性突破的快速发展阶段⊖。中国的数据要素交易市场正展现出强劲的增长势头。随着数字经济的不断发展和数据价值的日益凸显，预计这一市场未来将持续保持高速发展态势，成为支撑国家经济增长的重要力量。

⊖ 数据来源：https://www.seccw.com/Document/detail/id/26677.html。

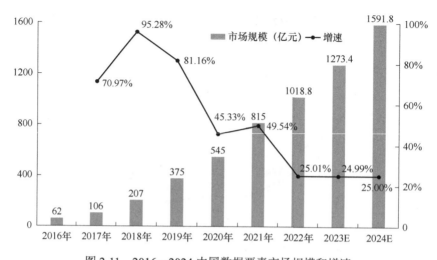

图 2-11　2016—2024 中国数据要素市场规模和增速

（资料来源：https://www.seccw.com/Document/detail/id/26677.html。）

2.3.3　数据要素市场化关键突破口

数据要素市场化目前面临的问题和挑战主要包括数据权属界定不清、数据流通机制不完善、数据安全和隐私保护问题突出、数据质量参差不齐以及数据交易平台建设不足等。这些问题的存在阻碍了数据要素的顺畅流通和价值最大化，成为数据要素市场化的关键瓶颈。鉴于公共数据在生成流程、管理模式和内容特质上的明确界定，其权属结构相比其他数据类型显得尤为明晰。这一特性使得公共数据在确权授权、运营及经营方面具备显著优势，从而成为流通性最强的数据类型之一。在当前"数据二十条"引领下，公共数据的授权运营无疑成为推动数据要素市场成熟与发展的重要突破点[24]。通过在公共数据领域的先行先试，可以为数据要素市场化探索出一条可行的路径，推动整个数据要素市场的健康快速发展。

1. 公共数据授权运营降低数据资源获取成本

在传统的数据获取模式中，数据资源通常被分散在不同的部门和机构中，获取这些数据往往需要耗费大量的人力、物力和时间成本[25]。而公共数据授权运营模式通过集中管理和授权使用，可以大大提高数据的可获取性和利用效率，从而显著降低获取成本[26]。首先，公共数据授权运营可以通过统一的数据标准和接口，减少数据使用者在数据获取过程中的技术障碍。在其他类型的数据供给中，不同数据提供者往往使用不同的数据格式和接口，导致数据使用者需要花费大量时间和资源进行数据清洗和转换。而在公共数据授权运营模式下，数据提供者可以按照统一的标准提供数据，数据使用者只需掌握一种数据格式和接口，便可以轻松获取所需数据，从而大大降低了技术成本。其次，公共数据授权运营可以通过集中化的数据存储和管理，减少数据冗余和重复建设。在其他类型数据供给中，不同部门和机构往往会各自建立独立的数据存储系统，这不仅造成了大量的资源浪费，还导致了数据的冗余和重复建设。而在公共数据授权运营模式下，可以通过建立集中化的数据存储和管理平台，将不同部门和机构的数据集中存储和管理，避免了数据的冗余和重复建设，从而大大降低了数据存储和管理的成本。此外，公共数据授权运营还可以通过共享和开放数据资源，提高数据的利用效率和价值。通过授权使用，公共数据资源可以被更多的用户、机构获取和利用，从而促进了数据的共享和开放，提高了数据的利用效率和价值。例如，政府部门可以将其掌握的公共数据资源授权给科研机构和企业使用，帮助其开展科研和创新活动，从而促进经济和社会发展。

2. 公共数据授权运营与数据要素市场相互促进

公共数据授权运营通过向市场开放数据资源，激发了市场主体的创新活力。通过合法授权，政府可以将大量有价值的公共数据开放给企业、科研机构和个人使用。这种开放为市场主体提供了丰富的数据资源，支持其开展各种创新活动，促使市场主体积极利用这些数据，开发新产品和服务，从而实现数据资源的价值最大化。同时，公共数据授权运营借助市场力量打破了数据的沉睡状态，使得大量原本闲置的数据资源得到了有效利用。在传统的公共数据管理模式下，许多数据资源因为缺乏有效的利用渠道而长期闲置，造成了巨大的浪费。而通过授权运营，政府可以借助市场的力量，将这些沉睡的数据资源激活，促使其在市场环境中得到广泛应用。

3. 公共数据授权运营有利于矫正数据要素市场失灵

在传统的数据要素市场中，不同部门和机构的数据资源往往被孤立管理，数据共享和流通困难重重，形成了众多"数据孤岛"。这种数据分散不仅阻碍了数据的有效利用，也导致了数据要素市场的失灵。政府一般通过监管和参与两种手段矫正市场失灵。目前，数据应用中非法获取、滥用等市场失灵频现，政府实行了诸多监管举措。但仅靠监管"一条腿走路"也会影响效率，并带来寻租等新的不公平[27]。首先，政府开放公共数据可以有效缓解数据市场的供需失衡问题。在当前的数据市场中，数据资源往往被少数机构垄断，数据获取成本高昂，市场供给不足。而政府作为数据的重要持有者，可以通过开放公共数据，增加市场上的数据供给，降低数据获取成本，促进数据资源的公平分配。其次，政府通过开放公共数据，可以树立数据市场的规范标准。公共数据的开放通常伴随着严格的数据管理和使用规范，包括数据隐私保护、数据质量控制和数据使用授权等方面的规定，为数据市场的发展树立了标杆，促使市场主体在数据获取和使用过程中遵循相应的法律法规和行业标准，减少非法获取和滥用数据的行为，从而维护数据市场的健康发展。最后，政府开放公共数据还可以通过提升透明度和公信力，增强公众对数据市场的信任。数据市场的发展离不开公众的支持和参与，而政府通过开放公共数据，可以提高政府工作的透明度和公众参与度，增强公众对数据使用的信任感，从而有助于营造良好的数据市场环境，促进政府与市场主体、公众之间的良性互动，推动数据要素市场的可持续发展。

2.3.4 数据要素市场化的未来

2020年3月30日，《中共中央 国务院关于构建更加完善的要素市场化配置体制机制的意见》提出，要推进资本要素市场化配置，充分发挥市场配置资源的决定性作用，畅通要素流动渠道，保障不同市场主体平等获取生产要素，推动要素配置依据市场规则、市场价格、市场竞争实现效益最大化和效率最优化[28]。

1. 数据要素全国统一大市场

数据要素全国统一大市场是指在全国范围内，通过统一的市场制度规则、高标准的市场设施联通，构建一个要素和资源市场、商品和服务市场高水平统一，市场监管公平且关注数据隐私、安全和价值评估的市场；从而打破地方保护和市场分割，促进商品要素资源在更大范围内畅通流动，实现高效规范、公平竞争、充分开放的市场环境。数据要素全国统一大市场通过市场化改革和数据要素高效流通，释放数据要素价值，是构建新发展格局、推动经济高质量发展的重要支撑。2023年10月25日，国家数据局挂牌成立，负责协调推进数据基础制度建设，统筹数据资源整合共享和开发利用，统筹推进数字中国、数字经济、数字社会规划和建设等，在数据要素市场方面解决统筹力度不足、市场发育不充分、跨境数据流通不畅等挑战，促进数据要素在更大范围内畅通流动[29]。

国家数据局自成立以来，积极推动数据交易机构的互认互通，以加快建设全国统一的数据要素市场。2024年5月24日在国家数据局推动下，24家数据交易机构（包括北京国际大数据交易所、北方大数据交易中心、上海数据交易所、苏州大数据交易所、华东江苏大数据交易中心、江苏无锡大数据交易有限公司、浙江大数据交易中心、杭州数据交易所、福建大数据交易所、深圳数据交易所、贵阳大数据交易所等）在数字中国建设峰会主论坛上联合发布了《数据交易机构互认互通倡议》，提出一系列措施以提高数据流通和交易效率，降低合规流通和交易成本，激发数据要素市场活力。数据交易机构将通过推动数据产品"一地上架，全国互认"、数据需求"一地提出，全国响应"、数据交易"一套标准，全国共通"、参与主体"一地注册，全国互信"等方式打破地域限制，逐步实现互认互通。《数据交易机构互认互通倡议》的提出为数据要素全国统一大市场的建立奠定了坚实的基础。这一倡议的发布，标志着中国在数据要素市场建设方面迈出了关键的一步，有助于推动数据资源的高效配置和利用，进一步激发数据经济的潜力。

数据要素全国统一大市场能够消除市场壁垒，更好地发挥市场主体的作用，让市场中的各类主体能够在已有共同标准和框架下实现自由决策，从而提高资源配置效率。全国统一大市场的建设对于构建新发展格局具有基础支撑和核心推动的作用，是实现经济高质量发展的内在要求，是打破目前国内数据交易市场的割裂和交易壁垒、促进数据要素商品在全国范围内流通进而充分实现数据要素价值的重要手段。

未来，随着《数据交易机构互认互通倡议》的逐步实施，预计将会有更多的数据交易机构加入，形成更加广泛和深入的合作网络。这不仅将推动数据要素市场的进一步发展，还将对中国的数字经济和社会治理产生深远的影响，为构建数字中国、推动经济高质量发展提供强大动力。

2. 数据要素多级市场体系

目前，对应数据资源化、资产化和资本化，学界参考资本和土地等生产要素的多级市场体系提出了构建零级、一级和二级联动的多级数据市场体系[30]。在 2024 年两会期间，在建立"三权分置"数据产权制度的基础上，加快探索和完善数据要素三级市场的建议再次被提出，以促进数据资产的合理流通和高效利用。

数据要素的三级市场体系提出以数据资源市场作为数据要素一级市场，数据产品和服务市场作为二级市场，非交易流通市场作为零级市场，分别对应数据资源化、资产化和资本化的过程，能够在数据要素化过程中实现数据价值的充分释放。

数据资源市场，作为数据要素的一级市场，是以原始数据作为交易标的物的市场，主体由数据持有者（如政府部门、企业、社会组织、个人等）和数据运营服务中心构成，其核心职能在于管理数据资源的持有权和使用权的转让或授权许可。数据要素一级市场对应于数据资源化阶段，是数据要素市场的起点和基础。这一市场类似于土地一级市场，其中"生地"变为"熟地"的过程，象征着数据资源从原始状态向可用状态的转变。数据一级市场的主要功能是保证数据的真实性和完整性，提高数据的质量和效率，为后续的数据应用提供保障。目前，随着隐私计算和多方安全计算等前沿技术的成熟和应用，数据一级市场正逐步向以数据资源授权许可使用为主导的交易模式转型，这一转变不仅提升了数据的安全性，也进一步拓宽了数据资源的应用领域和范围。

数据二级市场即数据产品和服务市场，对应于数据产品化和产品价值化阶段。二级市场主要涉及数据的交易、流通和应用等环节，在数据二级市场中，数据被开发成各种产品和服务，如数据模型、数据应用等，从而在各种业务场景中得到广泛应用，实现数据的价值。数据二级市场在功能上与土地市场中的房地产流通交易相似，随着数据经济的发展，数据二级市场的规模不断扩大。据国家发展改革委价格监测中心对国内16家主要数据交易所的调研结果显示，目前我国场内数据挂牌交易的标的物中，80%以上为数据产品和服务。

零级市场，即非交易流通市场，对应于数据资本化阶段。作为数据要素市场体系中的最基础层级，零级市场属于未进入交易环节但发生数据共享交换和权益流转的市场环节，既包括企业内部和具有一定业务或股权关系的企业间发生的数据共享交换，也包括数据信托等新型数据权益流转模式。虽然数据零级市场并未直接参与数据交易，但其潜在规模巨大。与土地、资本等要素市场中零级市场是零散的小众市场不同，数据零级市场是"冰山水面之下的部分"，其潜在规模可能是一、二级市场的30~60倍。

对数据要素市场而言，统一大市场具有一体性、开放性、竞争性和有序性等突出特征，加快建设统一大市场是打造数字强国、发展新质生产力的重要途径。在此背景下，数据要素三级市场的意义尤为重要，具体体现在以下几个方面。

首先,三级市场促进数据资源的深度开发与增值。通过三级市场,原始数据经过处理和模型化,转化为高附加值的数据产品和服务。这种深度开发不仅提高了数据的利用效率,还推动了技术创新和产业升级。例如,智能交通、精准医疗和金融科技等领域,通过数据分析和模型应用,可以大幅提升运营效率和服务质量,从而实现数据资源的最大化增值。

其次,三级市场加强数据资源的流通与共享。数据要素市场的统一性和规则的规范性,确保了数据在不同市场主体之间的顺畅流通与共享。这有助于打破数据孤岛,促进跨行业、跨领域的数据融合与创新。通过三级市场,数据持有者可以更加便捷地与不同层级的数据需求方进行交易和合作,从而实现数据资源的优化配置[14, 18, 19, 27, 30]。

此外,三级市场支持数据资本化的多元化途径。数据要素市场的统一建设,为数据作为资本的运作提供了广阔空间和多样化渠道。企业可以通过数据融资、数据信托、数据证券化等多种方式,将数据资产转化为资本,实现企业的价值提升和创新发展。这为企业特别是数据密集型企业提供了新的融资手段和发展模式,增强了企业的市场竞争力和可持续发展能力。

最后,数据要素全国统一大市场和三级市场助力国家数据战略的实施和数字经济的高质量发展。统一的大市场为国家数据战略的实施提供了有力支撑,有助于构建高效的数字经济生态系统。通过三级市场的有效运行,可以推动数据要素市场的规范化和健康发展,促进数据资源的市场化配置,提升全社会的数据利用水平和创新能力,是构建高水平社会主义市场经济体制的关键要素。统一大市场和数据要素三级市场的建设将在未来数字经济和社会发展中发挥更加重要的作用。

第 3 章
理论内涵：公共数据的概念与开放共享的动力

公共数据，作为现代社会信息资源的重要组成部分，其概念涵盖了从人类文明初期就开始积累的信息到现代信息化社会中海量、多样化的数据集合。这些数据涵盖了人口统计、经济状况、自然环境、社会服务等各个领域，是支撑政府决策、社会治理和经济发展的重要基础。本章运用"主体要素+内容要素+行为要素"三维理论框架解读公共数据的内涵，并指出公共数据的范围不能无限制的扩张。

随着信息技术的快速发展，公共数据的收集、存储、处理和分享方式发生了革命性的变化，特别是第三次工业革命带来的计算机技术和互联网的普及，极大地推动了公共数据的开放共享。公共数据的开放不仅能促进经济发展，还有助于提升公共服务的质量，加强公众参与，实现政府治理能力的现代化。

3.1 公共数据的概念

我们从早期文明开始阐述公共数据的"来龙去脉"，以清晰展现其公共性、共享性与开放性的特质，方便与政务数据区分开来。在此基础上，我们基于对公共数据内涵和外延的梳理，对公共数据的概念和范围进行界定。

3.1.1 公共数据的"来龙去脉"

研究公共数据的历史，可以追溯到人类文明发展的最初阶段——原始文明时期。在这一时期，受到顺天而为的思维模式的影响，人类的物质生产活动较为简单，并且有意识地开始记录相关信息，如日月更替、气候变化、狩猎成果等。虽然语言已经产生并使用，但文字尚未形成，这些记录大多是口头相传或者是简单的图画形式，用于指导部落的决策和行动，这便是公共数据的早期形态。

随着社会的发展，新的生产工具开始出现，农业文明逐渐兴起。在这一时期，文字开始出现并不断演化，造纸术和活字印刷术的先后问世与传播，极大地便利了公共数据的记录，于是公共数据得到了系统化体系化的搜集、记录和管理。例如，《二十四史》中记载了大量的我国人口、钱粮、水文、天文、地震等方面的数据，有助于历代皇帝巩固对农业生产和封建社会的管理。

第一次工业革命的开启迎来了人类历史的伟大飞跃，由工业革命建立起来的工业文明从根本上颠覆了农业文明的生产方式，大大地提高了社会生产力。工业文明的发展为公共数据的搜集、记录和管理提供了科学的存储工具，并且伴随着近代统计学的出现，公共数据的管理和利用有了科学理论和方法学基础，人们开始系统性地对公共数据进行分析和研究，用以支持政府决策、经济规划和社会发展。

20世纪下半叶，以信息技术革新为重要标志之一的第三次工业革命爆发。计算机技术的发展和普及、互联网的诞生以及通信技术的突破极大地改变了公共数据的收集、存储、处理和分享方式，解决了公共数据开放面临的技术障碍，使数据公开和共享成为可能。受到"自由·开放·创新"开源运动的影响，数据开放的呼吁与日俱增，国外率先掀起数据开放热潮。

2007年，积极倡导开放政府的30名先锋者在美国加利福尼亚州召开开放政府工作组会议,讨论将开源原则和工作方法应用到公共事务之中去,旨在定义开放公共数据的概念并让美国总统候选人采用它。会议上达成了"公共数据就像科学思想一样,是一种共同财产"的基本共识,并指出实现这一想法的主要途径是共享和利用,因此制定了政府数据开放的八大原则。其中,原则一为完整性(Complete),对公共数据的概念进行了解释⊖,即"所有公共数据均可用。公共数据是不受合法隐私、安全或特权限制的数据"。

虽然在法律层面,隐私、安全和其他理由有权阻止数据集与公众共享,但是该套原则规定了公共数据被视为"开放"应该满足的条件。我们可以看到,"公共数据"一词产生之初便与"共享""开放"息息相关,那些开放政府的倡导者认为公共数据作为一种共同财产,通过共享和开放利用才能真正发挥数据价值,积极应对各种各样的政治和经济问题。一方面有利于民主发展,通过公共数据开放提高公众参与度和政府透明度,解决西方资本主义国家普遍存在的信任危机问题;另一方面,基于开放数据的新活动不断涌现和发展,能够创造更多经济价值,促进经济增长。

国外基于政府信息公开制度,积极推进政府数据开放政策的制定和实施,从数据层面强调"开放是原则,不开放是例外",逐步从"信息"公开转向开放"未经加工的、完整的、电子形式存储的原始数据"。而此时国内相关立法和政策仍停留在信息层面,2006年第十届全国人大颁布了《中华人民共和国国民经济和社会发展第十一个五年规划纲要》,在第十五章"积极推进信息化"中提出"加强生产、流通、科技、人口、资源、生态环境等领域的信息采集,加强信息资源深度开发、及时处理、传播共享和有效利用",还提及了"涉农信息资源""公益性信息资源""基础地理信息资源""文化信息资源",指出要对这些信息资源进行整合、开放利用和共享。为了确保公民、法人和其他组织能够依法、顺利

⊖ The 8 Principles of Open Government Data (OpenGovData.org)。

地获取政府信息，2007年国务院颁布《中华人民共和国政府信息公开条例》，有助于增强政府工作的透明度，推动依法行政的进程，同时也为发挥政府信息支持人民群众生产生活和促进经济社会发展的积极作用提供法律支撑。该条例明确了政府信息的定义，即"行政机关在履行职责过程中制作或者获取的，以一定形式记录、保存的信息"。国内学术界已经开始转向数据层面，研究内容包括"公共数据"的概念、管理和应用等问题。2008年，有学者基于过去对于公共信息概念的讨论，提出了公共数据资源的定义[31]，即"以政府为主体的一切负有公共事务管理职能的组织（包括国家机关、行政事业单位、社会团体和社会组织、由政策法规授权或委托提供公共产品或公共服务的企业）在处理公共事务过程中产生、收集、整理、传输、发布、使用、存储和清理的所有数据信息"。可见，学者在探讨公共数据主体时，并未将其单一地界定为政府部门，他们同样考虑到了那些承担公共事务管理职责的行政事业单位、社会团体与组织，以及那些经法规授权或委托，负责提供公共产品或服务的企业，体现出公共数据主体的多元性特征。

随着大数据时代的来临，人们逐渐厘清"信息"和"数据"的概念。国内学术界针对"公共数据"的讨论显著上升，加之国际上开放政府数据行动如火如荼地进行着，国内政府也逐渐认识到原始的数据比加工后的信息有更大的社会和经济价值。2012年，上海市率先开通政府数据服务网（后有学者将其认定为全国首个公共数据开放平台），并于三年后发布2.0版本，持续推进政务数据资源共享和开放，开放内容涵盖经济建设、资源环境、教育科技、道路交通、社会发展、公共安全、文化休闲、卫生健康、民生服务、机构团体、城市建设等11个重点领域[32]，部分数据被信息服务企业调取利用，初步显现出数据的经济价值。依照现在关于公共数据概念的普遍认知，这些共享和开放的政务数据资源隶属于公共数据的范畴。2014年十二届全国人大二次会议上，李克强总理作的政府工作报告中，"大数据"一词首次出现。2015年，李克强总理参加十二届全国人大三次会议山东代表团审议过程中，在听取孙丕恕代表对如何发展大数据产业提出的建议后,李克强总理强调"政府掌握的数据要公开,除依法涉密的之外,数据要尽可能地公开,以便于云计算企业为社会服务,也为政府决策、监管服务",首次明确政府应当公开非涉密数据。大数据时代带来了数据量激增的不可逆趋势,基于海量数据的人工智能算法、大数据算法等算法,也展示出强大的应用价值,这标志着数据价值的实现已经不再仅仅依托于传统意义上的信息[33]。在数据来源和产生机制发生深刻变革的当下,数据的价值已经远远超越了信息。自此,我国开始从数据层面开展资源共享和开放工作。

2015年1月30日,中央政策文件《关于促进云计算创新发展培育信息产业新业态的意见》中首次出现"公共数据"的表述。该文件在"应用示范成效显著"这一发展目标中提到"在社会效益明显、产业带动性强、示范作用突出的若干重点领域推动公共数据开放、信息技术资源整合和政府采购服务改革",并在主要任务四"加强大数据开发与利用"中提出要启动公共数据开放利用改革试点项目,并要求制定详细的政府机构数据开放管理准则。在确保信息安全和个人隐私得到充分保护的基础上,积极推动地理、人口、知识产权及其他有关管理机构数据资源向社会公众开放,致力于促进政府部门的数据共享,进而提升社会管理和公共服务的整体效能。同年7月颁布的《国务院关于积极推进"互联网+"行动的指导意见》在发展目标中指出"公共数据资源开放取得实质性进展",并在后文提出"开展公共数据开放利用改革试点"。两份文件不约而同地反映出公共数据开放对于释放经济社会发展潜力和活力、创新政府服务模式和提高公共服务水平的重要价值,同时明确公共数据开放要以不损害信息安全和不侵犯个人隐私为前提,对公共数据的开放条件进行限制。同年8月颁布的《促进大数据发展行动纲要》(以下简称《纲要》)提出要"实现公共数据资源合理适度向社会开放",也存在"政府数据开放共享""政务数据公开共享"等相似的表述,但《纲要》中并未严格界定政府数据、政务数据和公共数据的范围。

3.1.2 公共数据与政务数据的区别

在数据管理体系中,政府的核心地位不言而喻。"政府数据共享"和"政府数据开放"这两个术语,其本质更多地反映了政府在推动数据共享与开放行为中的主导地位和积极实践,而非仅仅指代政府所持有的数据[33]。显然,具有执行含义的"政府数据"的概念较为笼统和宽泛,而含义更为明确的"政务数据"更适合于划定法律规范的适用对象范围,在法律法规规章以及其他规范性文件中使用的次数较多。因此,本书仅对"政务数据"和"公共数据"进行区分。

最早是《纲要》中同时出现"政务数据"和"公共数据"的表述。《纲要》在"稳步推动公共数据资源开放"这一部分,将"政府部门和事业单位等公共机构"作为公共数据的主体,并提出以政务数据公开共享为重要抓手,激发企业、行业协会、科研机构以及各类社会组织的积极性,促使它们主动承担起数据采集与开放的职责。显然,企业、行业协会、科研机构、社会组织等不属于政务数据的主体范围,政务数据的主体范围要小于公共数据的主体范围。此外,《纲要》中政务数据公开共享更多是指政务数据在政府部门之间互联互通和内部共享,旨在提高政府行政效率,提升政府服务质量和监管效能;而公共数据开放则是更多强调数据开发利用的外部开发,旨在挖掘和发挥公共数据的价值。并且,中央层面期望通过积极推动政务数据公开共享,形成系统化的、可推广的实践经验,从而引导和带动更多更丰富的公共数据资源向社会公众开放。这些在 2017 年国务院颁布的《政务信息系统整合共享实施方案》文件中均有体现,如"基于政务信息资源目录体系,构建公共信息资源开放目录","公共数据"的主体仍是政府部门和公共企事业单位,强调着重推动原始、可机器读取且具备社会化再利用价值的数据集向公众开放,对于"政务数据"则是强调在全国政务信息共享平台上实现高效、便捷的共享服务,以确保政务信息流通的顺畅与高效。自此,中央层面虽然未对"政务数据"和"公共数据"做出定义,但是两者的用法已经基本确定。

在中央文件的指导下,各地开始积极探索公共数据开放实践,全国已有 26 个省级行政区(包括省、自治区、直辖市)制定了涉及公共数据的地方性法规、政府规章或规范性文件[34],呈现由"政务数据"向"公共数据"过渡的趋势,如图 3-1 所示。使用"政务数据"一词的地方政策文件中,关于"政务数据"的概念定义方面,有的参考国务院于 2016 年颁布的《政务信息资源共享管理暂行办法》关于"政务信息资源"的定义,规定政务数据的主体为政务部门,即政府部门及法律法规授权具有行政职能的事业单位和社会组织,如安徽省、宁夏回族自治区等地;有的不再沿用"政务信息资源"的定义,而是将主体范围扩展到"政务服务实施机构",并将"履行职责"扩展为"履行职责+通过特许经营、购买服务等方式进行信息化建设和应用"[33],比如山西省;有的则直接将政务数据的主体扩大至国家机关、事业单位、社会团体,或其他依法授权、受委托的具有公共管理职能的组织和公共服务企业[33],与其他地方关于"公共数据"的定义类似,比如福建省、重庆市、湖北省、河北省、贵州省等地。同时,政务数据也不再局限于政府部门内部共享,多地积极推动政府数据面向社会开放,促进政务数据的开放利用。随着国家数据治理体系日趋成熟,数字政府建设过程中对数据的需要日益广泛;为确保国家政府数据统一开放平台的稳定运行与数据资源的深度利用,亟须拓宽政府管理数据的涵盖范围,进一步纳入更加多元化的数据资源[33]。在这样的背景下,有些地方一味地扩张"政务数据"的概念和使用范围,导致"政务数据"与"公共数据"的概念混用。加之"政务"一词行政色彩太浓,与其指称的国家机关无法实现完全对应关系,在涵摄范围方面稍显"词不达意",故仍具有一定局限性,而"公共数据"则强调的是数据性质。于是,范围更大的"公共数据"被期待赋予广于"政务数据"的含义,其内涵更丰富,外延也更广。近三年来,地方立法者逐渐青睐于使用"公共数据"来探讨数据共享开放问题,公共数据也因此逐渐取代涵摄范围明确却过于狭小的"政务数据"。使用"公共数据"一词更为恰当和科学。它不但与国家"十四五"规划用语保持一致，有利于建立健全国家公共数据资源体系，而且通过预置公共服务的概念要素，更有利于推动公共数据开放共享及其实际应用创新。从"政务数据"到"公共数据"的转变，实际上反映出我国数据开放范围的进一步扩张，数据开放的目的也从单一的服务于政府治理转向真正服务于民、优化社会治理、释放公共资源价值。

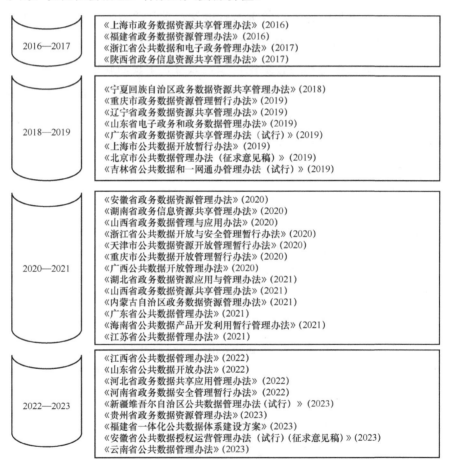

图 3-1 国内省、自治区及直辖市数据共享开放相关政策（不完全统计）

3.1.3 公共数据的内涵与外延

公共数据发展至今，它的概念和范围究竟如何界定，已经在学术界形成广泛讨论。有学者[35]比较分析了当前立法采取的以数据主题要素公共性为核心的归属标准和学术界提出的以内容公共利用价值为内核的用途标准，指出了两种认定标准的缺陷，提出了公共数据的范畴勘定应该坚持"主体+内容"双重公共性的标准。有学者[36]总结国内各地方政府条例文件关于公共数据的定义和范围的规定，使用"主体""采集途径"和"客体"这三项特征来界定公共数据的概念。有学者[37]基于经济学、法学、公共管理学的视角，借鉴化约论的方法，搭建责任边界（主体）、运行边界（运行对象）、价值边界（目标结果）三维框架，以此来分析公共数据的内涵和边界。有学者⊖基于欧盟、美国、英国、澳大利亚、韩国等国家和地区的公共数据、开放数据、公共部门信息的立法实践以及国内立法的具体情况，提出公共数据的界定需要同时满足"主要要件"和"行为要件"。

本书参考政府信息、政务信息、政府数据、政务数据、公共信息等相似概念的界定方式，综合上述关于公共数据概念界定的多种方式，认为公共数据是"主体要素+内容要素+行为要素"的数据，从主体要素、内容要素和行为要素这三个维度解析公共数据的内涵。其中，主体要素表征产生公共数据的公共管理和服务机构，内容要素指称产生公共数据的履行公共管理职责或提供公共服务的活动，行为要素则指称产生公共数据的制作或获取方式[35]。

在具体实施层面，不同地区根据本地实际情况对公共数据的范围进行了不同程度的拓宽，如表 3-1 所示。2017 年发布的《浙江省公共数据和电子政务管理办法》首次以立法形式提出公共数据的概念，将其定义为各级行政机关及公共管理和服务机构在履行职责过程中获得的各类数据资源。附则中还规定，该办法适用于水务、电力、燃气、通信、公共交通、民航、铁路等公用企业在提供公共服务时收集的公共数据，包括归集、共享和开放管理三个方面[36]。该办法中将公共数据的主体要素定

⊖ 伏羲智库—清华大学互联网治理研究中心《公共数据界定问题研究报告》。

义为"各级行政机关以及具有公共管理和服务职能的事业单位",对应的内容要素是"依法履行职责",依据附则中的规定,"水务、电力、燃气、通信、公共交通、民航、铁路等公用企业"也是公共数据的主体要素,其对应的内容要素是"提供公共服务",无论是《浙江省公共数据和电子政务管理办法》的正文还是附则中关于行为要素的表述均是"获得",未做进一步细化。

表 3-1 政策文件及报告关于公共数据的定义

时间	政策文件/报告	公共数据定义
2017年3月	《浙江省公共数据和电子政务管理办法》	各级行政机关以及具有公共管理和服务职能的事业单位（以下统称公共管理和服务机构），在依法履行职责过程中获得的各类数据资源 附则：水务、电力、燃气、通信、公共交通、民航、铁路等公用企业在提供公共服务过程中获得的公共数据的归集、共享和开放管理，适用本办法
2019年8月	《上海市公共数据开放暂行办法》	本市各级行政机关以及履行公共管理和服务职能的事业单位（以下统称公共管理和服务机构）在依法履职过程中，采集和产生的各类数据资源 附则：水务、电力、燃气、通信、公共交通、民航、铁路等公用事业运营单位涉及公共属性的数据开放，适用本办法
2021年6月	《深圳经济特区数据条例》	公共管理和服务机构在依法履行公共管理职责或者提供公共服务过程中产生、处理的数据 公共管理和服务机构，是指本市国家机关、事业单位和其他依法管理公共事务的组织，以及提供教育、卫生健康、社会福利、供水、供电、供气、环境保护、公共交通和其他公共服务的组织
2021年12月	《江苏省公共数据管理办法》	本省各级行政机关、法律法规授权的具有管理公共事务职能的组织、公共企事业单位（以下统称公共管理和服务机构）为履行法定职责、提供公共服务收集、产生的，以电子或者其他方式对具有公共使用价值的信息的记录

(续)

时间	政策文件/报告	公共数据定义
2022年1月	《浙江省公共数据条例》	本省国家机关、法律法规规章授权的具有管理公共事务职能的组织以及供水、供电、供气、公共交通等公共服务运营单位（以下统称公共管理和服务机构），在依法履行职责或者提供公共服务过程中收集、产生的数据。 根据本省应用需求，税务、海关、金融监督管理等国家有关部门派驻浙江管理机构提供的数据，属于本条例所称公共数据
2022年1月	《山东省公共数据开放办法》	国家机关，法律法规授权的具有管理公共事务职能的组织，具有公共服务职能的企业事业单位、人民团体等（以下统称公共数据提供单位）在依法履行公共管理职责、提供公共服务过程中，收集和产生的各类数据
2022年5月	《公共数据运营模式研究报告（2022年）》	由国家机关和法律、行政法规授权的具有管理公共事务职能或者提供公共服务的组织，在履行公共管理职责或者提供公共服务过程中，收集、产生的涉及公共利益的各类数据。其管理主体包括国家机关、事业单位、经依法授权具有管理公共事务职能的组织以及供水、供电、供气、公共交通等提供公共服务的部门
2022年12月	《中共中央 国务院关于构建数据基础制度更好发挥数据要素作用的意见》	按照数据生成来源为标准将数据分为公共数据、企业数据和个人信息数据。公共数据的定义：对各级党政机关、企事业单位依法履职或提供公共服务过程中产生的公共数据，加强汇聚共享和开放开发，强化统筹授权使用和管理，推进互联互通，打破"数据孤岛"
2022年12月	《上海市公共数据开放实施细则》	本市国家机关、事业单位，经依法授权具有管理公共事务职能的组织，以及供水、供电、供气、公共交通等提供公共服务的组织（以下统称公共管理和服务机构），在履行公共管理和服务职责过程中收集和产生的数据
2023年3月	《上海市公共数据共享实施办法（试行）》	公共管理和服务机构在依法履行公共管理和服务职责过程中收集和产生的数据，以及依法委托第三方收集和产生的数据

2019年8月，上海市出台《上海市公共数据开放暂行办法》对公共

数据的定义进行界定，主体要素和内容要素与《浙江省公共数据和电子政务管理办法》正文一致，而将行为要素规定为采集和产生。同时，在附则中指出"水务、电力、燃气、通信、公共交通、民航、铁路等公用事业运营单位涉及公共属性的数据开放，适用本办法"，明确部分公共事业运营单位涉及公共属性的数据也隶属于公共数据的范畴。在《上海市公共数据开放暂行办法》的影响下，公共数据的主体要素和内容要素进一步扩大，而行为要素的表述大致趋同。此后颁布的《深圳经济特区数据条例》《江苏省公共数据管理办法》《山东省公共数据开放办法》《浙江省公共数据条例》《上海市公共数据开放实施细则》《中共中央 国务院关于构建数据基础制度更好发挥数据要素作用的意见》以及中国软件测评中心发布的《公共数据运营模式研究报告（2022年）》等，均将公共数据的主体要素扩张至国家机关、法律法规规章授权的具有管理公共事务职能的组织以及部分公共服务运营单位，将内容要素从依法履职扩展至依法履职和提供公共服务。

深圳市对于公共服务主体范畴的界定中，除了包含供水、供气、供电、公共交通等直接面向公众提供服务的运营单位外，还广泛纳入了教育、卫生健康、社会福利以及环境保护等多领域的公共服务组织；浙江省最新颁布的《浙江省公共数据条例》单独指出税务、海关、金融监督管理等国家相关机构在浙江的派驻组织所提供的数据，同样被认定为公共数据的范畴，极大地回应了浙江省的应用需求；江苏省在《江苏省公共数据管理办法》中特别地提到公共数据是"以电子或者其他方式对具有公共使用价值的信息的记录"，强调了公共数据的公共使用价值。深圳市、浙江省和江苏省根据本地实际情况，均在一定程度上拓宽了公共数据的范围。上海市于2023年3月颁布《上海市公共数据共享实施办法（试行）》，对公共数据的内容要素进一步扩大，公共管理和服务机构除了依法履行公共管理和服务职责，依法委托第三方收集和产生的数据也隶属于公共数据。这与上海市2022年1月1日起实施的《上海市数据条例》相协调，该条例第三章第二十八条指出要建立全市统一的公共数据目录管理体系，除了公共管理和服务机构在依法履行公共管理和服务职责过程中收集和产生的数据被纳入公共数据目录，依法委托第三方收集和产生的数据也在其中。

界定主体要素是为了将公共数据与非公共数据区分开来，其变化使得公共数据涉及的主体更为多元，也更有利于增进公共利益，实现公共价值。在探讨内容要素时，我们明确揭示了公共数据的本质属性，显然它是一种具备广泛公共性的资源。其核心目的在于实现社会公益的最大化，其演变过程也深刻反映出数据资源在时代发展中的重要性。公共数据已超越仅供政府使用的范畴，转而成为需要加速流动、加快开发利用的重要生产要素，能够为社会整体发展提供源源不断的动力与支撑。而对于行为要素均使用"收集、产生"这一表述，其中《深圳经济特区数据条例》使用了"产生、处理"，并规定数据处理的内涵为"数据的收集、存储、使用、加工、传输、提供、开放等活动"，体现出深圳市人大常委会将数据治理的各类相关行为全面纳入行为要素之中的决心，从而进一步拓宽公共数据的定义范围和应用边界。

虽然目前关于公共数据的定义仅出现在地方立法文件或政府文件中，中央层面尚未对公共数据的定义给出统一规定，但是 2021 年 11 月 14 日中央网信办公布的《网络数据安全管理条例（征求意见稿）》中同样是采用"主体要素+内容要素+行为要素"的形式对公共数据进行定义，即"国家机关和法律、行政法规授权的具有管理公共事务职能的组织履行公共管理职责或者提供公共服务过程中收集、产生的各类数据，以及其他组织在提供公共服务中收集、产生的涉及公共利益的各类数据"，其中"其他组织在提供公共服务中收集、产生的涉及公共利益的各类数据"也是扩大了公共数据原来的主体要素范围，将相关联的非公共管理和服务机构以外的社会组织（如参与公共基础设施、公共服务等过程中利用公共资源提供服务并收集、产生数据的企业）纳入其中。

公共数据的主体要素和内容要素向外扩展，直接导致了公共数据概念的外延，但是在外延过程中我们必须防范社会资源数据"公共数据化"的风险[38]。首先要明确公共属性数据并不自动等同于公共数据，然而，任何被归类为公共数据的数据必然具备公共属性的特质，公共数据的范围远远小于公共属性数据的范围。例如，网约车平台企业在提供拼车、顺风车等出行服务时，搜集并管理着大量的道路状况、司机信息以及顾客路线偏好等业务数据，这些数据虽然具有公共属性，但是并不能与公共数据混为一谈。大数据时代数据量急剧增长，尤其是在消费互联网和产业互联网两大领域中，产生的社会资源数据以指数级增长。尽管这些资源数据往往带有公共属性的特征或牵涉到公共利益，但在学术研究与实际操作中，我们仍需审慎地界定其是否真正属于"公共数据"的范畴，而非一概而论。"数据二十条"明确"公共数据"与"企业数据"作为两种独立的数据类型，需要通过不同的制度来规范使用。如果仅凭社会资源数据拥有公共属性这一单一标准，就将其纳入边界模糊的"公共数据"范畴，此举无疑会混淆不同类型的数据，从而可能导致数据资源利用陷入"公地悲剧"，不利于要素市场的有序健康持续发展，最终危害科技创新和公共福祉的进步，与公共数据概念外延的初衷背道而驰。

总而言之，界定数据是否为公共数据，并非仅依据其内容是否展现公共属性，而是需依托场景理论，通过综合考量主体要素、内容要素和行为要素这三重维度，仔细分析数据产生的具体场景，从而界定是否具有公共数据属性。基于此，本文将公共数据定义为在依法履行公共管理职责或提供公共服务的过程中，由国家机关、法律法规授权的公共事务管理或服务组织，以及供水、供电、供气、公共交通等公共服务机构（统称为公共管理和服务机构）收集和生成的数据。

3.2 公共数据开放共享的动力

公共数据作为国民经济和社会发展中生产生活的重要组成部分，承载着巨大的经济与社会价值，是数字中国建设的重要数据基础。加强公共数据开放共享是国家"十四五"规划所确定的重点任务之一，但是，公共数据开放共享不是信息公开的"扩展版",信息公开是民主政府建设的要求,旨在实现公民知情权等民主权利,而公共数据开放则是适应大数据时代的一项公共政策,旨在实现公共数据为社会的最大化利用,以此释放数据红利。推进公共数据开放利用,已成为推进国家治理体系和治理能力现代化的重要手段,也是推动数据这一生产要素更好发挥其价值的必由之路,对于赋能现代治理、赋能经济发展、赋能共同富裕具有十分重要的意义[34]。

3.2.1 经济发展的内在要求需要公共数据开放共享

麦肯锡研究院发布的报告显示,全球每年新开放的公共数据[37]能够助力教育、交通、消费品市场、电力供应、石油与天然气行业、医疗保健以及消费金融这七个领域产生高达 3 万亿到 5 万亿美元的经济价值,既包含了因开放公共数据创造的新财富,又包含了因开放公共数据而节省的成本,其中消费者获得的收益甚至要大于企业。欧盟 2013 指令也在前言中指出公共数据是"有益知识经济的范围大、种类多、价值高的资源",其开放共享使得政府部门可以从增长的经济活动中获得税收收入,通过关联数据获得增强的服务效率,从而在具有挑战性的时代中创造就业和鼓励企业家精神,同时私人部门也能从中获得新的商业机会,不再使用投资来转换原始政府数据从而降低成本,获得有技能的劳动力。我国在公共气象数据开放领域深耕多年,成果丰富。自 2015 年中国气象局首次发布《基本气象资料和产品共享目录》以来,至 2023 年 2 月,已广泛支持了 11639 个不同领域的项目,其中涵盖了 6300 项国家级的重大科研项目,并推动了超过 4050 项科技成果的产出。同时,这一目录也累计为来自 21 个行业的 45.9 万注册用户提供了高达 2055TB 的气象数据。通过对 1839 个企业注册用户进行问卷调查,得出气象数据为这些企业带来的直接或间接效益累计超过 14.2 亿元的结论⊖。可见,随着数字经济的快

⊖ 数据来源:https://www.gov.cn/fuwu/2023-02/08/content_5740595.htm。

速发展，数据已经成为一种全新的生产要素，尤其是占比较高的公共数据，有着较高的潜在经济价值。生产要素的一个关键特征就是流动，推动公共数据开放共享就是推动公共数据在各行各业有序流动，从而释放数据红利，激发企业创新活力，创造出新的商业契机和商业模式，提高生产效率和商品服务质量，进而推动我国数字经济高质量发展。

公共数据是驱动数字经济运行的关键生产要素[39]，推动公共数据开放能够释放数字经济发展活力。基于数据要素理论，数据要素的边际产出并不遵循递减规律，反而随着数据量的增长，其边际产出能力愈发增强。公共数据作为数字时代的关键数据要素，其开放共享将显著提升数据要素的产出效益。公共数据通过其倍增效应、非竞争性特质和高度融合性，不仅与其他生产要素协同作用，提高全要素生产率和创新率，还通过低成本复制和传输优势，促进数据与技术、商业模式的深度融合，解决信息不对称问题，提升资源配置效率，最终推动经济生产率和增长率的提升。政府在促进数据要素市场发展中扮演着举足轻重的角色，通过积极推动公共数据融入数据要素市场，政府不仅能加速数据要素市场化机制的构建，而且能在完善的制度框架下确保公共数据的有序流通和高效利用，从而充分释放数据要素的内在潜力。

公共数据开放共享有助于提高宏观经济预测能力，促进经济高质量发展。随着大数据时代的发展，大数据、人工智能等技术逐渐应用于宏观经济预测与预警、宏观经济分析中，在一定程度上改变了常规经济预测所遵循的基本范式。公共数据的开放共享为宏观经济预测提供大量数据，增强了数据获取的完整性，促进了预测系统建设质量和使用效益的提高。利用大数据技术对开放的公共数据进行挖掘、分析与应用，可以提高相关预测模型的拟合优度以及增强模型的稳健性，从而在面对复杂的经济形势时，提高经济预测的准确性和效率。针对此，陈龙等[40]提出了一个解决方案。他们建议，应由国家层面的宏观决策机构引领，对互联网相关数据资源进行高效整合，涵盖网络搜索、社交媒体、电子商务、终端定位及业务交易这五个维度。通过这样的方式，逐步构建出一个以非传统数据为基础的宏观经济监测与预测系统,致力于提高对宏观经济形势的分析能力,以及对关键行业和重点地区发展进行实时监测与预测的大数据应用水平。

公共数据的开放共享为产业创新提供了强大动力,促进了产业结构转型和优化升级。公共数据开放共享不仅深化了公共数据在各行业的创新应用,而且通过引导、鼓励和支持跨行业、跨领域的公共数据开放共享,推动了传统产业的数字化进程,促进了传统产业的转型与升级。首先,公共数据开放共享加快了数据要素流动,降低企业获取数据要素的难度和成本,传统企业可以更便捷地获取和处理公共数据资源,从而提高企业的科学决策能力,增加了发现潜在市场的能力。其次,通过将高价值的公共数据与传统产业进行深度融合,传统产业可以形成以数据为核心的新业态,进而促进生产效率的提升和产业结构的优化,有利于传统产业向高端化、智能化、绿色化方向转型和升级。在这一过程中,传统产业不断适应新的发展需要,迸发出强劲动力,推动了中国经济的新一轮增长。最后,公共数据开放共享还推动了新兴产业和未来产业的发展。以人工智能产业为例,模型训练需要大量数据作为支撑,因此数据资源与算法和算力并列,是人工智能发展的三大支柱之一。2019 年 2 月 11 日,美国发布了旨在确保其在人工智能领域领先地位的"美国人工智能倡议",其中明确指出,联邦政府的数据、算法以及计算机处理资源将向美国人工智能研究人员开放。

公共数据开放共享是大众创新、社会创新的重要驱动力。这种共享性和开放性意味着数据可以在社会中自由流动,知识得以向大众广泛传播,为市场主体提供了丰富的创新素材。市场主体能够利用气象、房屋、医疗、就业和交通等领域的公共数据,不断改进和提升现有产品或服务的用户体验,同时开发和推广全新的服务和产品,从而激发大众创新和社会创新。在北美和西欧,众多公司已经开始采用开放政府数据来提供增值数据服务,并调整其业务模式以充分利用这些数据资源。政府庞大的公共数据资源为再利用创造了广阔的空间,促进了众多私营企业的兴起。这些企业对政府数据的开放利用不仅增加了数据的价值，而且推动了数据服务市场的发展。在我国，城市路网实时交通数据的开放，极大地扩展了导航软件的应用功能，使用户能够获得更智能化的路径规划方案，有效避免交通拥堵。此外，我国法院裁判文书的全面开放，催生了大量基于裁判文书内容整理和分析的法律服务，特别是智能司法技术的发展，为司法系统提高审判工作效率和确保审判结果的公平公正提供了强有力的技术支持。

3.2.2 公共服务的质量提升需要公共数据开放共享

公共数据开放共享能够为公共服务提供更多的支撑和动力，推动政企合作、政府与高校合作促进公共服务创新性发展，实现公共服务个性化和精细化转变，让社会福祉更多更公平地惠及广大人民群众，让协调共享发展理念落在实处，让实现和维护社会利益成为全社会共同的价值追求，从而提高全社会的凝聚力和向心力。公共数据开放共享让覆盖范围更广、服务水平更高、服务内容更丰富的公共服务模式成为可能，有效消解了过去公共服务体验感较差的现象，使得公共服务迈向质的飞跃。

公共数据开放共享能够促进公共服务的创新化发展，给公众带来全新的服务体验。政府部门和公共服务机构基于自身掌握的公共数据开发出来的应用，在用户服务和用户体验方面稍逊于企业研发的应用。既然市场主体在用户服务、用户体验、数据融合、应用整合、技术能力、资金保障和市场推广等方面更具有优势[41]，政府应该将不涉及国家安全、商业秘密和个人隐私的公共数据开放共享出来。市场主体可以获取政府公共部门的数据，为政府与企业在教育、医疗、交通等多个领域展开更紧密的合作提供基础条件，政府的优质服务能力与企业的先进技术能力以及高校的卓越科研能力相互配合、相辅相成，共同促进公共服务领域的创新和进步。上海市绿化与市容管理局曾在 2014 年利用自身掌握的公共厕所数据开发了一款名为"上海公厕指南"的应用程序，然而在实际场景中，用户使用该款应用软件只能找到政府建设的公共厕所，酒店、商场、餐饮店内的厕所却不包括其中，未从根本上解决"找厕所难"的问题。多年来上海市绿容部门积极探索"智能寻厕"新模式，于 2023 年推出"上海智慧寻厕"微信小程序，与百度、高德两大地图平台沟通协调，实现了公厕信息的互通共享，提升了现有地图中环卫公厕信息的准确度，新增了大量商场、酒店、轨道交通站点内可向公众开放的社会公厕，方便市民游客运用信息化手段快速锁定周边公厕的位置。

公共数据开放共享能够提供更加个性化和精细化的公共服务，打破传统的被动式公共服务模式。过去，政府单方面提供的公共服务常因技术能力的制约和资金限制，而主要聚焦于满足广泛民众的基本需求。然而，这种服务模式在资源分配上往往难以兼顾个体差异性。而在公共数据开放共享的推动下，多个领域、多个部门的公共数据资源可以融合分析，通过对这些结构化、半结构化及非结构化文本数据的充分挖掘，可以识别出颗粒度更细的需求，有效解决公共服务需求难以识别的问题，从而更好地满足不同群体的个性化需求，提供更加精细化的公共服务。

以民生服务领域为例，2021 年，比利时地理通信技术公司（Nazka Mapps）和非营利组织（Mobiel21）利用西佛兰德省的岗位开放数据和交通开放数据开发出求职平台"到西佛兰德省工作"（Naar Jobs in West-Vlaanderen），将招聘信息与交通可达性相融合，一方面解决了求职者如何找到最适合自己的工作或者如何到达工作地点的难题，另一方面解决了雇主所面临的招聘困难和员工流失问题，使得西佛兰德省的求职者和雇主之间的匹配更加便捷和高效。该平台上线后获得广泛好评，求职者们表示该网站帮助他们在节省时间和精力的基础上找到令自己满意的工作，雇主们表示该网站有助于留住合适的员工和更加容易地招聘员工。同时，政府和社会机构也表示该网站有利于更高效地管理和更新岗位和交通数据，以此提高公共数据开放质量和促进就业率的提升。随着技术的不断进步和公共数据开放共享的深入实施，未来公共服务将更加智能化、个性化和精细化，更好地服务于人民群众，推动社会的全面发展。

公共数据开放共享能够提升公共服务均等化、普惠化水平，不断提高公众生活质量。一方面，公共数据开放共享可以增强社会监督，减少福利欺诈、暗箱操作和设租寻租等情况的出现，让真正需要该项服务的公众得到公正对待。例如，针对社会救助服务以及住房服务过程中弱势群体的服务准入问题，大数据这一技术工具能够高效地进行分析和判别；针对流动人口的公共服务，特别是对进城务工农民工的公共服务，也可以使用大数据技术对开放共享的公共数据进行分析，筛选出流动情况较为复杂多变的农民工及其子女，给予他们特别关注，让他们在务工地区获得及时而全面的服务，保障他们最基本的生活需求。另一方面，公共数据的开放共享可以加强政府和企业之间的沟通和合作，有效解决服务资源配置不均衡问题。例如，城市公交站点和地铁站点的建设项目中，参与设计规划部分的企业需要充分利用政府开放的地理数据、气象数据、交通客流量等公共数据，综合分析和设计出满足大多数人出行需求的建设方案，同时将残障人士、老年人、孕妇、儿童等特殊人群的合理需求纳入站点基础设施建设的考量中去。这样不仅提高了民众的满意度，也为政府赢得了更高的信任和支持。公共数据开放共享打破了信息孤岛，成为推动社会公平正义、提升民众幸福感和获得感的重要力量。

公共数据开放共享能够显著提升公共服务的效率，也使得服务更加便利化，更加贴近民众的实际需求。在当前的数字化时代，政府正积极推进"互联网+公共服务"战略，通过构建基于公共数据开放共享的民生服务平台，使用在线签批和生物识别等现代信息技术，能够极大简化事项的办理流程和审批流程。武汉市通过推行"互联网+政务服务"[42]，面对数据共享的挑战，如数据孤岛、数据烟囱等问题，采取了从标准化入手，逐步应用、完善云端平台的策略，分阶段、有重点地推进政务服务数据的共享，以促进政务服务效率与质量的提升。2016 年，浙江省启动"最多跑一次"改革[43]，建设全省公共数据平台，实现"数据"多跑路、群众少跑腿；2017年，浙江省全方位推进政府数字化转型，实现数据应共享尽共享。多年来，浙江省通过数字技术的应用，如数据流动和智能化解决方案等，有效提升了公共服务的质量和响应速度，同时增强了公众对政府服务的获得感和满意度。公共数据开放共享能够有效促进政务服务的业务重组与流程再造，提升公共服务质量和效率。通过标准化、技术应用、制度保障等多方面的努力，可以有效地解决数据共享过程中的障碍，实现政府、企业、民众的三方共赢。

3.2.3 政府治理能力的现代化需要公共数据开放共享

在数据时代，政府治理的创新模式着重体现服务型政府的理念，并将数据开放与共享作为实现这一理念的关键路径，通过政府部门间的数据开放共享实现业务协同，为政府的科学决策和宏观管理提供支撑，对于改善政府治理具有重要的推动作用。公共数据开放共享包括了政务数据的开放共享，迎合了数字政府的建设要求。有效的治理需要政民之间不断沟通，开放公共数据拉近了政府与公民的距离，极大程度地鼓励了公民参与政府决策，能够提高政府透明度，增强政府公信力，树立政府权威，最终建设成人民满意的服务型政府。

公共数据的开放共享能够有效保障公民的知情权[44]，保证全体人民在共建共享发展中有更多获得感，推动建设人民满意的服务型政府。在信息时代，数据已成为决策的重要依据。开放共享公共数据，使公民能够充分了解政府的工作动态、公共政策制定的过程和效果，以及社会发展的各项指标，从而提高公民对公共事务的理解和参与度。公民可以利用可机读格式开放的公共数据来开发新的互动技术、平台和应用，从而更有效地向政府提供有价值的信息和智慧。政府通过汇聚这些智慧和力量，能够推动公共决策朝向更加民主科学的方向发展，进而鼓励公众参与社会管理和公共服务，形成政府与公民共同治理的良好格局，让公众在参与中切身感受到自己对社会发展的贡献。这也正是践行了服务型政府的核心——以人民为中心、满足人民的需求。一方面更加精准地把握人民的需求，更加科学地制定和调整公共政策，另一方面有助于增强政府公信力，树立政府权威，赢得公众的信任和支持，从而真正成为人民满意的服务型政府。当然，公共数据开放共享也是建设数字政府的基本要求。通过推动公共数据价值高效流动，破除体制机制障碍，赋能各级人民政府更好地履行政治职能、经济建设职能、文化建设职能、社会建设职能和生态文明建设职能，实现从政府决策、管理、服务到运行的数字化转型。

公共数据的开放共享能够显著提高政府的整体治理能力，包括提高政府科学决策能力、提升部门协同合作能力以及促进政府改革[45]。政府决策的科学性依赖于全面、准确的信息。公共数据开放共享为政府提供了丰富的数据资源，使得政府决策更加客观、准确。政府通过深度剖析和挖掘这些数据，能够更精准地洞察社会发展的动态趋势和民众的实际需求，制定出更加科学合理的政策。公共数据开放共享打破了传统的管理模式，扫清了政府部门之间信息流通的障碍，有助于提升政府部门之间的协同合作能力，显著提高了政府的工作效率。此外，公共数据开放共享还能够促进政府改革。公共数据开放共享使得政府的工作更加透明，有助于公众对政府工作的监督，从而推动政府改革，建设服务型政府。公共数据开放共享的实践表明，通过提供原始数据资源，可以增加政府决策的透明度，使政策和决策更具合法性和合理性。这种透明度的提升，不仅增强了公众对政府决策的理解和信任，也为政府带来了更多的社会支持和合作机会。政府与社会各界的友好交流与互动，激发了民间智慧和社会创新，有助于政府更有效地管理和服务社会。政府可以通过对这些数据的开放共享，吸引社会各界参与到政府治理中来，共同推动社会进步。

公共数据的开放共享有助于构建协同治理体系[46]，打造一种高效的政府治理模式。在数字化浪潮的推动下，政府治理的新架构聚焦于服务型政府的理念，并倡导数据开放共享的策略。这一架构是一个多元化的协同治理体系，涵盖了政府、企业、社会组织等多方力量的积极参与和协作。政府与社会之间的数据开放共享，包括政府公共数据向社会的开放和平台企业向政府的数据共享，这是实现多元协同治理体系的重要路径。通过数据的互联互通，可以打破不同部门、不同组织的界限，形成高效的治理网络。以"健康码"的应用推广为例，它提供了一种不同主体基于公共数据的协同治理模式。在新冠疫情期间，政府、企业和社会组织共同参与，通过数据共享和互联互通，实现了对疫情的快速响应和有效控制。政府提供疫情数据，企业和社会组织利用这些数据开发出健康码等应用，为公众提供便捷的服务，同时也帮助政府实现对疫情的实时监控和精准防控。有了"健康码"这一技术工具，政府在追踪感染者的历史轨迹时更加方便快捷，各场所管理者在控制人员流动时的依据更加科学可靠。一方面可以最大限度地防止疫情扩散以及保障公众的生命安全，另一方面能够有效驱散笼罩在公众心中的恐慌不安情绪，增强公众对政府的信任感，促使他们积极配合相关工作人员的防控措施。当然，公众也可以通过这些开放的公共数据，提醒周围的亲人朋友避免前往感染程度较为严重的地区，以此守护好自己的"健康码"，这也是公众参与政府治理的一种方式，能够推动实现真正的协同治理，形成共治共享格局。

公共数据的开放共享能够优化城市资源配置，提高数据资源的利用效率，为智慧城市的发展注入了新的活力[47]。智慧城市的核心在于运用现代信息技术手段，实现城市管理的精细化、智能化和高效化。在智慧城市建设过程中，公共数据的开放共享为政府、企业和公众提供了丰富的数据资源。通过分析这些数据，政府可以更准确地了解城市交通、环境、人口等方面的情况，从而制定出更加科学合理的城市规划和管理策略。这有助于优化城市空间布局，提高城市资源的利用效率，促进城市的可持续发展。在传统模式下，政府部门之间、政府与企业之间、政府与公众之间的数据流通存在较大障碍，导致数据资源利用效率低下。而公共数据开放共享恰恰能够打破这些机制障碍，使得公共数据资源得以充分流通和利用，尽可能地挖掘和释放数据的潜在经济价值。有关研究表明[48]，城市的公共数据开放水平每提高 1%，当地企业全要素生产率平均提升约 0.18%。公共数据开放共享为智慧城市各类创新应用提供了数据支持。企业和研究机构可以利用这些数据进行创新研发，推出更多贴近公众需求的服务和产品。这有助于激发城市创新活力，提高城市竞争力，为支持城市数字化、智能化转型创造了更多的发展机遇。

第4章
政策基础：国内外公共数据开放相关政策分析

在推动公共数据开放方面，欧美国家形成了各具特色的政策体系和开放模式。美国作为全球数据开放的先行者，通过一系列法律法规和战略规划，逐步建立了完善的数据开放管理体系，鼓励企业和社会各界参与公共数据的开发和应用。英国则通过国家行动计划的持续推出，积极适应开放新形势，推动公共数据开放运动的深入发展。

在我国，随着"互联网+"和大数据战略的深入实施，公共数据开放也逐渐成为政府工作的重点。近年来，政府相继出台了一系列政策措施，推动公共数据资源的整合和开放。我国也在积极探索适合国情的公共数据开放模式，注重数据安全和个人隐私保护，推动公共数据在促进经济社会发展中的积极作用。本书将其分为萌芽期、探索期、成长期和发展期四个阶段，既包含对国家层面政策的总体分析，也包含对地方政策的比较分析，指出我国政策已经由公共数据开放共享为主转向探索公共数据授权运营为主。

4.1 欧美、日本积极探索公共数据开放模式，政策持续聚焦落地

欧美地区及部分亚洲国家在公共数据开放方面呈现出政策持续聚焦、实践不断深化的特点。各国政府纷纷将开放数据纳入国家发展战略之中，通过制定法律法规、建立数据开放平台、加强数据治理等措施，

注重数据创新应用和产业培育，鼓励企业和社会组织利用开放数据进行技术研发和商业模式创新，推动数据资源的开放与利用。

4.1.1 美国：全球数据开放先行者，鼓励企业参与公共数据开放

美国是全球第一个推广数据开放的国家，政策供给始终处于领先地位，早在 1968 年加州的《公共记录法案》（Public Records Act）中便要求加州各个市政当局向公众公开各类政府记录。

在战略规划方面，从 1966 年通过的《信息自由法（FOIA）》，到 1976 年通过的《阳光下的政府法》，再到 2009 年奥巴马签署的《透明与开放的政府备忘录》与《信息自由法案备案录》，为美国政府展开数据开放行动提供了制度基础，同年国家级政府数据开放平台 Data.gov 正式建立。2013 年，美国正式颁布《政府信息公开和机器可读行政命令》，第一次从国家层面规定了政府数据开放的基本架构。2015 年，美国颁布《第三份开放政府国家行动计划》，2016 年，美国发布《联邦大数据研究与开发战略计划》，2018 年启用《公共、公开、电子与必要性政府数据法案》（又称《开放政府数据法案》），逐渐完善数据开放的管理体系。期间，政府持续与企业家和创新者合作，鼓励他们开发基于政府开放的数据的新应用。例如，谷歌不仅捐献了 1000 万亿字节的云存储空间来存储各种卫星观测数据和气候模型，还在 Google Earth Engine 地理空间分析平台上提供了 5000 万小时的高性能计算能力，希望研究者能够利用这些共享资源真正解决人类生存相关的气候问题。2019 年，美国发布《联邦数据战略与 2020 年行动计划》，提出将数据作为"战略资产"充分利用，促进经济增长，提高政府效率和透明度，赋予了数据开放新的使命与价值内涵。

在数据供给方面，美国政府以数据使用为中心，要求扩大数据开放范围，优先保障高价值数据和关键领域数据开放。例如，《联邦数据战略行动计划（2020）》要求联邦机构遵循数据开放和隐私保护政策框架，采纳人工智能（Artifical Intelligence，简称 AI）隐私保护领域专家以及研究

机构的多方建议，集中精力整改以实现数据的可识别性、可获取性和高质量供给，将制订的开放计划纳入各部门的总体数据开放计划中，并不断动态调整。为确保数据的完整性和优先性，美国通过立法定期更新数据清单。例如，《开放政府数据法》规定建立并维护全面的数据清单，而2020 行动计划则要求各机构至少每三个月更新一次这些清单。首先要在综合清单中识别出缺失或不完整的数据，然后根据定期更新的元数据标准完成数据清单的更新与发布[49]。

在数据安全方面，美国目前采用的是分散立法模式，《隐私权法》主要规范国家机关对个人信息的处理。《公平信用报告法》则是规范信用机构对个人信息的收集、存储与处理。《健康保险流通与责任法案》或《健康保险可携性与责任法案》重点则是对公民健康信息进行保护，侧重于规范医疗机构对患者健康信息的使用、存储与处理，强化医疗机构的保护责任。《2018 年加州消费者隐私法案》对信息收集企业提出更为严格的要求，加强对消费者隐私与数据安全的保护。在数据开放领域，相关的隐私与数据保护政策法规，通过行动计划与指南规范，被封装进数据获取、数据处理、数据分析、数据利用过程中，共同发挥作用，防范可能会带来的隐私与数据风险。例如，《开放政府数据法》明确规定机构需对数据安全隐患、数据格式转换成本以及潜在的个人隐私泄露风险等进行全面评估，还需审慎核查数据是否涉及商业秘密或合同、协议约束，是否受到知识产权保护等。

4.1.2　英国：国家行动计划持续推出，积极适应开放新形势

英国作为世界上公共数据开放程度较高的国家之一，高度重视公共数据开放政策法规工作，将公共数据开放运动作为国家战略进行推动。

在战略规划方面，1998 年英国发布《信息时代的皇家版权》绿皮书，第一次明文规定了"即点即用"（Click-Use）的新型授权方式，为开放数据奠定重要基础。2003 年，欧盟通过了《重用公共信息法令》，为整个欧盟国家提供了开放数据的基本法律支撑。2005 年，英国信息公开法

的正式生效和欧盟《重用公共信息法令》的生效则从法律层面为英国进一步开放数据完善了基础架构。2009年，英国政府提出了一项旨在促进公共数据透明化的倡议计划，着手开展面向广大开发者的 data.gov.uk 数据网站设计[50]。2010年9月，英国政府正式发布《开放政府授权协议》（Open Government License），提出三种许可方式代替了原来的"即点即用"。2012年发布《开放数据白皮书：释放潜能》，提出数据开放的五星评价标准和专门的"开放标准原则"，开放数据标准逐步得到完善。2011年至2019年期间，英国连续发布四份《英国开放政府国家行动计划》，始终坚持开放政府伙伴关系（Open Government Partnership，OGP）的框架指导，根据不同的发展情况不断优化数据开发战略规划，并利用开放政府伙伴建立国际对话，形成基于国内外政治参与制度的开放对话机制[51]。

在开放数据标准方面，2012年发布《公共部门透明委员会：公共数据原则》，详细阐述了关于数据开放的14项关键原则，包括数据格式、开放形式、许可使用范围等内容。2012年，英国又进一步出台《开放数据白皮书：释放潜能》，明确规定蒂姆·伯纳斯·李提出的开放数据五星评价标准是英国政府数据开放应该遵循的准则，并希望通过开放数据促进英国经济发展、政府治理，提高英国公共服务水平，并制定了专门的《开放标准原则》，该原则明确了各单位在软件操作性、数据格式等方面应遵循的标准。

在开放数据创新利用方面，英国政府开放数据致力于通过创造新产品与新服务来创造更大规模的经济效益，不断刺激创新。为了进一步在全国范围内强调数据创新利用的重要性，英国于2015年3月颁布《国家信息基础设施执行文件》。此外，英国政府加大财政支持力度，积极推动数据分析与可视化技术的创新，为建立公共数据公司（Public Data Corporation）以及吸引世界一流投资提供准备条件，还重点表彰在开放数据创新方面表现卓越的组织和机构，鼓励国际国内的数据开放交流与合作[52]。

在数据安全方面，英国国家档案馆于 2010 年公布《英国政府许可框架》，明确不同场景下数据使用的权限与限制，详细划分了三种许可模式，包括开放政府许可、非商业政府许可和收费许可。其中，开放政府许可因其广泛的适用性而备受推崇，公众可在该许可下自由复制、发布、共享和修改数据，且无须支付任何费用。同时，英国政府深知个人隐私保护是数据开放的首要前提，在《抓住数据机遇：英国数据能力战略》中强调各部门应当制订具体的数据保护行动计划，使得个人隐私和数据安全得到真正的保护[53]。

4.1.3 德国：延续工匠精神，推动开放数据上升至国家高度

步入信息化新时代，德国与时俱进，将开放数据视为信息文明浪潮中工匠精神的全新演绎，这是德国在数字时代的独特创新，更是其持续领先的战略选择。

在战略规划方面，德国 2017 年 7 月正式申请加入开放政府伙伴关系（OGP），并颁布《开放数据法》，在政府开放方面迈出了重要一步。随后，依据 OGP 要求，德国制订了第一个《开放政府的国家行动计划（2017—2019 年）》，这是德国进一步推动开放政府数据的重要计划。该计划致力于提升政府的透明度和开放度，推进政府治理的规范化、标准化、专业化和法制化，加强构建公民了解和监督政府的途径，帮助政府更好地履行职责，让民众更多地参与行政治理，进而创造更多的社会价值。该行动计划内容涵盖了由多个德国联邦政府部门共同承担和实施的 15 项具体任务，这些任务的实施也表明了德国联邦政府各部门的改革决心，是各项改革工作取得重要进展的重要原因。其目的在于挖掘政务数据的内在潜力，以此驱动社会创新、优化公共服务的整体效能，强化社会与经济的双重价值。该计划不仅将开放数据视作政府的重要职责与基本国策，充分考虑与开放数据相关的政府战略规划与核心项目，更将其提升至塑造德国未来发展蓝图的关键层面。2021 年 7 月，德国联邦政府正式颁布未来五年的《开放数据战略》。该战略将开放数据上升到德国创

新实践核心驱动力的地位,并指出促进企业、学术界及社会各界积极贡献更多的开放数据资源,需要联邦政府把控好开放数据的质量与数量,从而促进数据使用的责任性与可持续性。此举不仅彰显了德国在开放数据领域的坚定立场,不断深化数据开放的层次,还体现出德国加强政府与社会各界用户的紧密联系的坚定决心,不断拓宽数据开放的领域。

在数据的管理与提供标准方面,DCAT-AP.de 自 2009 年起被德国信息技术规划委员会确定为国内开放数据门户(GovData)间元数据交换的统一规范标准。德国元数据标准 DCAT-AP.de 根据欧洲数据交换标准 DCAT-AP 而制定,同时兼顾德国开放数据的现实情况,使之切实贴合德国开放数据的具体需求。该标准不仅明确了利用 GovData 门户有效提供数据的具体方法,还规定了开放数据的分布式管理维护流程。此外,《德国数据许可—署名》2.0 版本特别强调了数据使用时的"署名"规范,并对开放数据过程中的问题提供了详尽的解答。

在搭建数据开放生态体系方面,开放数据生态体系的建设对于开放政府建设有极大的推动作用。德国制定的开放数据监管法要求将显著增加政府部门开放的数据数量。同时,数据的质量要得到应有的保证,使开放数据更准确、更安全、更实用、更有价值。德国政府在参与 OGP 后所采取的公开、透明的做法在国际上获得了很高的认可。然而,为了进一步提高开放数据的数量和质量,提高协调性和可比较性,德国政府需要进一步解决一些实际问题。例如,大力挖掘数据的需求潜力;提高开放数据提供端的积极性,增进与科学界、民间社会团体、企业和国际合作伙伴的对话,提高发布数据的质量,使实践和经验交流工作达到更高的水平;建立透明化体制,构成"开放政府行动计划"实施的基础,为开放政府奠定良好的实施环境等。

4.1.4 日本:后来者居上,积极推进开放数据战略的长远发展

以 2011 年地震灾后重建工作为契机,日本才将开放数据战略正式提上日程,之后的几年内数据开放实践迅速发展。在 2018 年出版的领

导人版本《开放数据晴雨表》中日本排名第七,在亚洲排名中仅次于韩国[⊖]。

在战略规划方面,日本关于开放数据战略的政策文件大多由 IT 综合战略部发布,后期内阁议会也参与相关战略计划的发布。2012 年,日本 IT 综合战略部颁布《电子政务开放数据战略》,明确开放数据战略的意义和目的。一年后,IT 综合战略部发布《促进电子政务开放战略》,对《电子政务开放数据战略》中提出的许多亟待完善的问题进行了具体安排。2013 年各府省 CIO 联合会发布《关于促进府省开放数据第二次利用的基本方案》,以及 2015 年信息通信技术综合战略室发布的《促进地方政府开放纲领》,为各地方政府展开数据开放提供了行动指南。2016 年发布的《开放数据 2.0》和《促进公共和私营部门数据使用的基本法》,2017 年内阁议会发布的《世界最先进的 IT 国家创造宣言》和 IT 综合战略部发布的《开放数据基本指南》,鼓励利用开放数据增进公民福祉和激发商业创新与经济活力。2019 年,IT 综合战略部又对《开放数据基本指南》进行修订,不仅完整地提供了开放数据管理与利用办法,还提出了相关专业人才的培养规划和举办促进开放数据使用活动的建议[54]。日本政府高度重视互连产业的繁荣发展,不仅设立了专项税制与投资激励政策,还构建了政府数据开放与共享机制,极大地促进了数据的广泛应用和利用。

在数据安全方面,日本于 2003 年颁布了《个人信息保护法》,并在后续年份进行了修订和完善,以加强个人数据的保护。日本 IT 战略本部发布的《开放数据战略》中指出主动公开公共数据资源、以易于机器读取的格式进行发布、积极倡导社会各界充分利用这些公共数据资源等基本原则,并强调要对涉及的保密信息或个人信息进行特定处理后才能发布。在《个人信息保护法》的约束下,个人信息处理运营者必须实施一

⊖ https://opendatabarometer.org/?_year=2017&indicator=ODB。

系列保护措施，以保障数据安全，有效防范数据泄露或损害的风险。为了提供证明企业符合相关法律与标准的合法程序，日本还引入"隐私标章"（privacy mark）认证机制。日本高度重视个人隐私保护，在开放政府数据时，采取了一系列隐私风险评估与防控措施。例如，管理机构由熟悉个人隐私保护的专家组成，数据开放前必须进行匿名化处理以保护个人隐私。

在开放数据标准方面，日本政府通过各种措施推动数据标准的制定和完善。例如，日本信息处理推进机构（IPA）自 2008 年开始发布年度《信息安全白皮书》，内容包括与信息安全有关的日本国内外政策、威胁动向、发生事件情况、所受影响情况等，其中也涉及了数据标准的制定。此外，还有专门的大数据标准化白皮书，涵盖了数据采集、数据预处理、数据存储、数据分析、数据可视化、数据访问等标准；大数据开放与互操作标准主要针对不同功能层次、功能系统之间的兼容性。日本政府还注重与国际标准的对接。日本数字道路地图协会（JDRMA）负责建立数字道路地图（DRM）的标准，并每年更新数据库，以满足日益增长的应用需求。

4.2 我国政策不断强化，推进公共数据开放运营

我国公共数据开发开放利用已有 20 多年发展历史，但由于大多数高价值公共数据都涉及公民个人隐私、企业秘密和国家安全，不能与其他主体直接共享，更不宜向社会直接开放，而长期沉淀在政府机关和公共事业单位内，无法释放其数据要素价值潜能。因而，有必要引入市场化机制，通过对涉敏涉密公共数据进行脱敏脱密处理后向社会有偿开放，从而增大公共数据供给。其中，授权运营是引入市场化机制开发开放公共数据的一种主要方式，以下是我国国家和地方层面对公共数据从共享开放到授权运营的探索历程（如图 4-1 所示）。

第 4 章 政策基础：国内外公共数据开放相关政策分析

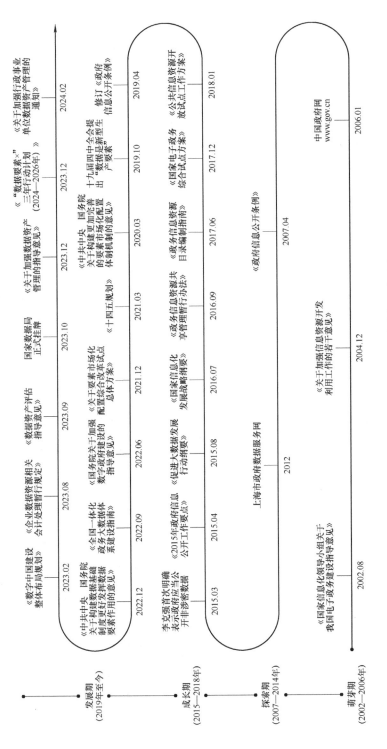

图 4-1 国家层面的公共数据开放政策探索历程

4.2.1 萌芽期（2002—2006年）以信息资源开发利用为主

在 2002 年至 2006 年这一阶段，我国信息产业经历了显著的发展和变革。首先，通信业迅速发展，2007 年全国网民数新增 7300 万人，总数达到 2.1 亿人，互联网普及率达到 16.0%[①]。其次，电子信息产业稳步增长，为应对技术业务转型升级与宏观政策环境变革的双重挑战，我国正积极推进产业结构的优化调整，并加大自主创新力度。在全球信息化趋势日益加强的背景下，我国积极与国际接轨、参与国际信息交流与合作，以共同应对全球化带来的挑战和机遇。伴随国内外信息化产业的不断发展，我国逐渐认识到信息资源开发的重要性和必要性，将信息资源视为与能源、材料资源同等重要的生产要素、无形资产和社会财富。我国坚信推动信息资源深度开发和有效利用是驱动经济社会全面发展的关键路径，更对提升国家整体实力和国际竞争力具有不可估量的重要意义。为引导政务信息资源的开发利用，中央出台了一系列政策，并推动相关基础设施和门户网站的建设。在此基础上，我国初步建立了政府信息公开的制度框架，为信息资源的开发利用提供了坚实的政策基础和制度保障。通过实施这些举措，我国不仅极大地推动了信息资源的高效利用，更为我国经济社会的发展注入了源源不断的新动能。

2002 年 8 月中共中央办公厅、国务院办公厅正式发布《国家信息化领导小组关于我国电子政务建设指导意见》，部署了"两网一站四库十二金"电子政务建设工程，首次提出"规划和开发重要政务信息资源"，开启了我国电子政务建设和政务信息资源开发利用的序幕。

2004 年 12 月 13 日中共中央办公厅与国务院办公厅联合发布《关于加强信息资源开发利用工作的若干意见》，是我国第一个信息资源开发利用的专门制度。文件中首次提出信息资源与能源、材料资源同为重要的生产要素，是一种无形资产和社会财富，并要求通过"建立健全政府信

[①] 数据来源：2007 年全国通信业发展统计公报。

息公开制度"充分发掘政务信息资源的价值,进一步推动形成政府信息公开制度的建立与完善。特别需要强调的是,早在 2004 年的 34 号文就首次提出"信息资源是生产要素"。

2006 年 1 月 1 日,中华人民共和国中央人民政府门户网站——中国政府网(www.gov.cn)正式开通。

这些中央政策无不强调了信息资源在经济社会发展中的核心地位,提出了加强信息资源开发利用的紧迫性和重要性。同时,明确以科学发展观为指导,通过体制和机制创新,推动信息资源的优化配置和产业的发展。并且,根据发展现状有针对性地提出了一系列原则和任务,包括建立政府信息公开制度、加强政务信息共享、支持公益性信息服务、促进市场化和产业发展、完善法律法规和标准化体系、加强技术研发和成果转化、保障信息安全以及加强人才培养和宣传教育。这些措施涵盖制度完善、体系建设、技术提升、人才培养等各方面,旨在全方位、深层次地提升信息资源的开发利用水平,促进经济社会的全面协调可持续发展。但是,这一时期在信息公开的广度和深度方面,以及信息资源的开发利用方面还处在初级阶段,公众获取信息的渠道有限,信息资源的开发利用缺乏系统化和体系化管理。这两方面的进一步发展需要加强公众参与和反馈机制,提升信息公开的互动性和实效性,需要促进信息资源的分类、标准和管理流程的制定和落实。

4.2.2 探索期(2007—2014 年)以信息公开为主

在 2007 年至 2014 年这一阶段,随着社会的持续进步和公民自主意识的日益觉醒,公众对于政府工作的透明度与民众参与度提出了更为迫切且高标准的要求。人们期望能够更加了解政府的决策过程和行政行为,以便更好地行使公民权利和履行公民责任。同时,互联网和移动通信技术的发展较前一个阶段更加普及和快速,使得信息的传播和获取变得更加便捷,为政府信息公开提供了有力的技术支持,促使政府采取更加开放的态度来适应信息时代的要求。国际环境的变化也对政策走向产生了一定的影响。2008 年全球金融危机给各国经济发展带来了巨大的震荡。中国政府为了稳定国内经济,提高市场信心,需要增强政策的透明度和预见性,以利于企业和社会各界做出合理的经济决策。

2007 年 4 月 5 日国务院发布《政府信息公开条例》,于 2008 年 5 月正式施行。以《政府信息公开条例》为标志,将政府信息公开的范围、方式、程序及监督、保障等,用法律形式予以明确,使政务公开有法可依,确定了"公开为原则、不公开为例外"的基本规则。财政预决算、"三公"经费支出、保障性住房、食品药品安全等九方面政府信息充分公开。

《政府信息公开条例》(以下简称《条例》)的实施,显著推动了政府信息公开的范围明确化和公开方式的多样化。通过法律形式对政府信息公开的范围、主体、方式、程序以及监督保障等内容进行了全面和系统的规定,有力地推动了政府信息公开工作,特别是在建设公开透明的政府、保障公众知情权和监督权方面带来了深刻影响[55]。通过信息公开,政府能够更加有效地与公众沟通,提高政府服务的质量和效率。然而,在实施过程中,也存在一些问题和挑战。例如,公开内容的界定不够清晰、公开手段的更新较为滞后以及监督和保障存在漏洞等问题亟待解决,以确保政府信息的及时、准确、全面公开。尽管内蒙古自治区在实施《条例》方面已取得较显著的成绩,但仍然存在时效性不强、规范性不够和透明度不高等问题,缺乏明确有效的公众参与和监督机制[56]。为了解决这些问题、进一步推动中国政府信息公开向纵深发展,相关研究[57]提出了几项措施:首先,厘清政府行政职能,完善信息公开目录和途径,明确各级政府部门的职责,并利用现代信息技术手段拓宽信息公开渠道;其次,深化行政体制改革,健全信息公开制度体系,优化政府机构设置,确保信息公开的体制保障,并设立专门的信息公开机构或部门;最后,启动信息公开的立法程序,提升信息公开的法律位阶,将信息公开的相关法律纳入国家立法计划,确保信息公开工作有法可依。

2012 年上海市上线开通了中国第一个开放数据门户网站"上海市政

府数据服务网",标志着我国从信息公开迈向数据公开。这是公共数据开放共享的第一次公开尝试,不仅提高了政府工作的透明度,也增强了公众对政府数据的需求和利用能力,还能够更好地整合城市管理、公共资源和电子政务等多方面的服务,推动智慧城市和数字政府的发展。毕竟是开天辟地的第一次尝试,上海市政府数据服务网存在一些不容忽视的问题。一是功能不完善,尽管已经建成,但部分功能如数据更新不及时、用户评价意识不强、供需不匹配等问题仍然存在[58, 59];二是数据安全和隐私保护不足[60],在开放数据的过程中,可能会引发数据泄露的风险,如个人隐私被侵犯等问题;三是缺乏有效的互动反馈机制[61],导致用户与平台之间缺乏有效沟通,不利于数据开放的良性发展。未来需要持续探索,完善公共数据平台建设和监督,提升公共数据的可用性和安全性,尽可能地满足公众和企业对公共数据开放共享的需求。

4.2.3 成长期(2015—2018年)以公共数据开放共享为主

在这一阶段,随着互联网和信息技术的快速发展,数据已成为社会发展的重要基础和战略资源。大数据技术的不断进步与普及,推动了大数据经济的形成与发展。通过对公共数据的深入挖掘、有效转化和高值利用,可以显著增强经济的宏观预测准确性、提升企业的创新能力,以及为促进产业的优化升级创造了无限的可能性。在此影响下,公众对数据权益的认识逐渐加深,对政府开放更深层、更原始的公共数据的呼声也日益高涨。政府作为最大的公共数据持有者,扮演着至关重要的角色。通过政府的积极推动,公共数据的开放与利用将能大幅提升政府公共服务的效率和质量,从而带动整个社会服务水平的全面提升。因此,中央持续出台以下政策支持和推动公共数据的开放共享,明确公共数据开放共享的方向和任务。

2015年3月两会期间,国务院总理李克强首次阐明政府应当公开非涉密数据的立场。该声明标志着中国政府首次公开支持公共数据的开放,体现出我国政府在这一方面的坚定决心和前瞻视野。

2015 年 4 月国务院颁布《2015 年政府信息公开工作要点》，强调应当积极引导和鼓励企业、个人以及第三方机构等多元主体对公共数据的深度挖掘和广泛应用，持续稳健推进政府数据的公开工作。

2015 年 8 月 31 日国务院发布《促进大数据发展行动纲要》，提出了"加快政府数据开放共享、推动产业创新发展、强化安全保障"三项任务，是我国第一部综合性数据要素制度。要求促进交通、医疗、就业、社保等民生领域的政府数据开放，集中力量推动公共数据与政府信息系统互联互通，不断促进政府数据开放共享，建设国家政府数据统一开放平台。

2016 年 7 月 27 日中共中央与国务院联合颁布《国家信息化发展战略纲要》，涉及信息资源的全面规划、精细化建设以及高效管理等一系列要求，旨在进一步提升信息资源的利用效率和开发价值，释放数字红利。

2016 年 9 月 5 日国务院发布《政务信息资源共享管理暂行办法》，包括政务信息资源目录建设、分类与共享要求、监督和保障等内容。明确政务信息共享原则为"以共享为原则，不共享为例外"；要求建立国家政务信息资源目录；明确政务信息无条件共享、有条件共享、不予共享这三种类型的差异；要求建设国家共享平台及全国共享平台体系建设，完善国家关键信息基础设施；政务信息提供安全按照"谁主管，谁提供，谁负责"的原则管理，政务信息使用安全按照"谁经手，谁使用，谁管理，谁负责"的原则管理等。

2017 年 6 月 30 日国家发改委与中央网信办联合发布《政务信息资源目录编制指南》，包括引言、范围、规范性引用文件、术语和定义、概述、政务信息资源目录、政务信息资源目录编制要求、附录等八部分。政务信息资源目录部分包括政务信息资源目录分类、政务信息资源元数据、政务信息资源代码等三部分。其中，政务信息资源目录分类包括资源属性分类、共享属性分类、涉密属性分类、层级属性分类。政务信息资源元数据包括核心元数据和扩展元数据。政务信息资源代码包含政务信息资源分类码和政务信息资源顺序码。政务信息资源目录编制要求部

第 4 章 政策基础：国内外公共数据开放相关政策分析

分包括责任分工、编制流程、前期准备、编制与报送、汇总与管理、目录更新等六项内容。

2017 年 12 月 25 日中央网信办、中央办公厅、国务院办公厅、国家发展改革委、工业和信息化部、国家标准委联合发布《国家电子政务综合试点方案》，决定选择一系列具有代表性的地区开展国家电子政务综合试点工作，包括北京市、上海市、江苏省、浙江省、福建省、广东省、陕西省和宁夏回族自治区。

2018 年 1 月中央网信办、国家发展改革委、工信部联合发布《公共信息资源开放试点工作方案》，明确指出以北京市、上海市、浙江省、福建省、贵州省为开展公共信息资源开放的试点地区，重点开放信用服务、医疗卫生、社保就业、公共安全、城建住房、交通运输、教育文化、科技创新、资源能源、生态环境、工业农业、商贸流通、财税金融、安全生产、市场监管、社会救助、法律服务、生活服务、气象服务、地理空间、机构团体等领域的公共信息资源。

在中央政策的指引下，各地纷纷开展公共数据开放实践。截至 2024 年 3 月份，有 28 个省市自治区根据自身实际情况，制定出台了 52 部公共数据开发开放相关条例、办法、指南、实施细则、管理规定、建设方案等制度，如表 4-1 所示。

表 4-1 各地公共数据开放共享政策出台情况

政策类型	出台地区
条例	上海、深圳、重庆、四川、厦门、广州、浙江、贵州、北京、广东、天津、福建、海南、安徽、广西、陕西、黑龙江等 20 个省市自治区。其中，上海、深圳、重庆、四川、厦门、广州是综合性数据条例，浙江是公共数据专门条例，贵州是政府数据共享开放专门条例，北京、深圳、广东是数字经济专门条例，天津、福建、海南、安徽、广西、陕西、辽宁、吉林、黑龙江是大数据条例
综合性管理办法	上海、北京、浙江、重庆、广东、福建、贵州、山东、海南、内蒙古、江西、江苏、安徽、湖北、广西、云南、新疆、吉林
专门采集汇聚办法	北京、天津

(续)

政策类型	出台地区
专门数据共享办法	上海、天津、广东、山西
专门数据开放办法	上海、天津、重庆、浙江、广东、山东、河北、云南、陕西、宁夏、湖南、辽宁等
安全管理办法	山西、河南等
年度数据开放工作计划	北京、天津、山东、浙江、四川、贵州等，列明了计划开放的数据集名称、字段、完成时间等内容

中央在公共信息资源开放探索中确定北京市、上海市、浙江省、福建省、贵州省为试点地区，意味着这些地区在政策执行、平台建设、数据管理等方面具有一定的先行优势和实践经验。加之公共信息资源开放是公共数据开放共享的前身，本书选择北京市、上海市、浙江省、福建省、贵州省这五个地区作为研究我国公共数据开放共享政策的重点对象。此外，从地理位置和经济发展水平的多样性方面来看，这五个地区覆盖了中国东部、中部和西部的不同地理位置，代表了中国的不同经济发展水平和城市化程度。北京作为我国的首都，是强大的政务和经济中心；上海作为我国的国际化金融中心，在金融服务业、科技研发、高端制造业等领域具有较强的竞争力；浙江是中国互联网和电子商务的高地，经济发展水平和信息化程度较高；贵州是中国大数据综合试验区的核心区之一，也代表了西部地区的特点和发展需求；福建省在科技创新方面具有较强的能力，且具有悠久的对外贸易传统，拥有浓厚的开放文化氛围。因此，选择这五个地区作为研究对象，可以更为全面地综合分析公共数据开放共享政策的内容，为理解和推动公共数据开放共享提供丰富的理论和实践经验。

参照这五个地区公共数据开放共享政策架构，将各地的政策分为职责分工、数据归集、数据共享、数据开放、数据利用、数据安全、数据保障和法律责任八大模块。在此基础上细分每个模块，进行地区间的对比分析，不断完善公共数据开放共享政策的整体架构，最终构建公共数据开放共享政策的内容体系，如图4-2所示。

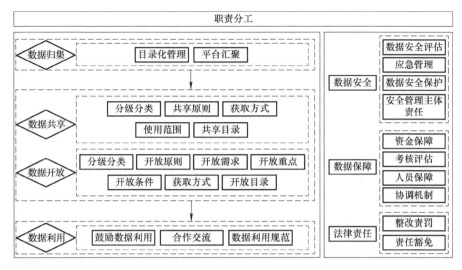

图 4-2 公共数据开放共享政策的内容体系

1. 职责分工

所有地区都明确了负责公共数据管理的专门机构,并规定了这些机构的职责和法律责任,通常需要多个机构协调一致,分工负责公共数据的统筹、共享、开放、维护和监督等各个流程的工作。这五个地区均明确要求由省政府统一领导本省的公共数据开放共享工作,市级、县级人民政府负责本行政区内的公共数据开放共享工作。其中,上海市和浙江省还专门设有公共数据主管部门负责组织和监督本行政区域内的公共数据开放工作,福建省则是设立大数据主管部门,虽然名称不同,但是职责大致相同。北京市是由市经济和信息化部门统筹和监督全市公共数据相关工作,而在上海市和浙江省则强调了多部门协同组织和管理公共数据开放共享工作,如图 4-3 所示。

2. 数据归集

数据归集包含目录化管理、平台汇聚。

1)目录化管理是指推进省、设区的市、县(市、区)三级公共数据目录一体化建设,统一目录编制标准,完成全省公共数据目录的编制,明确公共数据的来源、更新频率、安全等级、共享开放属性等要素，各地政策中均有提到。其中，浙江省的规定最为详细，强调设区的市、县（市、区）公共数据主管部门编制的本级公共数据子目录，需要报上一级公共数据主管部门审核；而公共管理和服务机构编制的本部门公共数据子目录，需要报同级公共数据主管部门审核。

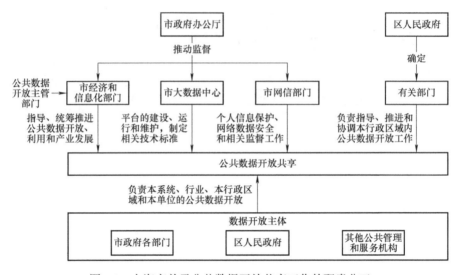

图 4-3　上海市关于公共数据开放共享工作的职责分工

2）平台汇聚是指按照法定权限、范围、程序和标准规范收集公共数据并整合到统一的公共数据平台，并且遵循合法、正当、必要的基本原则，各地区均有此政策。其中，浙江省强调公共数据主管部门应当依托公共数据平台建立统一的数据共享、开放通道，不得新建公共数据共享、开放通道；上海市尤其强调不能新建跨部门、跨层级的公共数据资源平台、共享和开放渠道，已经建成的需要按照有关规定进行调整，以此确保公共数据的完整性、准确性、一致性和时效性。

3. 数据共享

数据共享包括分级分类、共享原则、获取方式、使用范围、共享目录。

1)分级分类是指根据共享属性区分公共数据,具体分为无条件共享、有条件共享和不予共享数据,各地区可能存在表述差异,但总体上分为这三类,并对每类情况进行说明。

2)共享原则是指公共数据共享需要"以共享为原则,不共享为例外"作为公共数据共享原则,各地区在这一方面达成了基本共识。

3)获取方式是指公共管理和服务机构如何从公共数据平台获取共享数据。根据浙江省的规定,不论是无条件共享类数据还是有条件共享类数据,公共管理和服务机构在从公共数据平台获取共享数据前,必须先向数据提供单位所属层级的公共数据主管部门提交申请并详细描述具体的应用场景,申请获得批准后,便可通过统一的公共数据共享平台合法获取所需的数据。贵州省仅对获取有条件共享类型的公共数据做出规定,要求数据使用部门通过贵州省数据共享交换平台提交申请,对于无条件共享类的公共数据则可以通过贵州省数据共享交换平台直接查找、获取和使用。

4)使用范围是指公共管理和服务机构通过共享获取的公共数据,应严格限定于本机构依法履行职责的必要范围内使用,不得被挪作他用,也不得以任何形式变相用于与职责无关的其他目的,各地区均有此政策。其中,上海市、北京市、福建省和贵州省特别指出公共管理和服务机构通过共享获得的公共数据也不得提供给第三方。

5)共享目录是指组织编制公共数据共享目录。贵州省规定,省人民政府大数据主管部门应定期发布公共数据共享责任清单,并编制全省公共数据共享目录,规定该目录需至少每年进行一次全面更新和维护。上海市则是提出建立"三清单"(共享需求清单、责任清单和负面清单)公共数据共享机制,针对未纳入负面清单范畴的公共数据,允许直接进行共享操作,但这一过程必须严格控制在机构依法履行职责的必要框架之内,不得逾越此界限。

4. 数据开放

数据开放包括分级分类、开放原则、开放需求、开放重点、开放条件、获取方式、开放目录。

1) 分级分类是指对公共数据的开放类型进行界定，具体分为无条件开放、受限开放和非开放数据，各地区可能存在表述差异，但总体上分为这三类，并对每类情况进行说明。虽然福建省分为普遍开放和依申请开放两种类型的公共数据，但同时也规定了不予开放的五种情形，本质上还是依据开放类型将公共数据分成三大类。

2) 开放原则是指公共数据开放需要遵循的原则性规定，各地虽然在开放原则上尚未形成共识，但是基本上包含安全可控、分类分级、便捷高效、依法有序、规范公平、优质便民等方面。福建省提出"应开放尽开放、便民便企"的开放原则，暗含在遵守国家有关法律法规的前提下不断扩大公共数据开放范围的意思。

3) 开放需求是指全社会对公共数据开放的需求。北京市和上海市由市经济和信息化部门（公共数据开放主体部门）会同数据开放主体，采取了多元化的征集方式，包括线上线下问卷调查、深入座谈会研讨以及开放平台用户反馈等，确保从多个渠道广泛获取相关需求信息。

4) 开放重点是指对社会具有显著价值的公共数据应优先向社会开放，通常与民生息息相关，还具有显著的行业增值潜力和重大的产业战略意义，上海市、浙江省、福建省和贵州省均有提及开放重点或者优先开放的范围。其中，贵州省列举了教育、医疗、就业、文旅、体育、公共交通、应急、金融等重点场景，优先向社会有序开放高质量数据集，这与前面所说的"便捷高效"原则相对应。

5) 开放条件是指非开放类数据存在特定情形，可以列入有条件开放或无条件开放数据。浙江省对公共数据的开放范围进行了清晰界定，涵盖了三种具体情形。首先，针对包含个人信息的公共数据，一旦通过严谨的匿名化技术手段处理，将被纳入开放的范畴之内。其次，针对涉及商业秘密和敏感商务信息的公共数据，在经过专业脱敏和脱密处理后，并在严格确保信息安全的基础上，此类数据亦允许开放。最后，对于前述两类公共数据，若得到特定自然人、法人或非法人组织的依法授权与明确同意，这些数据同样被纳入开放的合法范畴之内。

6）获取方式是指自然人、法人或者非法人组织获取各类型公共数据的不同方式。在公共数据的开放策略上，各地均明确了不同的开放方式。对于无条件开放的公共数据，自然人、法人及非法人组织均享有直接通过公共数据开放平台获取的权益。而针对有条件开放的公共数据，则必须依据各地的政策规定进行申请。福建省、浙江省和上海市均设立了统一的公共数据开放渠道，要求申请人（自然人、法人或非法人组织）向公共数据主管部门递交详尽的申请材料，这些材料包括但不限于相关资质与能力证明、过往信用记录、数据安全管理措施以及数据应用场景的详细说明。经过严格的审核流程，一旦申请获得批准，申请人须与数据提供单位签订正式的开放利用协议。特别地，浙江省和福建省还强调了安全承诺书的重要性，确保公共数据在有序开放的同时，也能实现安全可控。

7）开放目录是指组织编制系统性地整理公共数据的开放信息。这一目录需详细列明数据的各项属性，包括但不限于数据名称、数据开放责任主体、开放类型、数据格式、数据类别以及数据更新周期等关键要素。此外，为确保目录的时效性和实用性，还需根据实际需求对其进行动态的调整和优化。其中，浙江省、福建省和贵州省则是明确提出要组织编制各级公共数据开放目录，上海市则是依据本市公共数据资源目录范围，按照年度开放重点和公共数据分级分类规则，制定公共数据开放清单。除了上述列出的目录内容，上海市规定目录还要包含数据领域、数据摘要、数据项等内容。北京市虽然没有明确提出要编制开放目录或开放清单，但是要求公共管理和服务机构依据公共数据目录制订本单位公共数据开放年度计划，明确数据开放内容、开放时间等，同样起到梳理公共数据开放范围的作用。无论是开放计划，还是开放清单，抑或是开放目录，各地都规定要定期评估、不断更新，明确了在合法有序的前提下适度扩大公共数据开放范围。

5．数据利用

数据利用包括鼓励数据利用、合作交流、数据利用规范。

1）鼓励数据利用是指政府积极倡导数据利用主体的参与，鼓励其利用公共数据深入开展科技研究、提供咨询服务、创新产品开发等活动。浙江省、福建省和北京市均列举了推动社会主体参与公共数据开发利用的方式，旨在激发社会各界对数据利用的热情，包括但不限于举办数据应用创新竞赛，提供专项资金扶持等活动。上海市积极倡导并推动"产学研用"四位一体的协同发展机制，同时致力于专项宣传那些在创新模式、可复制性和溢出效应方面表现卓越的优秀成果，并将加强其在实际应用场景中的推广与应用。贵州省则是鼓励构建多领域数据开发利用的规范化场景，发挥公共数据的经济价值和社会效益。

2）合作交流是指促进区域间合作与交流，积极倡导并实施多元化策略。在推动区域合作与交流方面，上海市与浙江省紧密围绕国家战略，积极深化长江三角洲区域一体化的协作，共同寻求更广泛的合作机会。与此同时，福建省则凭借其独特的地理优势，与海上丝绸之路沿线国家及地区展开了多维度的合作，致力于实现更为深入广泛的交流与发展。

3）数据利用规范是指在公共数据的开发利用过程中不得对国家利益、社会公共利益以及任何个体的合法权益造成任何形式的损害，所有地区均在其政策中有提到。上海市对数据利用流程实施了严格的监管，特别强调了数据反馈的重要性。数据利用主体需按照事先签订的数据利用协议，接受定期或不定期的抽查与审核，以保障数据的合规利用与透明监管。福建省也要求公共数据二级开发主体定期向大数据主管部门报告开发利用情况。

6．数据安全

数据安全包括数据安全评估、应急管理、数据安全保护和安全管理主体责任。

1）数据安全评估是指设立由高校、科研机构、企业、相关部门的专家组成的数据专家委员会，开展数据安全管理、数据权益保护等方面的研究、评估，为公共数据开放共享工作中的重难点问题、风险隐患等提供咨询建议。其中，上海市命名为公共数据开放专家委员会，浙江省命名为公共数据专家委员会，福建省命名为公共数据资源开放开发专家组，均致力于为本地区的公共数据开放共享工作提供智力支持。贵州省虽然没有明确说明成立专家服务团队，但是提出要通过高校、科研机构等设置数据开放咨询服务站，开展公共数据开放前置服务，也是借助各领域专家来推动公共数据安全管理工作走深走实。

2）应急管理是指建立并完善数据管理安全应急处置机制。其中，福建省和浙江省要求公共数据主管部门、公共管理和服务机构制定数据安全事件应急预案，并定期开展安全评测工作，对潜在风险进行全面评估，组织相应的应急演练活动，以检验预案的有效性和团队的响应能力。上海市也提出做好公共数据开放的全流程安全防护和保障工作，建立健全数据安全应急处置机制，强化应急处置能力。

3）数据安全保护是指各地区都强调了数据安全的重要性，并提出了数据安全管理的要求，包括对敏感数据进行脱敏处理，以及对数据泄露和非法获取的防范。涉及国家秘密的公共数据管理，严格遵循相关保密法律、法规的规定。

4）安全管理主体责任是指公共数据安全实行管理责任制，建立常态化的数据安全运行管理机制，不断强化并落实数据安全主体责任。上海市、北京市、浙江省和贵州省都提出了公共数据管理责任制，浙江省遵循"谁收集谁负责、谁使用谁负责、谁运行谁负责"的原则，北京市和贵州省则是遵循"谁提供、谁负责，谁使用、谁负责"的原则。此外，北京市和贵州省还要求对拟开放的公共数据进行安全保密审查，禁止涉及国家秘密、商业秘密和个人隐私的公共数据向社会开放，为数据安全和保护筑牢防线。

7. 数据保障

数据保障包含资金保障、考核评估、人员保障和协调机制。

1）资金保障是指政府对数据建设和管理的相关费用的财政支持，各地政策中均有提及。其中，浙江省明确通过资金扶持等方式拓展公共数据开发利用场景，并且列举了不予财政支持的五种特定情形，这种负面清单的形式明显展示出政府对公共数据开发利用的大力支持。贵州省明确规定，政务信息系统的建设和运维须依赖各级财政资金，且应遵循统筹规划、协同推进的原则。这一举措旨在确保服务的集中采购和资金的合理调配，以便实现数据的集中汇聚与高效共享。通过这一方式，不同系统间能够实现互联互通，进而推动业务协同的顺畅进行，提高整体工作效率。

2）考核评估指将公共数据发展和管理工作作为年度政府目标责任制考核的重要内容，浙江省、上海市、北京市均有提及。其中，浙江省提出建立健全公共数据发展和管理工作考核评价机制。其中北京市特别列举了不予达标的情况。上海市与贵州省均积极采纳专业第三方机构的建议，旨在对其公共数据开放程度以及数据利用的实际效果进行全面而精准的评估。

3）人员保障指对从事公共数据开放共享的相关人员开展系统的培训活动，以提升他们的专业素养和技能水平，上海市明确规定要建立专人专岗管理制度，从而确保公共数据开放共享工作的顺利进行。

4）协调机制指对公共数据相关工作中出现的争议进行处理的协商调解机制，各地区均强调，一旦在数据共享过程中出现争议，应由公共数据主管部门与相关的公共管理和服务机构进行协商，力求达成共识。若协商无果，未能形成一致意见，则应将争议提交至本级人民政府进行决策，以确保问题得到妥善解决。

8. 法律责任

法律责任包含整改责罚、责任豁免。

1）整改责罚指对违反规定的单位或个人问责，所有地区都提到了这一项。浙江省对公共管理和服务机构、公共数据主管部门及其工作人员、自然人、法人或者非法人组织（数据开放主体）的法律责任做出具体规定，福建省还对公共数据平台运营单位的法律责任做了相关规定。上海市指出出现侵害众多个人权益的情况可以依法向人民法院提起诉讼。

2）责任豁免是指当行政机关在公共数据共享开放工作中严格遵循法律法规，同时充分履行了监督管理职责和合理注意义务时，因共享开放数据质量等问题产生的相应责任，将依法得到豁免或免除。贵州省、上海市、浙江省的政策中涉及责任豁免的条款，有效减轻了相关责任主体的心理负担和后顾担忧，从而提高了公共数据开放共享工作中各主体的积极性和主动性。

4.2.4 发展期（2019年至今）以探索公共数据授权运营为主

根据《中华人民共和国 2019 年国民经济和社会发展统计公报》，2019 年中国国内生产总值（GDP）达到 990865 亿元，同比增长 6.1%，显示出中国经济的稳健增长。同时，三大产业增加值分别为第一产业 70467 亿元，第二产业 386165 亿元，第三产业 534233 亿元，展现出中国经济的多元化和均衡发展。伴随国内经济的稳步增长和产业结构的持续优化，我国经济发展需要一种新的生产要素来驱动。受到数据经济和数字化转型趋势的影响，数据的重要性逐渐被认识，数据的战略性地位不断凸显。我国提出将数据作为新型生产要素，并积极倡导数据资源有效流动，推动数据要素市场建设。过去几年，国内积极开展公共数据开放共享实践，取得了一定成效，但是仍然存在公共数据开放不充分、不持续、不协同的困难和挑战，使得公共数据的价值挖掘和流通严重受限[62]。而通过授权运营的方式引入社会化力量，能够解决政府能力不够、动力不足的问题，有利于进一步带动数据要素市场的建设，深化对公共数据的挖掘利用。因此，这一阶段国家鼓励在原有开放共享工作经验的基础上开拓创新，探索公共数据授权运营，充分发挥数据要素价值。

2019年4月3日，《政府信息公开条例》经修订后发布，删除了2007年版的"行政机关不得通过其他组织、个人以有偿服务方式提供政府信息"。

2019年10月，党的十九届四中全会第一次正式提出"数据是新型生产要素"。数据已经成为继土地、劳动力、资本、技术以后的第五大生产要素。

2020年3月30日，《中共中央 国务院关于构建更加完善的要素市场化配置体制机制的意见》首次确定了数据要素作为新型生产要素的地位，提出建立公共数据开放和数据资源有效流动的制度规范，推动企业登记、交通运输、气象等公共数据高效流通。

2021年3月11日，第十三届全国人大四次会议表决通过了《中华人民共和国国民经济和社会发展第十四个五年规划和2035年远景目标纲要》，提出要提高数字政府建设水平，并把加强公共数据开放共享摆在首位，不仅要求有序扩大基础公共信息数据的开放范围，优先推动高价值数据集向社会开放，而且进一步要求探索公共数据服务，使得公共服务朝着体系化方向发展，打造国家层面的公共数据开放平台及开发利用接口。此外，规划还正式将探索政府数据授权运营模式作为"十四五"期间的重要工作内容。

2021年12月21日，国务院发布《关于要素市场化配置综合改革试点总体方案》，提出要建立数据要素流通规则并部署了四项任务。任务之一是完善公共数据开放共享机制，指出要建立健全高效的公共数据共享协调机制，探索完善公共数据共享、开放、运营服务、安全保障的管理体制，也明确要求探索开展政府数据授权运营。

2022年6月6日，国务院发布《国务院关于加强数字政府建设的指导意见》，提出构建包含创新数据管理机制、深化数据高效共享、促进数据有序开发利用开放共享的数据资源体系。

2022年9月13日，国务院办公厅发布《全国一体化政务大数据体系建设指南》，提出鼓励依法依规开展政务数据授权运营，由此推动数据资源的深度开发利用，进一步培育成熟的数据要素市场，致力于营造一个数据供给有效、开发利用有序的良好环境，进而构建坚实的数据基础制度体系。

2022年12月2日，《中共中央 国务院关于构建数据基础制度更好发挥数据要素作用的意见》提出要"坚持共享共用，释放价值红利"，不仅要加强汇聚共享和开放开发，还要强化统筹授权使用和管理，"对不承载个人信息和不影响公共安全的公共数据，推动按用途加大供给使用范围"。特别地，文件中首次明确提出公共数据有条件有偿使用的概念，成为继共享和开放后公共数据开发开放的第三种方式。具体而言，对服务于公共治理和公益事业的公共数据，应当在符合一定条件的前提下实行无偿使用，以支持社会公益和公共服务的提升。而对于那些有助于产业发展、行业进步的公共数据，则应在确保数据安全和合规的前提下，探索有条件的有偿使用模式，以激发市场活力和数据创新，推动相关产业和行业的健康发展。

2023年2月，中共中央与国务院联合发布《数字中国建设整体布局规划》明确指出了优化数据资源大循环流通的重要性，特别是在公共卫生、科技研发、教育培养等关键领域，致力于构建国家级数据资源储备库，以强化公共数据资源的整合效能和高效利用水平，从而推动数字中国的全面建设与发展。同时，为充分释放商业数据的潜在价值，规划提出了加快数据产权制度的建立健全，深入开展数据资产价值评估研究，并建立数据要素按贡献参与分配的机制。

2023年8月，财政部发布《企业数据资源相关会计处理暂行规定》，自2024年1月1日起施行，数据资产入表意味着数据完成了从自然资源到经济资产的转变，数据将成为企业财务报表及政府财政收入体系的关键支撑点，对于经济价值的贡献不容忽视。

2023年9月，中评协印发《数据资产评估指导意见》，为数字资产入表、交易、流通和相关运作提供坚实可靠的基础架构，进一步推动数据资产价值评估机制的建立健全，对数字时代企业投融资和经济发展有重要意义。

2023年10月，国家数据局正式挂牌。党中央高瞻远瞩、审时度势做出设立国家数据局的重大战略决策，必将形成从中央到地方运行顺畅、充满活力的数据工作格局，对于统筹推动数字中国建设、数字经济发展、数字社会建设、数字基础设施建设、数据管理利用具有里程碑意义。

2023年12月财政部印发《关于加强数据资产管理的指导意见》，全文45次提到"公共数据资产"，针对公共数据的权属、使用、开发、收益、分配、价值评估等相关机制做出了更为具体明确的规定。对公共数据授权运营形成了进一步的推动。

2023年12月，国家数据局等17部门联合发布《"数据要素×"三年行动计划（2024—2026年）》，提出加大公共数据资源供给，特别是在关键领域和特定区域，积极组织并实施公共数据的授权运营机制；提出"打造300个以上示范性强、显示度高、带动性广的典型应用场景"。

2024年2月8日，财政部印发《关于加强行政事业单位数据资产管理的通知》，文件旨在加强行政事业单位对数据资产的管理，明晰管理责任、健全管理制度、规范管理行为，并强调严格防控风险，确保数据安全。将有助于充分实现数据要素价值，更好地发挥数据资产对推动数字经济发展的支撑作用。

公共数据授权运营首先发端于地方的探索实践。2018年10月，成都市率先发布《成都市公共数据运营管理规定》，成为我国探索公共数据授权运营的发源地。2020年10月，成都市又出台了《成都市公共数据运营服务管理办法》，在全国范围内，首次界定了公共数据运营服务内涵，探索将数据加工使用权、数据产品经营权授予市属全资国有企业，提出建设全国首个公共数据运营服务平台，创新提出"四段式"公共数据安全保障机制，建立"六环节"公共数据授权运营管理机制。直到2021年国家"十四五"规划将公共数据授权运营首次写入国家规划，成都经验得到国家认可并推广，特别是"数据二十条"颁布后，各地纷纷开展公共数据授权运营实践并出台相关政策。

由于各地区经济发展水平、信息化建设基础、对公共数据授权运营的理解存在差异,各地政府在推动公共数据授权运营上,呈现了百花齐放的局面。

就政策数量来看,截至 2024 年 3 月,全国各地已有 47 个地方发布了公共数据授权运营管理办法、细则、实施方案等政策文件。其中,有 27 个地方正式出台了公共数据授权运营的专门政策文件,11 个地方已向社会公开征求意见,9 个地方在数据条例或数据管理办法等综合性制度中对公共数据授权进行了明确和规定,如表 4-2 所示。

表 4-2　各地公共数据授权运营政策出台情况

政策类型	出台地区
专门文件	成都市、北京市、杭州市、宁波市、温州市、湖州市、金华市、丽水市、长春市、天津市、济南市、青岛市、银川市、随州市、孝感市、荆门市、鄂州市、包头市、安顺市、广西壮族自治区、大理州、烟台市、淮安市、德州市、盐城市、遂宁市、无锡市(其中,浙江省颁布了省级文件)
征求意见稿	长沙市、厦门市、石家庄市、苏州市、泰州市、盐城市、绍兴市、舟山市、衢州市、东营市、安徽省
专篇规定	上海市、四川省、贵州省、福建省、海南省、武汉市、深圳市、云南省、内蒙古自治区

就政策层级来看,目前公共数据授权运营尚未形成自上而下的层级治理架构,省级政策缺失严重,四川省、上海市等仅在《数据条例》某章节条例中提到探索建立公共数据授权运营机制,针对相关内容并未充分描述,致使管辖市县区公共数据授权运营政策制定依据不充分、意图不清晰、内容不全面,存在政策条款照搬、模仿现象,导致政策评价结果不够理想。

就政策内容来看,目前公共数据授权运营政策内容多集中于职责分工、授权对象资质、授权运营程序、数据安全与监督保障、考核评估等方面。由于没有中央政策的明确定义,各地方对公共数据授权运营的定位仍存在不同理解,设计的授权运营模式呈现出共通性框架和差异化探索并存的混合型特征。在授权原则、授权程序等框架方面具有高度相似性,在授权链路、授权职责、授权约束等三个方面具有较大差异性。

1. 授权链路不同

一是集中授权运营。由政府公共数据管理部门(一般是大数据局)代表政府整体授权具有国资背景的公司承担该地区所有的公共数据运营加工等相关工作,如表4-3所示。

表4-3 集中授权运营模式下被授权运营主体列举

政　　府	授权运营主体
河南省	河南数据集团
上海市	上海数据集团
海南省	海南省大数据管理局(依托数据产品超市)
青岛市	华通集团
成都市	成都大数据集团

二是分散授权运营。依据不同行业/领域/场景,由政府各级公共数据部门分散授权不同行业属性的运营主体。如北京市面向不同行业打造多个公共数据专区;浙江省温州市瓯海区授权国数联仁(浙江)医疗健康管理股份有限公司、温州卓健信息科技有限公司为医疗健康领域的公共数据授权运营单位。

三是两级授权运营。首先由市政府整体授权具有国资背景的公司承担该地区所有公共数据运营(公共数据综合运营方),再由运营方依据不同行业/场景,分散授权给不同行业数据开发方,开发满足场景需求的数据产品。如长沙市授权市数据资源局统一管理、组织数据运营实施,由其再授权其他主体开展数据产品开发;福建省授权省大数据集团作为运营主体,由其再授权其他主体进行二次数据开发。

四是混合授权运营。集中授权与分散授权并行,如济南由大数据主管部门进行集中授权,或者由数据提供单位进行分领域授权。

2. 授权职责不同

一是运营单位负责从"数据加工"到"数据产品经营"的全链条工作。运营单位向授权方提出数据需求，由原始数据加工形成最终数据产品并负责市场推广。如北京数据专区运营单位负责数据加工处理、拓展应用场景、构建生态体系等工作；杭州允许运营单位对公共数据资源进行加工使用，形成可面向市场提供的数据产品或服务。

二是运营单位只负责"数据加工"或"数据产品经营"某一职能。进一步区分数据产品提供、数据产品运营，数据产品提供负责原始数据的技术加工，数据产品运营负责市场运营等工作。如长沙市由数据加工主体对数据进行加工处理，数据运营主体负责构建需求收集、产品运营和协调推进等数据产品经营工作。

三是运营单位向第三方主体提供安全开发利用环境等服务，不参与数据加工或数据产品经营。如福建省的运营单位福建大数据集团，向第三方主体提供"可用不可见"的数据服务，第三方在安全环境内对公共数据进行加工利用，形成可上架的数据产品。

3. 授权约束不同

一是运营单位以"公共数据运营平台"为约束，限制公共数据加工使用的渠道。一种是统一建设和运营。由某一主体统一负责公共数据运营平台建设和运营，运营单位或第三方使用方需通过统一平台进行数据加工产出数据产品，如上海市、海南省、杭州市、福建省、济南市允许运营单位在特许平台对公共数据资源进行加工使用，形成可面向市场提供的数据产品或服务。另一种是分散建设和运营。典型代表为北京数据专区模式，由专区运营单位分别建设各自的数据开发与运营管理平台。

二是运营单位以"特许数据产品销售渠道"为约束，限制数据产品交易流通渠道。部分省市明确了数据产品的流通渠道，如海南省数据产品超市是"归集共享、开发生产、流通交易、安全保障"一体平台，公共数据产品需通过该平台进行交易流通；杭州则需依托杭州国际数字交易中心开展产品经营。

4.3 国内外公共数据开放政策经验借鉴

总结国外公共数据开放政策特点，这些经验为国内政策提供了有价值的参考。目前，国内政策在法规完善、数据标准化和平台建设等方面仍存在不足。为提升国内公共数据开放水平，需借鉴国外经验，进一步强化数据管理和开发利用。

4.3.1 国外公共数据开放政策的特点总结

在数据开放领域，美国、英国、德国、日本等国家起步较早且成效显著，经过长期的探索与实践，已经构建起一套相对完善和成熟的数据开放政策体系。基于前文的分析，这些国家的政策体系可概括为以下三个显著特点。

1. 建立了多源统一的数据资源体系

在推进数据开放工作过程中，许多国家普遍将社会公众的实际需求作为数据开放的出发点，确保数据开放的范围和内容与公众利益紧密相连，从而逐步构建了一个多元且统一的数据资源体系。在数据源的选择上，重点开放那些与社会生活密切相关的数据集，以提高数据的实用性和公众的相关性。在数据开放原则上，遵循"除例外均开放"的理念，除非特定的法律法规明确禁止，否则所有数据都应向公众开放，以满足社会公众、科研机构、企业等不同用户群体的需求。在数据检索方面，国外的数据开放平台通常提供多样化的查询方式，涵盖了从单一数据项精确检索、按主题聚合查询，到高级应用接口集成查询等多种形式，以适应不同用户的具体需求和使用场景，提升数据检索的灵活性和效率。在数据格式的提供上，开放的数据集有多种常见格式，既保证了数据的可机读性,也便于用户根据自己的需要进行处理和分析,促进数据的透明度和最大化利用价值。

2. 建立了多管齐下的安全保障体系

国外信息安全立法的进程启动较早,在应对数据开放过程中可能引发的个人隐私泄露、商业机密外泄以及国家安全风险等方面,已经形成了包含法律框架、技术标准和数据许可协议的安全保障体系。在法律法规方面,美国颁布了《信息自由法》《隐私权法》等关键法律,为数据开放提供了明确的法律依据和操作指南。在技术标准方面,各国为保障数据质量和规范数据开放的流程,确立了一系列诸如原数据治理标准等技术准则,使得数据从产生之初便得到保护。在数据许可协议方面,发达国家为规范数据开放活动,已建立起详细的开放许可框架。英国制定了政府许可协议,美国则是使用"知识共享组织"推出的 CC 系列授权协议,虽然内容上略有差异,但是均有助于提升数据开放工作的精确性和可控性,进一步促进了数据资源的有效利用和共享。

3. 建立了多方参与的评价激励机制

在国际舞台上,众多国家已建立起一套多元化、公正且透明的公共数据开放评价与激励机制,以不断推动数据开放流程的改进和成效的提升。在构建评价体系方面,美国政府率先引入并发展了元数据质量评估框架,并辅以"仪表板"系统来实时监测和评估各联邦机构在数据开放领域的实际表现。从全球视角出发,这些国家还积极响应国际开放知识基金会发布的全球开放数据指数等国际标准,定期针对数据的需求端和使用端进行深度调研,从而依据调研结果对各自国家的数据开放工作进行客观、全面的评估。在社会参与层面,美国和英国等国家积极组织数据圆桌论坛,邀请数据应用领域的企业与机构共同研讨数据开放与利用的最佳模式。同时,政府部门也高度重视社会公众和组织机构的反馈,通过积极收集和分析这些反馈,不断优化数据开放平台,确保数据开放工作能够更加精准地满足用户需求，并最大化地释放其社会价值[63]。

4.3.2 国内公共数据开放政策的问题分析

随着公共数据开放工作不断走深走实，数据开放实践与现行法律法规规章之间的摩擦和碰撞逐渐凸显，具体说来，主要面临如下问题和困境。

1. 国家层面法律体系不完整

在推进我国公共数据开放的过程中，实践步伐先于立法完善，这主要源于顶层设计层面的不足。由于缺乏系统性的规划和指导，地方在立法上享有较高的自由度，但这种自由也导致了法律规范的多样性和缺乏统一性的问题[64]。尽管在政府信息公开、数据安全以及个人信息保护等领域，我国已经建立了中央层面的立法体系，但在公共数据开放这一关键领域，系统性的法律规定尚未完整构建。地方政府在立法上受限于其权力范围，其法律效力层级较低，导致在数据权属、数据安全、数据监管等关键问题上难以做出明确界定，而这些问题在地方立法过程中又难以回避，由于缺乏较为明确的顶层设计作指引，地方出现法律制定的越权现象。以数据权属为例，这是地方制定数据开放条例时无法回避的核心议题。目前，我国在公共数据开放方面尚未设立明确的法律条款来进行规范，司法实践中也倾向于避免直接处理数据权属争议，而是选择通过《反不正当竞争法》等替代性法律手段来保护相关权益。为了促进公共数据的合理开放并降低潜在纠纷的风险，关键在于明确公共数据的权利归属，以及界定公共部门在数据上的权益边界。这将为选择合适的开放模式提供重要依据。例如，《福建省政务数据管理办法》将政务数据界定为国家所有，在某种程度上可能超出了地方立法的权限范围。在这样的情况下，地方立法工作的混乱不可避免。

2. 监督与救济机制不健全

我国公共数据开放存在重开放轻监管的困境[64]。在公共数据开放条例的编纂中,地方各省份都对数据开放主体以及其他网络监管主体制定了较为详细的规范。然而,对于监管职责的具体划分与协同机制,当前的规定尚显笼统,缺乏明确的分工指引[65],容易造成部门间推诿扯皮、流于形式,使得开放前数据的脱敏处理、开放中的安全保障以及开放后的数据监督程序缺失。公共数据开放涉及国家安全、商业秘密、个人隐私,对此类敏感数据应当设置相应的评估机制,但是大部分地区没有完全建立对上述数据的评估机制,在具体的安全措施上也呈现单独割裂的状态,各地对于数据的保密审查、风险评估、安全监测等的规定都是常规规定,缺乏数据开放领域的针对性规制以及对数据利用的融合。如贵州、上海等多地规定"可以委托第三方评估机构进行评估",而不是"应当委托第三方评估机构进行评估",不利于评估的客观性。在救济机制上,同样存在缺失问题。在公共数据开放的进程中,不可避免地会产生一些争议,这些争议主要集中在数据侵权和数据开放请求的合理性两个方面。实践中有些地区数据开放平台没有充分考量数据开放的安全问题,仓促上线"裸奔"运行,数据一旦发生泄露或被滥用,将产生巨大的影响,造成严重的损失。针对数据侵犯个人隐私的问题,各省市普遍采取的措施较为有限,如记录违规行为和撤回相关数据等,尽管有些地方提及了依法追责的可能性,但这种单一的法律救济渠道显然难以形成强大的震慑力。另外,数据开放请求争议,即因数据未按申请开放而引发的纠纷,同样需要得到有效解决。仅有部分地方政府提及了公民、法人和其他组织可以提出异议,但关于是否有明确时限、数据开放主体如何回复等关键细节,仍显得模糊不清。

3. 公共数据开放是否收费未明确

在探讨公共数据开放的多元模式时,付费与否的考量成为其不可或缺的构成要素。然而,值得注意的是,目前多数省份的相关条例中,对于这一关键因素的阐述却显得相对匮乏[64, 66]。从实践层面观察到各省市数据开放平台在收费规定上具有模糊性。这种不确定性不仅体现在部分省份明确现阶段采取免费策略,更体现在另一部分省份对数据开放收费保持的沉默态度。这种模糊性不仅影响了数据开放的市场环境,也给数据权利人带来了不确定性。进一步地,我们需要认识到公共数据的范畴远超过政府数据本身,它涵盖了公共企事业单位和私人企业的部分数据。这些数据在收集、存储等过程中往往需要投入大量的管理成本。因此,当政府将这些公共数据纳入开放范围时,对数据权利人进行合理的补偿显得尤为重要。为了实现这一补偿,引入有偿开放模式可以被视为一种有效的平衡策略。这种模式不仅能够为政府提供必要的资金支持,用于数据的持续更新和维护,还能确保数据资源的有效利用。特别是在经济相对落后的地区,随着数据开放范围的不断扩大,单纯依赖免费开放模式可能会给政府带来沉重的财政压力,而有偿开放模式可以在一定程度上缓解这种压力。此外,通过实地调研,我们发现众多部门均表现出强烈的意愿,积极向社会开放公共数据并提供相应的数据服务。这反映出公众和企业对公共数据价值的重视与期待。这也为有偿开放模式提供了市场基础和社会支持。从国际视角来看,政府数据的社会化利用已有明确的收费规范。欧盟国家普遍采取向增值开发用户收取信息使用费的做法,以此来补偿数据整合、加工和管理等过程中所产生的成本。

4.3.3 国内公共数据开放政策的优化建议

针对现阶段我国公共数据开放政策的不足,同时借鉴国外数据开放政策,对我国公共数据开放政策的优化方向提出以下三点建议。

1. 完善公共数据开放共享政策体系

从我国的目前情况看,采取的是具有渐进式的法律规范策略,强调地方政府先试先行,通过实践积累丰富的经验和创新理论,待条件成熟后,再逐步上升到国家层面,制定专门性的法律。目前各地在公共数据开放方面的法律法规已经相对完善,积累了诸多的经验,作为应对地方有限立法权唯一途径的中央层面统一立法已经是大势所趋。在深化我国公共数据开放规范化发展的道路上，我们需积极借鉴国内外在数据开放领域的优秀实践与成果，采取更为积极和前瞻性的策略来构建政府数据开放的法律框架，从而为地方立法筑牢坚实的法治基础。具体而言，我们可以考虑起草一部全面且详尽的《公共数据开放法》。在这部法律中，不仅要明确数据开放的定义、种类以及权益归属，还要清晰阐述数据开放的宗旨与目标。同时，为了保护公民个人隐私，我们应强化个人数据保护机制，并在法律中明确规范数据开放的流程与步骤，以及违反相关规定所需承担的法律责任。其中，数据的权属问题尤为关键，需明确界定以保障各方权益，为地方立法提供明确的指导方向。在此法律框架下，各地方政府需依据《公共数据开放法》，对现有的数据开放条例进行修订，明确公共数据的名称、涵盖范围、开放流程等具体规定，并制定相应的操作细则和实施办法，以确保法律的有效实施和数据的合规开放。同时，注意要强化地方相关法律规范衔接：一是完善区域内部公共数据开放的实施办法、责任和监督机制，以减少各规范之间的矛盾性。二是要做到因地制宜，不能一味地照搬照抄其他地方的立法经验，而是应当结合地方实际形成切合本地发展的制度。这样，我国公共数据开放政策体系将朝着兼具特色性和一体性的方向发展，减少碎片化数据的出现以提高数据使用效率，实现立法目的和立法理念，提升数据利用价值。

2. 健全公共数据的监督和救济机制

公共数据开放各项工作的高效运作必须以健全的监督和救济机制为基石。在监管路径方面，首先应该严格遵循《网络安全法》和《数据安全管理办法》的指导原则，组建专门的网络数据监管团队，其职责不仅限于实时监控数据访问权限，还需制定风险预警和管控方案。其次，行政机关内部应加强协同监管，设立专职机构统一整理和共享公共数据资源，以保障公共数据的高质量应用，减少因重复挖掘或低价值数据使用所产生的资源浪费现象。最后，在监管的责任主体方面，完善考核和问责机制，确保数据开放和监管职责得到履行，并考虑将开放效果纳入公务员考核。在优化争端解决机制方面，我们需采取多方面措施。第一，针对公共数据开放申请，应开通线上数据开放申请的渠道并配有专职人员负责回复申请者的咨询。若申请者对回复结果存在异议，应享有提交复核申请的权利，并可选择行政复议或行政诉讼作为进一步维权的途径。第二，针对侵犯公民隐私权的情况，法律应明确界定侵权主体和被侵权主体的身份，并详细规定侵权责任，结合人格权和财产权进行综合考虑，规范公共数据开放过程中可能涉及多方主体的行为。第三，在举证责任方面，不仅应当要求公民对侵权事实及相关证据进行阐述，更应强化行政机关在证明自身行为合法性方面的举证责任，以确保争端解决机制的公正性和有效性。

3. 建立健全公共数据授权运营体系

公共数据授权运营机制为公共数据开放的收费问题提供了新思路。这一机制不仅为公共数据的归集、整理与应用提供了正向的经济激励，还为维护和共享这些宝贵的数据资源提供了经济保障。首先，通过向授权运营单位收取成本费用，公共部门能够获得必要的资金支持，从而更加积极主动地投入公共数据的归集、整理和应用工作中。这种经济激励机制有利于深度挖掘和高效利用公共数据资源，促进公共数据的价值最大化，进而为社会经济发展提供更为丰富的信息支持和决策依据。其次，公共数据的维护、共享和存储无疑需要承担高昂的成本。随着数据量的日益增加，相关的技术更新、系统维护、安全防护等方面的成本也会持续上升。在此背景下，对公共数据资源进行收费，既能对公共部门进行经济补偿，又能有效地保证公共数据资源的持续经营与管理。这一经济机制可以促进公共数据资源管理与使用的规范化与系统化，避免因经费不足造成数据资源管理与服务质量的下降。最后，收取的成本费用应涵盖公共部门管理与维持数据所需之费用，而非市面上常见的数据交易收费。该收费标准应当公开、透明、公正，在保障公共数据资源管理可持续发展的同时，避免给使用者带来过大的经济负担，从而实现公共数据开放共享的初衷。

第 5 章
对话现实：公共数据开放共享的现状与困境

公共数据开放共享是我国推动政府信息公开、发挥数据价值、促进新兴产业和数字经济发展的重要举措。《促进大数据发展行动纲要》正式颁布以来，我国公共数据开放共享工作取得了显著进展。为了全面评估我国公共数据开放共享的现状和成效，复旦大学数字与移动治理实验室精心策划并制作了"中国开放数林指数"。这一指数不仅为我们提供了一个衡量公共数据开放利用水平的标尺，更为我国公共数据开放共享工作提供了有力的数据支持和参考依据。

本章综合利用中国开放数林指数评估结果，从平台建设、数据供给和利用生态三个层面深入分析了我国公共数据开放共享的现状与面临的问题，并指出了数据开放意愿需加强、数据开放顾虑需消除以及数据开放能力需增强等实践困境，提出了构建新数据开放利用机制的必要性。

5.1 公共数据开放共享现状

2015 年 8 月，为进一步促进政府信息公开，充分发挥数据要素价值，引领新兴产业创新发展，持续推动数字经济健康发展，标志性文件《促进大数据发展行动纲要》正式出台，拉开了我国公共数据开放的序幕。近几年，随着数据要素化的推进、公共数据概念的厘清以及数据开放共享政策的出台，我国公共数据开放共享工作进入了高速发展的阶段。因此，我们需要对公共数据开放共享工作的现状进行深入的评估，既需要总结出已经取得的显著成就，也要提出有待改进的一系列问题。

公共数据开放平台是公共数据开放的重要载体，是连接数据供给和需求的桥梁。目前公共数据开放平台已在我国绝大多数省份上线，同时这也是了解公共数据开放共享现状最好的工具。"中国开放数林指数"，由复旦大学数字与移动治理实验室策划与制作出品，是我国首个专门用于评估公共数据开放和利用效能的专业性指数[67]。该指数公开发布后，已经对我国各地级政府公共数据开放程度进行了定期且系统的评估。其目标在于精确衡量各地"开放数据森林"的发展水平和其带来的实际价值，进而建设与发展我国政府数据开放的生态体系[67]。中国开放数林指数的评估体系包括多个维度和下属多级指标，以全面、客观、科学地反映公共数据开放利用水平。具体来说，该指数涵盖了准备度、服务层、数据层、利用层和综合指数五个指标，每个指标下又细分为若干具体的评估指标。通过这些指标，可以对不同地区的公共数据开放利用水平进行量化评价，为我国公共数据开放共享工作提供了有力的数据支持和参考依据，为国家互联网信息办公室信息化发展局提供数据支持以监测我国公共数据开放的情况[67]；同时，各地政府也通过参与该指数的评估，了解自身在公共数据开放利用方面的优势和不足，进而制定改进措施，提升数据开放利用水平。

5.1.1 数据开放共享总体现状

我们参考了中国开放数林指数的评估结果，对我国公共数据开放共享的现状进行了深入分析。首先从综合指数的角度进行了概述。随后，分别从平台建设层、数据供给层、利用生态层三个层次的指标出发，详细探讨了公共数据开放共享在不同层面上的具体表现和存在的问题。对这些指标的深入分析，旨在更全面地理解我国公共数据开放共享的现状，更准确地把握存在的问题，以探索更高效的解决策略，从而促进我国公共数据开放共享工作的深入发展。

总的来说，我国公共数据开放共享工作取得了显著进步：200多个公

第 5 章 对话现实：公共数据开放共享的现状与困境

共数据开放平台上线，开放数据量创新高，数据应用成果数量增加、类型更丰富；但在取得进步的同时，也存在一系列问题：部分区域发展滞后，平台用户体验不佳，数据质量不高，数据利用赋能不足等。这些数据开放困境反映了目前公共数据开放的缺陷和不足，不能更大程度地实现公共数据的价值释放。

1. 省级公共数据开放共享情况

2018—2023 年省级平台开放数林综合指数最高的城市如图 5-1 所示。在纵向剖析 2018—2023 年最高开放数林综合指数的变化趋势后，不难发现尽管每年的最高分值呈现上升态势，但整体数据开放共享生态的发展却呈现出一定的波动性和不均衡性。

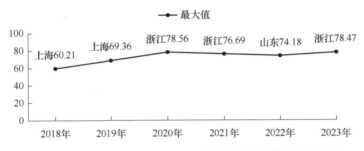

图 5-1　2018—2023 年省级平台开放数林综合指数最高的城市

在 2018 年到 2023 年之间，省级平台的开放数林综合指数每年的最高分值总体呈现上升的趋势。这表明部分领先省份的平台在数据开放共享方面取得了进步和进展。在历年里获得过当年最高分值的省市有上海、浙江和山东，它们在全国的公共数据开放进程中发挥了示范和引领作用。

2018—2023 年省级公共数据开放平台开放数林综合指数的平均数、中位数、三分位数、最大值和最小值的变化如图 5-2 所示。从平均数变化情况得知，有省份在数据开放共享方面取得了显著进展，但从整体而言省级平台在数据开放共享方面的平均水平并未实现稳定增长，反而存在一定的波动。从平均数的变化来看，2018 年至 2019 年间略有下降，随后在 2020 年略有回升，但自 2021 年起又呈现出持续下滑的趋势。

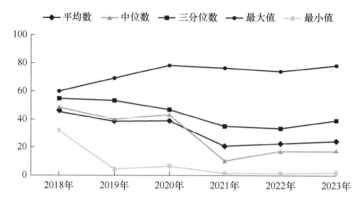

图 5-2　省级公共数据开放平台开放数林综合指数的不同数据指标变化趋势

从中位数和三分位数的变化情况得知，省级平台在数据开放共享方面的整体发展不均衡，且未能形成稳定且持续的进步。从统计结果来看，中位数和三分位数的变化也呈现出类似的趋势。中位数在 2018 年至 2019 年间略有下降，随后在 2020 年有所回升，但自 2021 年起同样呈现出下滑态势。三分位数的变化则更为显著，从 2018 年的高位逐渐下滑至近年来的较低水平。

此外，从最大值和最小值的对比中，我们可以看到各省份在数据开放共享方面的差异日益显著。这种差异不仅体现了省级平台在数据开放共享方面的能力差异，也反映了当前公共数据开放共享生态的不足之处。有些省份在数据开放共享方面取得了显著成效，但仍有部分省份在这一领域的进展缓慢，甚至处于起步阶段。

2018—2023 年省级公共数据开放平台开放数林综合指数方差变化趋势如图 5-3 所示。值得注意的是，方差的逐年增大反映了省级平台在数据开放共享方面的波动性和不确定性。这种波动性和不确定性不仅影响了省级平台在数据开放共享方面的整体发展，也给各省份之间的合作与竞争带来了更大的挑战。

基于 2023 年各省级平台开放数林综合指数对比，如图 5-4 所示，可以发现区域发展不协调的情况较为严重。既有个别表现优异的领军省份，也有较多数量的仍处于起步阶段的省份。浙江和山东两省以较高的综合指数领跑全国，综合表现优异，处于领军者等级。随后的贵州、福建、四川、广东、广西、海南等省综合表现中等偏上，归入领先者等级。之后的江西、辽宁、江苏、安徽、陕西、河北、湖南等省综合表现居中，归入追赶者等级。其余省份综合指数较低，尚处于起步者等级。

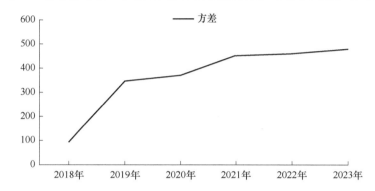

图 5-3 2018—2023 年省级公共数据开放平台开放数林综合指数方差

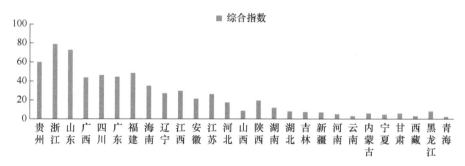

图 5-4 2023 年省级公共数据开放平台综合指数

进一步分析省级平台开放共享成效的区域差距可知，综合指数分值较高的地方主要集中在东南部沿海地区，这主要得益于这些地区发达的经济基础、产业体系、开放的政策环境以及人才和技术优势。相比之下，中西部和东北部地区除贵州和四川表现较为突出外，总体表现不够好。这可能是由于这些地区在数据开放共享方面的政策支持相对较少，人才和技术资源相对匮乏，以及区域间合作与交流不够充分所致。

2. 城市公共数据开放共享情况

2018年至2023年间城市级公共数据开放共享综合指数的不同数据指标变化趋势如图5-5所示，可以看出城市级平台整体趋势较好，但不同城市之间差异明显。

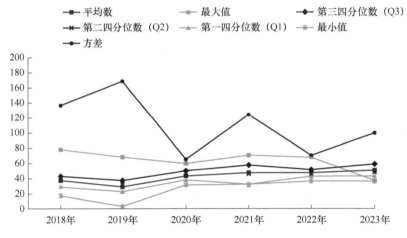

图5-5 城市级公共数据开放共享综合指数的不同数据指标变化趋势

首先，从平均数的变化来看，城市级公共数据开放共享的综合指数在2018年至2023年间呈现出先下降后上升的态势。2018年平均数为37.818，随后在2019年显著下降至29.427，这主要是由于2019年的开放数林评估指标体系中新加入了"利用层"这一维度，导致数据普遍下降。然而，从2020年开始，这一指数开始稳步上升，至2023年已达到50.636，表明城市后续在数据利用方面也逐步取得进步，整体数据开放共享水平得到了显著提升。

从第三四分位数和中位数的变化来看，中等及以上水平城市的数据开放共享水平在逐年提升。第三四分位数从2018年的42.872增长至2023年的58.828，中位数也从38.051提升至47.86。这进一步证明了随着评估标准的调整和新策略的实施，城市在数据开放共享方面取得了积极的进展。

然而，从第一四分位数和最小值的对比中，可以发现城市间在数据开放共享方面的差异依然显著。尽管这两个数据值在近几年中略有提升，但仍有部分城市在这一领域的进展缓慢，甚至停滞不前。而从方差的变化来看，城市间在数据开放共享方面的差异仍然较大。方差的逐年增大意味着城市间的差距正在扩大。

进一步对比2023年各城市的数据开放共享综合指数，在城市级也存在着区域发展不协调的情况。一些发达的城市凭借其先进的基础设施、丰富的数据资源和良好的政策环境，在数据开放共享方面取得了显著成效。然而，也有许多城市在这一领域仍然处于起步阶段，需要加大投入和努力。

如图5-6所示，只选取了前40名的城市进行分析。从2023年城市公共数据开放平台综合指数看出，杭州和德州的综合表现最优异，列入领军者等级；日照、济南、上海、青岛、济宁、东营、温州、深圳、成都、台州、威海等城市也表现较优，进入领先者等级；随后是无锡、宁波、烟台等城市。

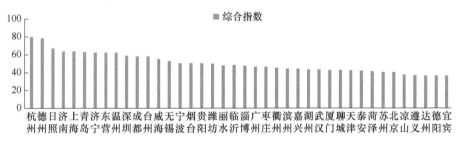

图5-6　2023年城市公共数据开放平台综合指数

为了进一步推动城市级公共数据开放共享的发展，建议各城市根据自身实际情况，制定合理的数据开放共享策略，并加强与其他城市的合作与交流。同时，政府也应加大对数据开放共享的支持力度，提供更多的政策扶持和资源支持，以缩小城市间在这一领域的差异。

综上所述，当前开放平台在数据开放共享方面虽然取得了一定的进展，但整体而言仍存在发展不平衡、不同区域协同进步难以实现的问题。为了推动公共数据开放共享生态的健康发展，我们需要深入剖析当前生态的缺点和不足，并探索新的开放机制来弥补这些缺陷。这种新的开放机制需要更加注重公共数据价值释放的协调发展和效率运行，促进数据资源的共享与利用，推动数据开放共享生态的持续健康发展。只有这样，我们才能更好地发挥公共数据的价值，推动数字经济的蓬勃发展。

5.1.2 平台建设层：平台发展迅速，但部分地区滞后

近年来，我国省级和城市级公共数据开放平台的数量都显著增加，然而尚未实现全覆盖，并且这些平台的扩散呈现出由东南部地区向中西部地区延伸的趋势[68]。尽管各平台在功能服务上逐渐完善，但用户体验方面依然存在诸多不足，特别是在互动反馈时效、个性化服务以及登录便捷度等方面亟待改进。平台作为连接数据供给与需求的重要桥梁，其建设水平直接关系到公共数据开放共享的效果。因此，我们有必要对当前的平台建设层进行深入分析，以识别存在的问题并提出相应的优化建议。

公共数据开放共享平台建设层指数综合反映了平台体系、功能运营、权益保障、用户体验等多个关键维度，2023 年省级公共数据开放平台的指数（见图 5-7）中存在显著的地区差异。

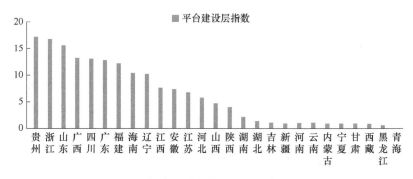

图 5-7　2023 年省级公共数据开放平台建设层指数

首先，贵州和浙江分别以 17.19 和 16.78 的指数位列前两位，显示出这两省在平台建设层面具有显著的优势。这归因于它们对数字化发展的

高度重视，以及在平台建设上的持续投入和创新。紧随其后的是山东、广西、四川、广东和福建等省区，虽然它们的指数略低于前两名，但也表现出了相对较高的平台建设水平。

然而，一些省份的平台建设层指数相对较低，如湖南、山西、黑龙江、湖北、吉林、新疆、内蒙古、甘肃、河南、宁夏、西藏、云南和青海等。特别是新疆、内蒙古、西藏和青海的指数非常低，这表明这些地区在平台建设方面还存在较大的挑战和提升空间。从地域分布来看，南方省份在平台建设层指数上普遍高于北方省份，这可能与南方省份在数字经济发展方面的优势有关。南方省份在技术创新、产业转型和人才储备等方面可能更具优势，从而推动了平台建设的快速发展。

1. 平台数量：覆盖面变广，但尚未全覆盖

近年来，我国公共数据开放共享工作取得了显著进展，省级和城市级公共数据开放平台的数量都迅速增加。但在省级和城市级依然分别有11.11%和39.47%的地区尚未上线开放平台。

（1）省级平台数量。 截至2024年3月，全国已开放了24个省级公共开放平台（含省和自治区，不含直辖市和港澳台），相比2023年增加了两个。自第一个省级（直辖市除外）公共开放平台上线以来，省级公共开放平台数量逐年递增，目前已覆盖了88.89%的省级行政区（除直辖市和港澳台地区），如图5-8所示。但是，云南省、吉林省和西藏自治区这三个地区仍然尚未上线公共数据开放平台。

如表5-1所示，2015—2024年各个省市的公共数据开放平台逐渐上线。从范围上看，省级平台总体上呈现由东南部地区向中西部、东北部地区延伸的趋势。东南部沿海地区，如浙江、广东、福建、江苏等省份，由于经济发达、技术先进，较早地建立了公共数据开放平台，并持续推动数据资源的开放共享。这些地区在数据开放共享方面积累了丰富的经验，形成了较为成熟的数据开放共享模式。随着时间的推移，中西部和东北部地区也开始加快公共数据开放平台的建设步伐。例如，山东、贵州、四川等省份在数据开放共享方面也取得了显著进展，形成了各自独特的模式。

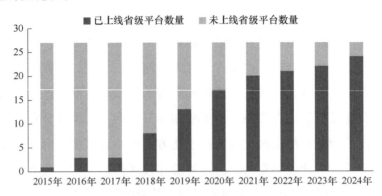

图 5-8　历年省级（不含直辖市和港澳台地区）平台上线情况

表 5-1　2015—2024 年新上线公共数据开放平台的省市

年份	省市
2015 年	浙江
2016 年	广东、贵州
2018 年	河南、江西、宁夏、山东、陕西
2019 年	福建、海南、江苏、四川、新疆
2020 年	广西、湖北、湖南、青海
2021 年	安徽、甘肃、河北
2022 年	辽宁
2023 年	山西
2024 年	黑龙江、内蒙古

然而，目前仍有一些地区尚未上线公共数据开放平台，如云南省、吉林省和西藏自治区。这些地区可能由于经济基础相对薄弱、技术条件有限等原因，在数据开放共享方面进展较慢。

（2）**城市级平台数量**。城市级公共数据开放平台的数量同样增长迅速，如图 5-9 所示。据统计，截至 2023 年 8 月，全国已有个 204 个城市数据开放平台，相较于上一年度新增了 17 个平台，增长率达 9%，而相比 2018 年这一数字的增长率高达 325%。目前，我国 60.53% 的城市（包括直辖市、副省级与地级行政区）已上线了政府数据开放平台。

第 5 章 对话现实：公共数据开放共享的现状与困境

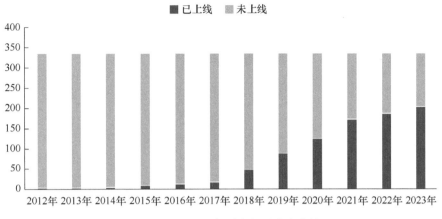

图 5-9 2012—2023 年城市级平台上线情况

从开放城市级平台的区域上看，山东、广东和浙江三省内的城市级开放平台普遍上线较早，随后总体趋势是从沿海地区向内地扩散[68]。目前所有直辖市，福建省、广东省、广西壮族自治区、贵州省、湖北省、江苏省、江西省、山东省、四川省与浙江省共 10 个省域所有下辖城市都已上线了公共数据开放平台[12]。同时，安徽省内的绝大多数城市也已上线了开放平台。然而，海南省、吉林省等省份内绝大多数城市仍未上线公共数据开放平台。

2. 平台功能：功能逐步完善，但用户体验不足

随着平台标准化建设的深入推进和实施，各个平台在数据资源与服务、数据发现与预览、数据获取与互动交流等方面的功能逐渐完善。在数据资源和数据服务方面，开放平台设置了数据集、数据接口和数据应用等板块，并且针对数据使用和接口调用提供了使用指导手册（见图 5-10），平台上的数据应用板块（见图 5-11）展示了多类型各领域的应用成果，包括移动 App、小程序、web 应用、研究成果等类型，涵盖了教育、医疗、交通等多个领域；用户可以在此主动提交所开发的应用成果。

图 5-10　浙江省数据开放平台接口服务使用手册

图 5-11　浙江省数据开放平台应用成果展示

在数据发现预览方面,用户可以直接通过开放数据目录快速了解开放数据的整体情况,如图 5-12 所示,四川省公共数据资源开放目录清单包括数据资源提供部门、数据资源名称、更新频率、开放属性等。用户还可以根据自己的需求,使用带有筛选项的搜索功能,对平台提供的数据资源进行搜索;筛选条件通常包括数据集关键、资源类型、开放属性、数据领域、数据提供部门等,如图 5-13 所示。在选定数据资源后,用户还可以通过查看数据信息、字段以及数据预览,对于数据是否符合预期进行判断,如图 5-14 所示。

四川省公共数据资源开放目录清单(2020年)

提供部门	序号	数据资源名称	数据项	数据资源类型	更新频率	开放属性
省发展改革委	1	四川省粮食收购价格监测	单位、同比(±%)、规格等级、较上年底(±%)、平均价、项目名称、环比(±%)、年份、月份	库表	每月	无条件(普遍开放)
	2	四川省农业生产资料价格监测信息	单位、较上年底(±%)、月份、项目名称、环比(±%)、平均价、年份、同比(±%)、规格等级	库表	每月	无条件(普遍开放)
	3	四川省农村居民服务价格监测信息	较上年底(±%)、规格等级、平均价、项目名称、日期、同比(±%)、环比(±%)、单位	库表	每月	无条件(普遍开放)
	4	四川省城市居民服务价格监测信息	项目名称、较上年底(±%)、规格等级、平均价、环比(±%)、同比(±%)、时间、单位	库表	每月	无条件(普遍开放)
	5	四川省农业生产资料价格监测	时间、同比(±%)、平均价、单位、项目名称、较上年底(±%)、规格等级、环比(±%)	库表	每月	无条件(普遍开放)
	6	四川省城乡居民服务价格监测信息	项目名称、分类、月份、规格等级、单位、平均价、环比(±%)、同比(±%)、年份、较上年底(±%)	库表	每月	无条件(普遍开放)
	7	四川省能源和工业生产资料价格监测信息	规格等级、项目名称、年份、单位、平均价、月份、同比(±%)、较上年底(±%)、环比(±%)	库表	每月	无条件(普遍开放)

图 5-12 四川省公共数据资源开放目录清单(2020年)

在数据获取方面,除了便于用户获取的无条件开放类数据集以外,平台还提供便于用户获取有条件开放类数据集的功能和服务,如图 5-15

所示，山东省公共数据开放平台的有条件开放数据申请功能。平台会阐明数据集的开放条件、申请渠道等。用户在指定的申请公开页面填写数据资源名称、开放用途、个人信息之后便可提交申请，平台运营人员须在一定的时间内进行"是否公开"的答复。

图 5-13　上海市公共数据开放平台筛选搜索功能

图 5-14　山东省公共数据开放平台数据预览功能

在互动交流方面，除了用户数据需求的申请以外，平台还设置了平台体验反馈功能、数据集评价功能、数据纠错功能以及权益申诉渠道，通过完善平台功能，努力提升用户体验感[69]。平台体验功能是指平台为用户提供了关于意见提交和体验反馈的功能，并对建议意见进行及时回复，如图 5-16 所示；数据集评价功能是指用户在开放的数据集下对数据集的数据

第 5 章 对话现实：公共数据开放共享的现状与困境

质量、更新频率以及开放意义等方面进行评论并展示，数据纠错是指用户可以对数据集纠错反馈并获得及时回复，权益申诉是指用户认为所开放数据侵犯了其正当权益并寻求权益保护的功能，如图 5-17 所示的浙江省公共数据开放平台数据集评价功能和图 5-18 所示的数据纠错功能。

图 5-15　山东省公共数据开放平台有条件开放数据申请功能

图 5-16　浙江省公共数据开放平台体验反馈功能

图 5-17 浙江省公共数据开放平台数据集评价功能

图 5-18 浙江省公共数据开放平台数据纠错功能

然而，平台建设依然存在用户体验不佳的情况。管理员回复时效、回复质量、个性化服务以及登录方式等各种问题共同影响了用户对公共数据开放平台的满意度和使用体验[69]。部分平台在互动反馈方面存在回复时间不及时、回复质量不高等问题，如图 5-19 所示，导致无法及时有效地解决用户的问题。不仅影响了用户体验，还可能对平台的声誉和长期发展造成不良影响。

图 5-19 政务数据开放平台管理员反馈不及时

平台缺乏精准服务，个性化服务功能有限，无法满足用户个性化需求。目前平台的个性化服务功能尚显不足，无法满足用户日益增长的精准化需求，这在一定程度上限制了用户体验的提升。尽管部分平台如上海市的平台已经尝试通过让用户订阅数据集的方式来提供一定程度的个性化服务，如图 5-20 所示，但这种服务的个性化程度和用户体验仍有较大的提升空间。

平台登录方式烦琐，存在多重认证等问题，阻碍用户对平台的进一步探索。除了少数平台如贵州省平台提供了无须登录即可获取数据的便捷方式外，大多数平台均要求用户进行注册并登录账号。这些登录方式千差万别，给用户带来了不少困扰。大部分平台要求用户设置账号密码，并通过手机验证码进行验证，还可能需要进行个人或企业的实名认证，过程相对烦琐。更有部分平台需通过当地特色应用如"浙里办"等进行登录，这无疑增加了用户的操作复杂度。登录方式的多样性不仅增加了用户的记忆负担，也可能因操作不当导致登录失败，进而影响用户对平台的整体体验。

图 5-20　上海市公共数据开放平台的收藏订阅功能

为了提升用户体验，同时促进数据的更广泛共享与利用，统一的登录系统可能是一个值得探索的方向。这样的改进，将有助于减少用户的登录障碍，提升他们参与平台的积极度，促进数据的共享和开放，推动社会的数字化进程。

根据国务院 2015 年发布的《促进大数据发展行动纲要》，我国原计划在 2018 年底前建成国家政府数据统一开放平台[70]。尽管目前尚未完全实现，但这一目标的设定为数据开放平台的建设和改进提供了明确的政策指导。此外，在数据要素流通市场方面，国家工业信息安全发展研究中心在 2022 年宣布，也将探索建立全国统一数据登记平台，以进一步解决数据采集存储标准化进展不足、数据开放共享程度不够、数据交易流通活跃度不高、数据要素融合应用能力仍需强化、数据跨境流动规制体系亟待完善等相关问题。

综上所述，在平台建设方面依然存在着平台未全覆盖、用户体验不足等问题。这反映了政府推动数据开放共享的局限性，不同区域和不同层级的政府在数据开放共享方面存在着分散性和不协调性[71]，各级政府在数据开放方面缺乏足够的共同利益，导致难以开展有效的协作；这些本质问题导致了现有平台反馈时效欠缺，精准化服务不足，以及登录烦琐等问题。

为了有效解决这些问题，国家需引入一种新的数据开放机制，该机制应具备更高的灵活性和创新性，能够基于市场动态和用户反馈快速调整服务内容。该机制还需依托深厚的专业知识和技术能力，以提供高质量、个性化的数据服务，同时保持对市场变化的敏感度，把握数据服务的最新趋势。

通过这种机制，平台能够精确识别并回应用户的个性化需求，从而提供更为精确的服务。这不仅能显著提升用户体验，还能进一步挖掘数据的潜在价值，促进数据资源的有效利用和数据驱动的创新。在推进这一新机制的过程中，政府可以考虑与具备相应专业能力和市场经验的第三方机构或企业建立合作关系；通过这种合作，可以充分利用第三方机构的专业优势和创新能力，弥补政府在资源和专业能力方面的不足，共同促进数据价值的创造。

5.1.3 数据供给层：开放数据改善，但供给仍欠缺

近年来，随着中央和地方各级政府对公共数据开放共享工作的持续推动，我国公共数据开放的数量与质量均呈现出显著提升的态势。一方面，数据开放的数量实现了快速增长，不仅数量庞大，而且涉及的领域也愈发广泛，涵盖了经济、社会、文化、环境等多个方面。另一方面，数据的质量也在逐步提高，更加注重数据的准确性和可用性。然而，尽管取得了这些成绩，但从实际供需的角度来看，公共数据开放依然受制于供给困境。"形式开放"的现象需要进一步改变，开放的范围还有待进一步拓展，数据的供给也需要进一步符合公众需求。因此，只有正视这

些问题，采取有效措施加以解决，才能推动公共数据开放共享工作取得更加显著的成效。

在对 2023 年省级公共数据开放平台的数据供给层指数进行分析时，可以观察到不同地区在数据开放实践方面存在显著差异，如图 5-21 所示。该指数综合反映了数据数量、数据质量、数据规范、开放范围等多个关键维度。浙江省以 34.37 的高分位居榜首，表明其在数据开放的多个方面均表现出色，这与其在数据治理、技术应用和政策支持方面的积极努力密切相关。紧随其后的是山东省，数据供给层指数为 32.90，显示出同样较高的数据开放水平。

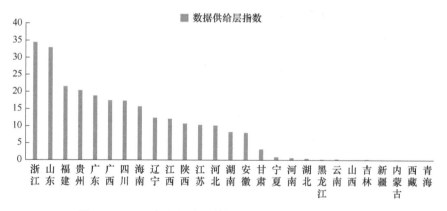

图 5-21　2023 年省级公共数据开放平台数据供给层指数

然而，数据也揭示了一些地区在数据开放方面存在的挑战。例如，山西、黑龙江、吉林、新疆、内蒙古、西藏和青海的指数较低，特别是新疆、内蒙古、西藏和青海的指数为 0，这可能指出这些地区在数据开放的资源配置、技术支持或政策推动上存在局限。此外，数据供给层指数的地域差异提示了南北方在数据开放实践上的不均衡性。南方省份如广东、广西和海南的指数普遍高于北方省份，这可能与经济发展水平、技术进步和地方政府对数据开放的重视程度有关。

1. 数据开放数量持续增长

基于各级公共数据开放平台的内容，当前开放的主要内容仍然是数据集（数据目录）和数据接口。公共数据开放的数量呈现出持续增长的态势。2017年，全国各级公共数据开放平台所开放的数据集数量还相对有限，仅为8398个。然而，随着各级政府对数据治理工作的日益重视，以及数据开放技术的不断进步，到2020年10月，有效数据集数量已经迅速增长到98558个。更令人瞩目的是，到了2023年，这一数字更是攀升至345853个，呈现出跨越式的发展。进入2024年，我国公共数据开放的数量继续保持稳步增长，各级公共数据开放平台所发布的数据集数量已经初具规模，为政府决策和社会各界创新应用提供了较为丰富的数据资源。

从2023年不同省级公共数据开放平台提供的数据接口数量和数据集来看，不同平台之间差距较大（如图5-22和图5-23所示）。广东、山东等省份在数据开放方面取得了尤为突出的成就，不仅数据集数量庞大，数据接口也相当丰富。然而，其余平台的开放数量则相对较少，影响了数据资源的充分利用。数据集和数据接口提供数量的巨大差异不仅体现在不同省份之间，也存在于同一省份内的不同城市之间。例如，德州公共数据开放网现已开放12个区县，52个部门，4个企事业单位，5922个数据目录，44.3亿条数据，1476个数据接口，33个创新应用[○]；而菏泽公共数据开放网则仅开放10个区县，39个部门，4个企事业单位，2445个数据目录，1.26亿条数据，105个数据接口，27个创新应用[○]。

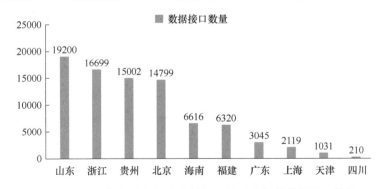

图5-22 2023年部分省级公共数据开放平台提供数据接口数量

○ 数据来源：德州公共数据开放网。

○ 数据来源：菏泽公共数据开放网。

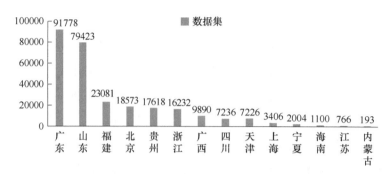

图 5-23 2023 年部分省级公共数据开放平台提供数据集（数据目录）数量

2. 数据主题与数据范围持续扩大

随着数据开放的不断深化，涉及的领域也在不断拓展，从最初的政府信息、财政预算等基础数据，逐渐扩展到交通、教育、医疗、环境、气象等更为细致和专业的领域。目前，中国的公共数据开放平台已经涵盖了多个领域的数据资源，包括但不限于信用服务、医疗卫生、社保就业、公共安全、城建住房、交通运输、教育文化、科技创新、资源能源、生态环境、工业农业、商贸流通、财税金融、安全生产、市场监管、社会救助、法律服务、生活服务、气象服务、地理空间和社会团体等。其中山东省、贵州省和上海市等地提供的主题领域最为丰富，如图 5-24 和图 5-25 所示。同时，各级数据开放平台的主题分类也呈统一化趋势，例如，2021 年度各级平台开放的主题分类沿袭了往年的统一化趋势，并在总体方向一致的情况下，对局部内容进行了详细调整，以适应地方实际情况。这种分类的趋同不仅有利于数据的互联互通和统一管理，还促进了地区政府数据开放领域的标准化进程，为提升政府治理能力和部门协作能力提供了有力支持。

然而，目前的数据范围主要局限在政务数据的范畴内。在所供给数据的开放范围上，目前各地政府开放的数据大多为政府各职能部门，以及履行公共管理和服务职能的事业单位开放的政府数据；而来自国企、事业单位、民企、外企与社会组织等社会主体的数据集虽然也开始在数据开放平台上出现,但总体开放数量仍然很低。

热门标签统计

图 5-24　山东省公共数据开放网热门标签统计

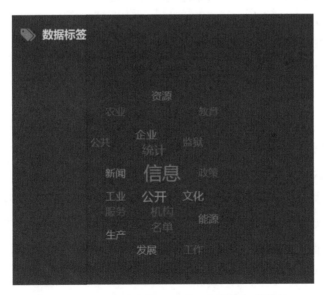

图 5-25　贵州省政府数据开放平台热门标签统计

3. 数据质量逐步提高，但供给质量仍欠缺

目前，各个平台都积极投身于开放数据的质量提升工作中，力求为用户提供更加准确、可用和有价值的数据资源。各级政府都认识到数据质量的重要性，并制定了相应的数据质量管理标准和规范，推动数据质量的逐步提高。这些措施包括但不限于制定数据质量标准、建立数据质量监控机制、加强数据质量培训等，以确保数据的准确性和可用性。同时，政府还鼓励平台在数据开放过程中，积极收集用户的数据质量评论和反馈，并据此进行回复和改进，以不断提升用户体验和满意度。在数据开放质量不断提高的同时，数据质量方面仍存在诸多不足。这些不足制约了数据资源的有效利用，影响了公共数据开放共享工作的深入推进，从而难以有效发挥数据要素的巨大作用，难以推动数据要素的价值共创。

"重数量轻质量"的问题在部分平台中凸显出来。部分平台为了迎合上级部门的要求，过于追求数据开放的数量，而忽视了数据的质量和价值。这导致一些平台中存在数据格式不规范、数据空值、数据碎片化等问题，甚至存在隐私数据泄露的风险[72]。这样的数据开放工作，不仅不能有效发挥数据的作用，反而可能给使用者带来困扰和风险。

目前，时效性强、实用性强、贴近公众需求的数据供给仍然不足[73]。尽管数据开放的数量在增加，但真正有价值、能够满足公众需求，且更新及时的数据却并不多见。这导致了一些平台中的数据资源利用价值低，而公众和企业却难以找到真正有用的数据。需方对于公共数据的应用需求是多样的，而未进行定期清洗和加工的公共数据，难以满足用户的实际需求。这种供需不匹配的现状，制约了数据开放共享工作的深入推进。尽管各地政府举办过数据供需对接交流活动，以期望能更好地把握公众的数据开放需求；但目前的供给水平相对于用户需求依然不够充分。

最后，数据质量评估机制的不足是当前公共数据供给困境的重要原

因之一。由于缺乏有效的评估和监督机制，部分平台在数据开放工作中缺乏动力和压力，难以保证数据的质量和价值。同时，这也使得公众和企业难以对平台的数据开放工作进行有效的监督和评估，进一步加剧了供需矛盾。

为了解决上述问题，特别是缓解供需不平衡的矛盾，有必要探索一种新的机制。这种机制应能够提高数据的质量和可用性，使数据更加符合公众和企业的实际需求。具体而言，该机制应具备以下优点。

1）专业性：能够通过专业的数据清洗、整合和加工，提升数据的标准化和系统化水平。

2）市场敏感度：能够快速响应市场变化，根据公众和企业的需求，提供更加精准和个性化的数据分析和服务。

3）创新能力：能够通过创新的数据应用和商业模式，激发数据的潜在价值，推动数据要素的创新利用。

4）监管和反馈：能够建立有效的评价和监督机制，确保数据开放工作的质量和效率，及时响应用户的反馈和建议。

通过引入这样的机制，不仅可以有效补充公共数据的供给能力，还能通过市场机制激发数据开放工作的活力和创新力，推动数据要素的价值共创和最大化利用。这需要政府、企业和社会各方的共同努力，通过合作和创新，实现数据资源的高效利用和社会价值的最大化。

5.1.4 利用生态层：已见成效，但经济赋能仍不足

近年来，中国在推动公共数据开放和利用方面已见成效，但如何进一步通过数据开放的一系列应用来促进经济增长和创新仍存在很多不足。2023年的中国开放数林指数显示，尽管部分省份如浙江和山东在数据利用方面取得了较为显著的成绩，但多数地区的利用生态层指数仍然较低，表明在数据资源的经济赋能和创新应用方面还有很大的提升空间。因此，尽管公共数据开放的数量在增加，但在数据的深度利用、创新服务和价值创造方面，仍需进一步的努力。

如图 5-26 所示，2023 年各省级公共数据开放平台中，除了浙江、山东、贵州、四川四地的利用生态层指数超过 5 分（满分 15），其余各地均得分较低，且 66%的地区指数不超过 1。这反映出在数据开放共享和利用方面的政策机制和最终产出尚不成熟。尽管一些地方政府已经通过创新活动，如开发应用、举办竞赛和论坛，推动了公共数据的使用和应用场景的拓展，但这些努力在数量和质量上仍有待提高，数据价值需要得到进一步的释放。

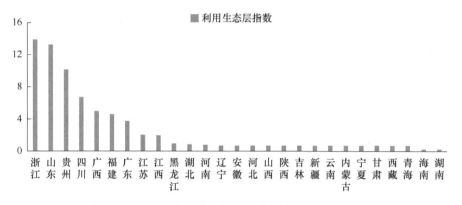

图 5-26　2023 年省级公共数据开放平台利用生态层指数

我国各地在纷纷加快公共数据开放共享平台的建设步伐的同时，正通过一系列创新利用活动，推动公共数据资源的挖掘与利用，并形成了开发利用成果。通过开发创新应用、举办创新竞赛、举办交流论坛等形式[74]，这些活动一定程度上推动了公共数据的使用和应用场景的拓展，而这些数据应用成果同时也是公共数据初步价值释放的效果展示。

各个公共数据开放平台都或多或少地展示了其数据应用的创新产品，涵盖了交通出行、医疗健康、教育文化、金融服务等多个领域。例如，上海市的"普惠金融应用"便是其中的典型代表。通过整合市科委、市人力资源社会保障局等多个部门的数据资源，该应用成功实现了纳税、社保缴纳、住房公积金等多项信息的共享，为商业银行提供了更为全面和准确的客户信用画像。基于此，多家试点银行开发了如"沪惠贷"等创新型信贷产品，为小微企业提供了更加便捷和高效的融资服务，充分释放了

第 5 章　对话现实：公共数据开放共享的现状与困境

公共数据资源的大数据红利。同时，广东交通 App 作为另一个典型案例，展现了公共数据在交通出行领域的创新应用，如图 5-27 所示。该应用整合了广东省交通运输档案信息管理中心的数据资源，为广大用户提供了全省性、权威性、公益性的综合交通出行信息服务。无论是实时路况查询、公交地铁线路规划，还是停车场空位查询等功能，都极大地提升了用户的出行体验。

图 5-27　数据应用成果—广东交通 App

同时，一系列数据应用竞赛活动迅速展开，这类竞赛不仅将数据场景与产业发展紧密结合，还通过激发创新精神和促进技术应用，为数据要素的价值释放注入了新动力。通过参与竞赛，企业和个人能够深入挖掘开放数据的价值，开发出具有实际应用价值的产品和服务，从而推动数字经济的发展。此外，这类竞赛还有助于提升数据开放应用的覆盖范围，加强跨地域、跨领域的数据合作与创新。通过竞赛平台，不同领域的数据资源得以汇聚和共享，为参赛者提供了更广阔的创新空间。同时，竞赛也促进了政府、企业和社会公众之间的数据交流与合作，推动了数据驱动的决策和商业模式创新。如 2023 SODA 开放数据创新应用大赛聚焦如何利用公共数据推动社会进步与经济发展，引领数据创新应用（见图 5-28）；2023 数博会"数据场景应用创新大赛"关注如何利用公共数据解决真实世界中的问题，并鼓励跨行业、跨领域的合作（见图 5-29）；2023"之江杯"数据治理与创新利用大赛汇聚众多优秀数据科学家和开发者，开发出多个具有地方特色和市场前景的应用（见图 5-30）。这些竞赛不仅推动了数据在各领域的融合，也促进了政府、企业和社会公众之间的数据交流与合作。

图 5-28　2023 SODA 开放数据创新应用大赛

图 5-29　中国国际大数据产业博览会—大赛

此外，论坛、沙龙、研讨会等交流研讨活动的举办，为各方提供了一个共同探讨公共数据价值、挑战与机遇的平台，推动了公共数据的利用和价值释放。通过这些平台，各方可以共同探讨公共数据的价值、挑战与机遇，分享最佳实践，推动政策与标准的制定，进而促进公共数据的高效利用。比如在京召开的信息化百人会专题研讨会（第 77 期，2023 年第 1 期），主题为"公共数据的开发利用模式及路径"，北京大学联合举办的"大数据与治理创新"国际研讨会等。

图 5-30　2023 "之江杯"数据治理与创新利用大赛

然而，受制于供给质量困境，大部分的公共数据并未得到充分利用。目前的数据利用成果数量较少，成果类型较为单一，对于经济赋能作用有限。总的来看，优质数据利用成果的数量相对较少，且成果类型较为单一[68]。目前，大部分数据利用成果主要集中在信息查询、服务优化等较为基础的层面，缺乏深度分析和创新应用。这既与数据质量不高、数据开放度不够有关，也与数据利用的局限性有关。目前的服务应用缺乏广度和深度，在推动数字经济和社会发展方面的赋能作用极其有限。

价值共创的生态体系亟须构建。尽管政府、企业、科研机构和社会公众等多方在数据利用方面均有所参与，但需求侧的参与度和贡献度尚显不足。政府虽然已在完善数据开放政策、提高数据质量和开放度方面取得了进展，为企业和社会公众提供了更多有价值的数据资源，但如何有效激发需求侧的积极性，推动其更深入地参与数据利用和价值创造，仍是一个亟待解决的问题[75]。企业和社会公众应进一步发挥自身的优势和创新能力，积极参与数据利用，推动数据在更多领域得到深度应用。同时，科研机构也应持续加强数据利用技术和方法的研究，为数据利用提供更加坚实的技术支撑。只有形成政府引导、企业主导、社会参与、科研支撑的协同机制，才能共同推动价值共创的生态体系蓬勃发展。

综上所述，为了充分挖掘并提升公共数据的经济赋能潜力，需要构建一个更加高效、协同和有效的公共数据利用机制。这一机制的建立，可以作为政府数据开放的有益补充，旨在通过创新机制，提升数据应用的质量和实用性，同时激发市场活力。这一机制的设计应注重数据产品和应用服务与用户需求的紧密结合，通过深度分析和创新服务，满足用户在不同层面上的具体要求。

此外，该机制还需通过市场激励手段，激发各方面对数据开放工作的参与热情，从而推动数据要素的价值共创和最大化利用。这不仅涉及数据产品的多样化和服务的个性化，还包括通过明确可用数据范围，适度突破现有公共数据的分类分级限制，实现数据资源的更有效利用和共享。为了保障数据开放工作的质量，该机制还应包含建立有效的成效评价和安全监管体系，确保数据开放的透明度和及时响应用户反馈。通过这些措施，可以逐步构建起一个安全、开放、协作、高效的数据利用环境，为数字经济的发展和社会的数字化转型注入新的动力。

5.2 公共数据开放共享面临的实践困境

在审视我国公共数据开放共享的进展时，可以看到一幅成果与挑战并存的图景：成果主要表现在公共数据开放平台的增多、数据量的增长以及数据应用的初步成效；然而，同时还依然存在着诸多问题和挑战，包括平台覆盖不全面、区域发展不均衡、用户体验不足以及数据质量参差不齐等。这些问题并非孤立存在，而是相互交织、相互影响的；共同反映了目前公共数据开放共享过程中存在的深层次困境和原因，亟须我们深入分析并探索有效的解决之道[74]。

在第二届数字政府建设峰会上，目前公共数据开放共享的挑战被明确提出：首先，数据持有者因种种原因缺乏开放数据的动力，形成了"数据开放意愿需加强"的难题。部分政府部门因担忧数据泄露风险、对数据主导权的丧失以及缺乏直接经济激励而持保守态度，并由于数据整合难度大且缺乏监督约束机制而导致开放进度受限。其次，随着数据流通范围的扩大，安全管理边界也在相应扩展，使得许多单位在面对数据开放时产生"数据开放顾虑需消除"的难题。这种担忧源于对数据泄露的忧虑，对现有安全措施的不自信，以及安全责任划分的不明确和风险防控机制的欠缺。最后，开放动力不可持续、技术水平不均以及用户体验不足等问题，共同形成了"数据开放能力需增强"的难题。这些挑战共同构成了我国公共数据开放共享工作面临的主要实践困境，需要我们深入剖析并寻求有效的解决方案。

5.2.1 数据开放意愿需加强

随着公共数据相关的政策推进，我国各级政府对数据开放的认识和意识逐渐提升，认识到数据作为新的生产要素在推动经济社会发展中的重要作用。越来越多的政府部门开始重视数据开放工作，积极推动公共数据的共享和开放。

然而，尽管数据开放意识有所提升，但在实际操作中，各级部门的开放意愿仍需进一步加强[76]。在实际推进数据共享开放的过程中，一些部门存在的"不愿开放"的行为，导致数据共享开放的进度放缓[77]。

首先，政府部门的传统保守意识根深蒂固，这是阻碍数据开放的最大心理障碍[78]。一些政府部门长期以来将数据视为内部资源或私有财产，对其持有高度的独占性和排他性。他们担心数据开放可能会泄露敏感信息，损害部门利益，或是削弱其在政策制定和执行中的主导地位。这种保守的心态也使得部门间形成壁垒，造成协同联动和资源整合障碍，这不仅增加了数据整合的难度，也降低了数源部门的积极性，从而阻碍了数据的共享和流通[79]。另外，公共数据的开放将增强政府工作的透明度，有的部门对此存在抵触情绪，也是数据开放意愿不足的一个原因。政府数据的开放意味着政府活动的透明度将增加，一些部门可能因此感到不适应或担忧，担心增加的工作透明度会带来更多的社会监督和问责，从而降低开放意愿。

其次，政府数据开放共享的公益属性也是制约政府部门数据开放意愿的重要因素。目前，政府数据开放主要采取免费开放的模式，通过官方大数据平台向公众提供数据，体现了政府服务的公益性[80]。这种开放方式虽然让公众更容易获得数据资源，但也存在问题：数据开放需要投入大量的人力、物力和财力，而政府的财政预算却相对有限；且由于缺乏有效的利益分配机制，数据提供方难以获得与其贡献相匹配的回报，其收益主要依赖于政府的专项财政补助，而这种补助往往难以持续和稳定，从而削弱了数据开放的动力。

另外，还存在数据整合难度大的实际问题，部分政务部门尚存大量未数字化的历史数据，这些数据的质量参差不齐、连续性差，给数据共享和开放带来了极大的困难；并且由于缺乏统一的数据标准和规范，不同部门之间的数据格式、接口等存在差异，导致数据共享和开放过程中的兼容性问题突出。这不仅增加了数据整合的难度，也降低了数源部门的积极性。许多部门"担心数据共享整合后，应用过程中存在数据不真实、不精确、不全面问题而暴露本部门懒政问题，进而引发问责处理，'自保心理'导致对数据整合共享存在抵触"[81]。

最后，开放评价机制和监督约束机制的不足也是当前开放动力不足的重要原因之一。由于缺乏有效的评价和监督机制，少数政府部门可能因自身惰性，习惯于因循固有的工作模式，缺乏数据共享的动机。而且目前由于缺少政府数据开放的例外规定，政府部门无法参考明确的不开放例外规定，因而擅自扩大不开放范围，以没有"法律的强制约束"或"上级明确指令和硬性要求"为缘由拖延共享以及应付、敷衍等[82]。

基于这种现状，新的公共数据开放利用机制亟待出现，该机制能够通过确立清晰的责任主体和监督约束机制，显著提升数据开放的透明度和问责性，从而减少政府部门的抵触情绪，并增强公众信任。同时，它将鼓励跨部门和跨领域协作，通过统一的数据标准和规范，简化数据整合流程，提高数据共享的效率和质量。此外，该机制将通过合理的利益分配和激励措施，激发政府部门和社会各界参与数据开放的积极性，确保数据提供方能够获得与其贡献相匹配的回报，增强数据开放的动力[83]。

5.2.2 数据开放顾虑需消除

数据安全和隐私保护，是数据开放和共享的基础[84]。数据泄露事件，往往会严重打击平台的公信力和数据开放的意愿，进而影响公共数据开放共享的正常秩序。近年来，随着相关政策的不断出台和技术手段的不断完善，数据安全管理的力度得到了显著加强，如安全管理机制、安全保障技术等。

尽管数据安全管理得到加强，在公共数据开放共享的过程中，仍然存在数据开放的安全顾虑[74]。在数据开放过程中数据的大范围流通，导致安全管理的边界扩大。如何确保数据不被非法获取、篡改或滥用，是各级政府和部门普遍关心的问题。由于担心数据泄露可能带来的严重后果，一些部门在数据开放时持谨慎态度，甚至选择不开放或仅开放部分数据。

首先，数据开放的安全风险和顾虑在数据开放的各个流程中均有体现。比如，数据在汇聚与存储过程中依然存在着泄露风险。当前，我国公共数据开放主要采取"部门数据供给—数据资源汇集—数据平台开放"的形式，在这个过程中，数据泄露、数据篡改和数据被重新识别的隐患始终存在。数据平台作为数据的汇集地，其安全防护压力巨大，一旦遭受恶意攻击，后果不堪设想。此外，平台方内部工作人员素养和技能的不足也对数据安全可能构成挑战。再比如，数据在流通与利用环节也存在诸多风险。数据提供部门将数据放到平台后，往往缺乏对数据利用过程和结果的追踪能力，这使得数据应用的合规性与正当性难以得到有效监管。对于高安全级别的数据，虽然采用了有条件的开放方式，但由于缺乏对数据利用场景的监测，数据仍有可能流向不满足申请条件的用户，导致数据泄露和违规利用。

其次，在数据开放的过程中安全责任主体和监管责任划分的不明确，加剧了开放顾虑。目前，我国政府数据开放的相关法规尚未明确安全责任主体，《数据安全法》等法律法规虽然为数据安全提供了较为宏观的指导，但在具体操作上仍缺乏可操作性。因而，数据开放主体可能为了逃避潜在的责任，选择不开放或有限度地开放数据，从而影响数据的有效流转和利用。另外，数据的跨行业特性将使得监管责任更加难以明确划分，导致监管盲点的出现。例如，医疗健康数据的高敏感性，决定了在公共数据开放中尤其要关注其责任主体的明确。然而，目前在医疗健康数据开放方面，包括数据收集、存储、处理和开放等过程在内的责任主体界定并不明确。尤其是当政府部门希望开放医疗健康数据以供研究和公共服务使用时，可能会担心数据泄露或被滥用而承担法律责任。这种担忧可能导致政府部门在数据开放上持保守态度，不愿意开放或只开放有限的数据集。医疗健康数据往往涉及多个责任主体，如医院、医疗研究机构、政府部门和患者本人，这些主体在数据开放过程中的责任和义务需要明确界定。为了解决这一问题，需要通过立法明确数据开放的安全责任主体，确立数据开放、管理和监督的具体责任和义务。

再次，我国现有的政府数据开放体系在安全风险防控机制方面也存在着：缺乏事前评估与风险防控程序，依赖事后控制机制来实现安全保障的现象。随着各级政府从"政府信息公开"逐步迈向"政府数据开放"，显性和隐性安全风险也逐步展现。这包括敌对势力攻击、数据地下产业链的发展所带来的外部风险，还有内鬼与外部人员勾结的恶意行为，以及内部参与者的能力不匹配、注意力不集中导致的不作为或误操作，加剧了政府数据开放的内部风险[85]。然而，目前的安全风险防控机制往往只是被动应对安全风险的发生，无法有效预防和控制数据泄露、被篡改或滥用的风险，可能对个人隐私、国家秘密和商业秘密的安全造成威胁。这要求我们在数据开放的事前、事中和事后各环节建立更加完善的安全风险评估和防控机制。

最后，数据开放的各类顾虑，从本质上来说是出于数据流通的效率、安全和成本之间难以兼顾。在实际操作中，我们往往需要的是在确保数据安全的前提下，追求更高的数据流通效率和更低的成本。然而，这三者之间的平衡往往难以轻易实现。数据的安全流通需要严格的技术保障和管理措施，这将会增加操作的复杂性和成本，进而影响数据的流通效率。同时，提高数据流通效率往往需要简化操作流程、降低技术门槛，但这又可能增加数据泄露或被滥用的风险。尤其是在现有的政府引导的公共数据开放共享生态中，经济利益和安全效率的综合考量的缺失，使得这三者的平衡往往难以实现。

这些顾虑使得一些部门在数据开放时犹豫不决，限制了数据的流通和利用，阻碍了公共数据价值的最大化，成了公共数据开放共享工作持续扩大的制约。为有效应对数据开放过程中的安全顾虑，需构建一个全新的数据价值释放机制。该机制旨在通过政府与第三方组织的合作，实现数据的高效管理和安全运营。它将引入专业的管理和服务，制定严格的运营标准，确保数据在采集、存储、处理、传输和销毁各环节符合统一规则。同时，通过立法明确数据开放的安全责任主体，并细化监管责任，建立跨部门协调机制，以实现全面而高效的安全监管。此外，实施分级分类的数据管理，加强安全技术和工具的应用，定期进行安全评估，优化安全措施，提升数据安全防护能力。最终，该机制将在保障数据安全的基础上，推动数据的开放共享，提升数据利用效率，实现社会价值的最大化。

5.2.3 数据开放能力需增强

随着信息技术的不断发展，我国在数据开放领域的技术水平也不断提升，涵盖了数据管理技术、数据安全技术、数据标准化技术、数据发布技术、数据共享技术以及统计分析技术等多个方面[86]。然而，技术进步并不意味着数据开放实际能力的增强。当前公共数据开放共享模式主要依赖政府财政拨款，资金来源的有限性和不可持续性限制了平台在技术创新、用户体验提升和服务质量改善方面的投入，以及单位技术人员在专业知识和实践经验上的不足，成为制约数据开放能力提升的重要因素。

首先，目前数据开放的可持续性和资金支持问题影响数据开放能力。当前的公共数据开放共享模式过度依赖政府财政拨款，资金来源有限且可持续性相对较弱，从而限制了数据开放平台在技术创新、用户体验提升和服务质量改善方面的投入，也影响了数据开放平台的长期发展和公众服务能力。为了解决这一问题，需要探索多元化的资金来源，减少对政府财政拨款的依赖。

其次，在目前公共数据开放平台的建设和运营中，存在的公众参与感、体验感不足，使用效率低下等问题同样体现出目前数据开放能力的不足，这些问题凸显了数据开放平台在服务设计和用户需求理解上的缺陷。部分网站的数据开放存在诸多限制，如登录程序烦琐，这不仅增加了用户的使用难度，也可能导致用户参与度降低。此外，平台与用户之间缺乏有效的沟通渠道，互动反馈不及时，限制了公众参与平台建设和数据开放的决策过程。用户体验方面，一些平台的数据获取方式单一，缺乏个性化服务，无法根据用户的具体需求提供定制化的数据服务，这降低了用户使用平台的积极性和满意度。例如，用户在寻找和获取所需数据时，由于缺乏个性化推荐，效率低下，难以充分利用平台资源。

最后，数据开放工作涉及复杂的技术操作和管理流程，需要具备深厚的专业知识和实践经验。公共数据开放共享工作依赖于先进技术和复合型人才，但目前我国在数据开放技术、数据共享平台建设能力、数据与计算科学复合型人才方面非常匮乏，而且专业人才短缺不仅是我国政府数据开放中的难题之一，也是全球数据开放国家面临的一个共性问题[87]。当前一些单位在数据开放方面的技术人员配备不足，技术水平参差不齐，难以应对复杂多变的数据开放需求；而且相关人员还需要具备跨学科的知识和技能，包括数据治理、政策分析、法律法规等方面的知识。这导致在数据收集、处理、分析和共享等过程中可能出现技术难题和安全隐患，影响了数据的质量和可用性。

为了解决这些问题，着力提升数据开放能力，需要从确保资金可持续性、优化用户体验、加强技术能力建设等多个方面入手。构建一个新的数据价值释放机制，通过它改善数据开放共享的动力来源，考虑利用数据服务的商品属性，探索数据开放的商业化途径，为数据开放提供可持续的资金支持，确保长期的运营和发展。此外，可以通过授权专业团队或机构进行数据的运营管理，充分利用其专业的技术能力和丰富的实践经验，提升公众参与感、体验感以及使用效率，增强数据开放能力，激发公众参与数据应用的积极性，提高数据的利用价值，最终实现数据价值的最大化利用和社会价值的全面提升。

第 6 章
时代背景：数据要素化的理论与实践

本章从公共数据开放共享的实践成效出发，介绍了公共数据授权运营作为数据开放的递进所具有的独特内涵、理论基础、实践模式以及在实现价值共创上的优势。公共数据授权运营作为一种全新的公共数据开发、利用方式，回应了数据开放的实践困境，具有安全风险较低、产品质量较高、主体激励较为合理等特点，在实践中形成了八种具体的实践模式。尽管在多元主体权责划分、公共数据产品或服务定价、收益分配等方面，公共数据授权运营仍存在模糊与不足，但随着国家顶层设计的推动和地方实践经验的积累，公共数据授权运营依然有望成为公共数据价值共创的主要推动环节。

6.1 公共数据从开放到授权运营

公共数据授权运营是对公共数据开放实施困境的一种有效回应。面对数据隐私保护、数据质量管理和运营成本等挑战，授权运营模式通过引入专业机构进行数据管理和使用，确保数据安全性和质量，提高数据利用效率。公共数据授权运营与公共数据开放在方式和目的上有所区别，前者通过法律授权和合同约定进行管理，后者则主要是直接公开数据，但二者相辅相成，开放是基础，授权运营是深化和保障。通过授权运营，公共数据在安全可控的前提下，实现最大化的社会和经济效益。

6.1.1 公共数据授权运营——对公共数据开放实施困境的回应

当前,数字中国建设的浪潮汹涌澎湃,数字经济蓬勃发展,社会治理创新持续推进。在这一过程中,公共数据以其巨大的规模和独特的价值、作用,成了不可或缺的关键要素。据麦肯锡的估算,我国公共数据开放蕴含高达 10 万亿至 15 万亿元的潜在价值,相当于 2020 年全国财政收入的 55%~82%[8]。充分发挥公共数据价值,对于缩小数字差距、推动社会共同富裕以及加速实现中国式现代化具有至关重要的价值和作用。近年来,我国高度重视公共数据利用,以政务数据为核心,开展了大量实践。截至 2022 年 10 月,全国范围内已成功上线 208 个地方数据开放门户,这一数据足以表明我国地方政府在推进数据开放方面所付出的努力和取得的显著成果[88]。然而,尽管这一数字令人振奋,但从整体社会感知的角度来看,数据开放工作仍面临着诸多挑战。由于公共数据开放导致安全管理的边界扩大,面临安全风险;持有者缺乏动力,激励不足;相关部门难以兼顾效率和质量等原因,政府部门趋于保守,公共数据供给质量不高、数量不足问题阻碍着数据要素价值释放。

当前,我国公共数据开放经过多年发展虽初显成效但不及预期,存在质量不佳、供需不匹配等问题。针对数据开放的不足,公共数据授权运营作为一种创新性的公共数据社会化、市场化利用方式被提出,或将突破现有瓶颈,成为公共数据开发利用的助推剂,有望在一定程度上破除数据开放实施过程的阻碍,重新激活数据开放。一方面,公共数据授权运营中数据使用主体无法直接接触原始数据。通过隐私计算、区块链、数据沙箱等技术手段对数据进行处理,实现"原始数据不出域,数据可用不可见",有效降低了隐私泄露等数据安全风险;另一方面,通过收益分配制度的搭建,市场经济的激励将有效提升有关部门公共数据管理流程中的效率和质量,促进数据要素市场发展。此外,通过引入市场化力量,第三方主体专业的技术化能力有助于开发、运维数据产品或服务并充分挖掘、收集、推广真正满足市场端需要的数据产品或服务。

6.1.2 公共数据授权运营与公共数据开放

目前，公共数据授权运营尚无立法层面的定义。2020年3月，《中华人民共和国国民经济和社会发展第十四个五年规划和2035年远景目标纲要》("十四五"规划)首次提出了授权运营这一名词。在此之前，我国各省市一直把公共数据开放作为主要探索的数据开发利用方式。在当前学术文献及政策的讨论中，对公共数据授权运营与公共数据开放的逻辑从属关系有两种观点：并列互补论和包含隶属论。并列互补论认为公共数据授权运营相对于公共数据开放而言，是一种补充机制，公共数据授权运营、数据开放和数据共享构成了数据流通的三种核心路径[88]，例如在上海市的数据条例中，无论是从体例还是具体内容来讲，都将公共数据授权作为一个独立的与数据开放并列的设计。包含隶属论则提出，公共数据授权运营是数据开放的一种新形式，隶属于公共数据开放制度[89]。例如，在浙江省的公共数据条例中，公共数据授权运营的内容是被放在公共数据开放及利用之下规定的。本书认为，公共数据授权运营作为释放公共数据价值的一种新形式，与公共数据开放同样是激发公共数据价值的重要方式[90]，数据开放是授权运营的基础，授权运营是数据开放的递进。

作为政府与社会共同利用公共数据的两种制度安排，公共数据开放和公共数据授权运营具有一定程度的相似性。第一，具有相似的数据流通对象，均属于一种政府与社会的信息互动过程。第二，具有相似的核心目标，都以推动公共数据的开发利用，以释放其潜在价值，服务于数据要素市场的培育为核心目标[91]，均不以盈利为根本目的。第三，具有相似的开展前提，即均以公共信息和个人信息安全为根本前提。

面对公共数据授权运营这一崭新课题，在国家立法尚不完善的现实背景下，公共数据授权运营与公共数据开放作为政府与社会共同利用公共数据的两种制度安排[92]，只有厘清二者的区别，才能明确二者的定位，破除因概念模糊不清而造成的诸多困境，为公共数据开发利用与价值利用提供更加清晰的方向。

本书认为，公共数据授权运营与公共数据开放的区别可以总结为表6-1。

表6-1 公共数据授权运营与公共数据开放的区别

比较项目		公共数据授权运营	公共数据开放
区别	参与主体	具有数据开发资质和能力的第三方主体	社会上各数据利用主体（包括自然人、法人和其他组织）
	安全风险	原始数据不可见，风险较低	用户可直接下载原始数据，风险较高
	产品质量	引入市场化力量，数据产品质量较高，更高程度满足用户需求	开放数据质量和价值较低，与市场需求符合程度较低
	收费方式	对公共数据进行增值开发和合理收费	主要以免费形式

第一，参与主体不同。公共数据开放是由政府向社会上各数据利用主体（包括自然人、法人和其他组织）提供数据，而公共数据授权运营则由具有数据开发资质和能力的第三方主体间接向社会提供数据产品或服务。

第二，安全风险不同。公共数据开放所提供的数据是原始的、可机器读取的数据集，具有一定的隐私泄露、关联数据融合等风险[91]。针对授权运营的公共数据，"数据二十条"明确规定在保护个人隐私和公共安全的前提下，实现"原始数据不出域、数据可用不可见"[93]，严格管控，避免未依法依规公开的原始公共数据直接进入市场。用户可获得的是第三方主体对原始数据进行处理加工后产生的数据产品或数据服务[94]，不直接接触原始数据，这样更有利于通过多方安全计算等方式实现数据"可用不可见"，降低安全风险。

第三，产品质量不同。考虑到数据开放风险，政府往往开放态度较为保守[95]，存在开放数据质量和价值较低，开放数据类型与规模较小等问题，甚至出现了"政府公开的数据实用性不高，而社会所需的数据政府却不敢公开"的悖论[91]。而公共数据授权运营这样一种间接开放的模式降低了安全风险，其引入市场化力量的做法不仅带来了技术能力，同时也使得数据产品或数据服务是满足市场供需的。市场化供给不仅提高了产品的质量，也更高程度满足了用户的需求。

第四，收费方式不同。现阶段公共数据开放主要以免费的形式进入市场，但也存在有条件开放机制，允许政府向市场主体有偿提供公共数据。而公共数据授权运营机制允许对公共数据进行增值开发和合理收费，"数据二十条"提出"探索建立公共数据资源开放收益合理分享机制""推动用于数字化发展的公共数据按政府指导定价有偿使用"[93]。这不仅为数据源部门、数据统筹推进部门以及社会主体等提供动力与激励，也进一步确立了数据作为生产要素的地位，实现了公共数据价值的充分挖掘与释放。

6.1.3 公共数据授权运营内涵

作为一种全新的公共数据开发、利用方式，尽管中央政策尚未对公共数据授权运营机制进行明确的规定，但随着各类文件的逐步聚焦和细化，对公共数据授权运营进行定义的行业共识正在形成，其核心举措是政府、数据主管部门或数源单位作为授权单位依法依规按程序授权符合条件的运营单位在协议约定的范围内加工处理公共数据形成产品或提供服务。

在数字化转型的浪潮中，公共数据授权运营展现出区别于公共数据开放的独特点，如表6-2所示。

表6-2 公共数据授权运营与公共数据开放的对比

公共数据授权运营的有效回应	公共数据开放的实施困境
收益分配后的经济反哺对数据供给端产生激励	公共机构开放意愿不足
第三方主体调研后的开发利用满足多元化需求	开放数据利用价值较低，难以满足市场需求
产权结构性分置下授予第三方数据加工使用权和数据产品经营权	公共数据存在产权界定障碍，影响数据开放范围与程度
引入专业化、技术化第三方市场力量	公共机构缺乏应对数字风险的专业能力

第一，有效实现数据供给端激励。当前在各地公共数据开放利用工作中，由于数据供给端存在开放意愿不足等问题，数据开放的数量和质量都存在一定程度的不足，也致使高价值数据集无法开放或者难以被利用。缺失经济激励在一定程度上抑制公共机构对公共数据的开放[92]。公共数据授权运营是为在保障数据安全基础上充分开发利用公共数据而创设的机制，旨在更好地释放公共数据价值[89]。公共数据授权运营会产生大量的直接经济收益，从当前各地实践来看，公共数据运营活动所获取的收益在一定程度上反哺提供公共数据的数源机构，激励公共机构提供更多高质量、高价值数据，在一定程度上有效解决了数据要素供给不足的问题。

第二，满足市场主体多元化需求。公共数据授权运营，作为现代社会信息化发展的重要一环，其核心目的在于通过一系列加工处理，使公共数据得以增值，进而为社会各主体提供更具高价值的信息服务。公共数据授权运营引入了专业化的第三方运营主体，被授权运营主体对公共数据进行开发利用，形成满足市场主体需求的数据产品和服务。公共数据授权运营为公共数据资源供给和应用场景之间提供良好的供需对接渠道，充分释放公共数据价值，实现了公共数据资源的有效配置。

第三，实现产权结构性分置。面对当下公共数据要素产权归属的争论，公共数据授权运营简化了数据权属问题，实现了数据的所有权、持有权、使用权和经营权分离[96-98]，第三方仅拥有公共数据加工使用权和产品经营权，最大化释放公共数据潜在价值。然而公共数据范围划定的困难会对产权运行机制的实施带来压力，公共数据所有权依然是产权运行机制实施中绕不开的问题，与其相关的公共数据范围划分、分类分级等难题依然有待合理解决。

第四，引入专业化、技术化市场力量。公共数据开放要求公共机构具备较强的数据安全处理能力，但公共机构自身通常缺乏数字技术能力以应对层出不穷的数据安全风险[99]。公共数据出于安全考虑往往不适宜向社会直接提供，而公共数据授权运营的原始数据不可见属性为具有较高经济社会价值的公共数据的利用提供了新的方案。经过审慎的评估和选择,授权安全可信的市场主体,经过第三方主体高效、合规的运营,公共数据将快速进入数据要素市场,推动市场规模的扩大。

6.2 公共数据授权运营理论基础

公共数据授权运营的理论基础建立在多元主体的协同合作、严谨的运营程序以及合理的定价与收益分配机制之上。在授权运营模式中,政府、企业、研究机构等多元主体共同参与,各自发挥优势,实现数据的高效利用。同时,定价与收益分配机制的建立,基于市场需求和数据价值,确保各方利益平衡,激励更多主体参与数据共享与创新。

6.2.1 公共数据授权运营中的多元主体

从国内实践来看,公共数据授权运营主要涉及以下主体,如图 6-1 所示。

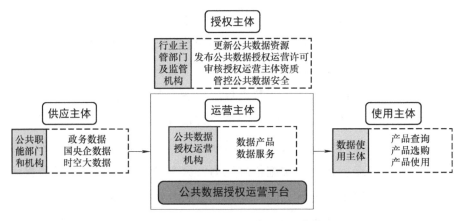

图 6-1 公共数据授权运营平台运营流程

一是供应主体,主要为公共职能部门和机构。公共数据是公权力机构在依法履职过程中,为满足社会公共事业管理或其他需求,依据相关法律法规,通过法定程序向特定主体收集的数据。公共职能部门、相关事业单位等数据来源机构作为公共数据提供单位，依照授权运营合同约定向公共数据主管部门提供公共数据资源，并为所提供公共数据质量及数据安全负责。

二是授权主体，主要为行业主管部门及监管机构。随着国家数据局成立，公共数据管理责任将逐步归属于地方大数据主管部门。行业主管部门及监管机构在公共数据授权运营过程中有着一系列的工作职责，主要为实时维护更新公共数据资源、发布公共数据授权运营许可、提供公共数据授权运营基本服务、做好公共数据授权运营主体的资质审核、公共数据安全管控等。

三是运营主体，主要为公共数据授权运营机构。经过严格审核并获得授权的安全可信的第三方企业，将被赋予从政府获取原始数据的权利，通过加工处理，将其转化为有价值的数据产品或数据服务，进一步推动数据的商业化和市场化。被授权的第三方主体往往承担公共数据运营服务平台的建设、运维、日常管理，与数据利用主体的需求沟通、数据产品及服务的提供等工作。

四是使用主体，主要为市场消费者。使用者在获得数据产品或数据服务后，需遵循协议或合同约定的数据使用范畴，禁止外泄或非法使用，禁止将获取的数据有偿或者无偿转让给第三方。同时，使用者需承担维护公共数据安全的义务，自觉配合政府部门及公共数据提供者对其公共数据利用行为的监督管理工作。

6.2.2 公共数据授权运营程序

公共数据授权运营的程序设计是当下中国在公共数据议题下的重点问题之一。

从授权主体来看，综合各地各行业的实践，公共数据授权方多为中央层面的垂直监管部门，授权主体相对比较明确。但对于地方具体实践而言，各地对于公共数据进行统筹管理的模式和进展各不相同，具体由哪一级政府、哪一个部门负责公共数据授权仍是疑问。一方面，部分地方政府已经建立了较为完善的公共数据管理体系，明确了授权主体和责任部门。例如，一些城市的数据管理局或大数据局，负责统筹管理城市范围内的公共数据，推动数据资源的共享和开放。另一方面，也有一些地方在公共数据授权方面仍处于摸索阶段，尚未形成明确的管理模式和责任体系。

从授权客体来看，运营主体拥有数据加工使用权和数据产品经营权。第三方运营主体在数据加工和经营时应当格外注意数据安全问题。一是对公共数据进行适当分类分级，确定相应的授权运营数据属性、授权条件以及监管措施。例如，广东省对公共数据进行安全性分级，针对不同安全等级类型实施不同的安全标准，编制数据目录，突出重点和优先发展的数据领域。也可将数据进行类型设定，如北京将数据分为领域类、区域类和综合基础类，便于归口管理、分类施策。二是进行信息隐藏。在信息安全领域，为确保个人信息安全，应将教育、卫生和金融等涉及高度个人信息的数据类别设置为高级别的风险管理。在授权运营之前，对这些公共数据进行脱敏、匿名化及加密处理。同时，需对授权范围和运营活动设置明确的限制，并坚守严格的"数据可用不可见"及"数据可算不可识"原则。任何法律法规明确禁止公开、涉及个人信息安全及公共安全、无法实现匿名化及脱敏处理或未达到安全处理标准的公共数据，均不得进入授权运营范畴。最为重要的是不得向第三方提供原始数据，也不可以进行原始数据交易，以确保数据的安全与合规性。

从运营主体来看，要加强合规监控，既要严格审查运营主体资格，又要适当激活主体积极性，保证主体多元化，防止主体垄断。只有经过资质、信誉、经营能力等多方面的全面评估和严格筛选，确保运营主体具备合法、合规的资质和能力，才能进入市场参与竞争。同时，还需要建立一套完善的监管机制，对运营主体的日常运营活动进行实时监控，确保其始终遵守相关法律法规和市场规则。另外，合理限制授权运营机构数量。过于限制极易造成垄断，而完全放开又会导致效率降低，应当把握平衡点，设立准入准出门槛，构建一个公平、公正、健康的市场环境。

从授权程序来看，公共数据授权运营申请应根据其实际应用场景进行，数据主管部门应明确规定申请所需的资质和条件，在满足条件的主体经过申请后，经过审查才能获得最终运营资格。授权运营协议是该流程的重要法律保障。授权运营协议的内容至少应当包含授权期限、授权内容、责任义务、收益分配等要求。其中"授权期限"部分还需要约定授权到期后的退出机制，"责任义务"部分则需要尽可能明确授权主体与运营主体之间的行为边界。

6.2.3 公共数据授权运营定价与收益分配机制

公共数据授权运营是涉及多元主体的一个价值共创过程，通过定价和收益分配的结果充分激励各类投入贡献主体，是确保这一价值共创生态的持续良性运转，实现互惠共赢的关键所在。

1. 定价机制

公共数据的应用具有一定的场景依赖性，在不同的使用场景下，公共数据定价往往面临着较大的分歧。某些公共数据对特定行业和特定地区的价值高于其应用于公共治理中的直接效用，如果仅从公共数据开发利用的公益性出发，使用较为狭窄的公益性用途式定价，市场的活跃性和运营者的积极性都将受到一定程度的限制[97]。

因此，公共数据产品或服务需要在政府指导的范围内合理进行市场化的价格波动。合理的定价也将避免数据的过度使用和滥用，确保数据资源的可持续利用。然而需要承认的是，数据产品能创造的价值是后验的，与使用数据的场景、方法均有较大关联，具有比较大的不可预知性。因此，基于成本的、前置性的参考定价很难完全反映数据产品的价值。但是可以肯定的是，如果不对公共数据产品或服务的定价加以引导和规范，完全放任市场自由定价，难免会引发冒进，存在资源垄断以及公共利益受损的风险。在实践层面，我国各地数据交易所已经开展了一系列对公共数据产品价格形成机制的探索。例如，贵州数据交易所提出基于不同发展阶段的迭代适应和落地场景的交叉验证，对气象数据产品和电力数据产品的定价机制设计。

同时，为确保公共数据的公益属性与其价格相符，政府也应当设立对价格的监督监管机制。政府作为公共利益的代表，肩负着指导公共数据收益走向合理化的重任，有责任和义务对公共数据的收益进行合理指导。公共数据不仅具有显著的公共资产属性，同时也承载着为社会服务的重大责任。为了确保公共数据的可持续发展，在运营公共数据的过程中，需要精心权衡经济效益与社会效益之间的微妙平衡，采用有偿的方式来回收数据运营成本，以支撑数据的收集、存储、分析和利用等环节。然而，在追求公共数据运营收益的同时，更不能忽视其服务社会的效果。公共数据作为一种公共资源，其根本目的是为社会公众提供便利，推动社会进步。因此，在运营公共数据时应更加注重公共数据的公益性功能。

目前多数学者建议通过成本加成法结合政府指导的模式进行公共数据授权运营定价。公共数据授权运营建立在资源应用场景下的数据增值服务上，政府在应用场景中实施指导性定价措施，并在此基础上允许一定范围内的价格浮动，以适应公共数据开发利用的场景依赖性。

2. 收益分配

政府和运营机构是有权直接参与收益分配的主体。政府获得收益可以反哺公共利益、运营机构获得收益可以覆盖商业化运营成本[100]。为了给予数源机构足够的激励，提供原始数据的各委办局、汇聚数据资源并实施授权运营管理的数据主管单位、参与并完成数据加工使用和产品经营的运营主体以及审查运营主体资质的相关监管机构均具备获取收益的权利。各地在实践过程中往往按照"数据二十条"提出的数据要素收益分配原则，即"谁投入、谁贡献、谁受益"，推动数据要素收益在供应主体、授权主体和运营主体之间合理分配[101]。

对供给侧来讲，必须让公共部门以及相关的工作人员，可以从授权运营活动中获得直接收益。这些收益可以是经济收益、服务反哺、政治认可、社会荣誉等多种形式。只有让供给者能够从数据供给中获益，才能真正实现可持续的、保质保量的数据供给。同时也要立足数据领域"未知大于已知"的客观实际，进行免责、容错的机制设计，充分鼓励数据供给。

对运营机构来讲，应采用经济性收益和非经济性收益相结合的方式调动其积极性。一方面要保证其适度的盈利空间，既要避免垄断和暴利，又要让其能够有稳定的持续收益；另一方面也要考虑到大部分运营机构的国有属性，在政治认可、社会荣誉等方面给予充分的肯定。

对经营主体来讲，要有明确的制度规则和限定边界，让其能够放心大胆地在合法合规的范围内从事公共数据产品和服务的开发经营活动。要充分尊重市场规则，让经营主体能够通过多种渠道获得经济利益，从而吸引大量经营主体参与到公共数据的开发利用中来。

具体的分配方式，在当前实践中大多为"一事一议"，即按约定的某一比例在各参与主体间进行收益分配。在公共数据价值链中，数据提供主体作为整个价值链条的初始端，承载着海量的数据资源，为后续的数据开发利用奠定了坚实的基础。然而，由于数据提供主体通常远离公共数据开发利用相关的具体经济活动，在收益分配方面往往面临诸多挑战[102]。但是在公共数据的加工增值过程中，数据提供主体作为数据的源头，发挥着极其重要的作用，须建立有效的回馈补贴机制，合理补偿数据提供主体的贡献。例如，成都市运营单位与政府之间的收益分配，公共数据的运营收益作为国有资本的一部分，将以上缴国家的形式纳入地方政府的财政体系[97]。政府的相关回馈政策将极大地激发公民参与公共数据授权和供给的积极性，推动数据资源的合理利用。在确保数据合法授权运营的前提下，数据要素将与土地、劳动力、资本等要素融合，推动创新主体加速融合，以及显著提升创新效能，产生显著的乘数效应。在实践中可以为数据主体制定专门的优惠政策，根据其在公共数据产品及服务中的数据贡献比例，提供相应的折扣和资金奖励，以体现对其贡献的认可。

短时间内，全国通用的普适性的分配方法很难确定。然而只要遵循"肯定数据资源的基础贡献、鼓励数据加工和运营的劳动价值"的指引，可先允许市场进行自主探索，并结合实践经验的检验与修正，在此基础上，逐步引导并规范市场行为，强化监督。项目运营方应在数据产品需求方与数据资源持有方之间搭建起议价机制和撮合交易机制。在数据交易市场中，服务量的权衡是定价机制的核心。鉴于当前数据流通市场活跃度不高，尚不具备按照数据使用量付费的条件，因此，可权衡信息服务量，采用按年计费或一揽子交易定价等方式向数据资源持有方进行付费。等市场具备了一定的活跃度，则可参考同行的定价标准，采用市场可比价格进行交易定价。这不仅可以确保价格的公平性和透明性，还有助于形成健康的市场竞争环境。同时，项目运营方还需要紧密结合数据需求方的产品设计要求、体量要求等因素，引入价格协商机制。这种机制可以让双方在平等、自愿的基础上，通过谈判和协商达成互利合作的共识。这不仅可以提高交易的效率和成功率，还有助于建立良好的合作关系，为未来的合作奠定坚实的基础。

总之，构建一个合理、公平的数据交易定价机制是推动数据交易市场健康发展的重要保障。通过权衡信息服务量、引入价格协商机制以及参考市场可比价格等方式，我们可以确保数据交易的公平性和透明度，促进双方的互利合作，为数据资源的有效利用和社会进步贡献力量。同时，我们也需要不断关注市场的变化和发展趋势，不断完善和优化定价机制，以适应未来数据交易市场的需求和挑战。显然，公共数据的价值分配涉及多元主体的协同开发利用，其托管定价和收益分配是很复杂的经济学问题，依然有待在实践探索中不断优化和完善。

6.3 公共数据授权运营的内核：推动价值共创

授权运营通过将公共数据授予特定的运营机构进行加工处理，在保障安全可控的前提下，向市场提供数据资源、产品和服务，是推动公共数据资源开发利用的重要方式。相较于共享、开放等传统公共数据供给方式，公共数据授权运营进一步释放了公共数据价值，推动公共数据价值共创。

6.3.1 价值共创内涵

价值共创理念起源于市场营销领域的研究。2004 年，Prahalad 和 Ramaswamy 基于消费者体验逻辑、Vargo 和 Lusch 基于服务主导逻辑[103, 104]，都提出了价值共创理论。尽管这两种理论在价值共创的具体表述上有所不同，但它们的核心观点都是强调价值的创造是所有主体共同整合资源的结果，企业与利益的多方主体通过合作，整合资源并进行加工增值，以实现价值创造[105]，并共享价值共创的利益。服务逻辑和服务主导逻辑研究不同范围的价值共创问题，两者相互补充[106]。价值共创理论强调企业必须从传统的"以企业为中心"的单边范式转变为"企业与消费者合作"的互动范式[107]，对服务经济、营销管理等领域产生了广泛的影响。

随着在商业领域价值共创的蓬勃发展，公共服务领域也逐渐引入了这一概念的应用。价值共创作为拓展数字化公共服务的核心理念及实施手段被落实到实践中。有学者指出[106]，价值共创成为公共服务合作生产的新趋势，它强调公共服务系统的完整性，特别是公共价值的多元化特性。实现公共服务价值共创，必须明确公共价值创造的服务目标，推动"去中心化"的多元主体参与，并严格遵循服务管理的公共服务生产逻辑。

我国是世界上数据种类最为多样、数量最为庞大的国家之一，政府部门、公共服务部门、中小企业和社会组织等都积累了丰富的数据资源。在当前公共数据资源呈现出战略化、资产化和社会化特征的背景下，依靠政府单一主体难以充分发挥数据的真正价值。政府需要从被动的数据发布者转变为主动的合作者，积极与市场第三方力量建立良好的公私合作伙伴关系，形成分工有序、合作共赢的多方参与模式[108]。

6.3.2 公共数据视域下的价值共创

公共数据价值共创不同于依靠政府单一主体的数据供需关系,是一种新型的数据开发利用模式,它强调数据的提供者和使用者之间的互动、合作和创新,通过共同开发利用公共数据来创造更多的价值。

但从目前来看,公共数据开放在价值共创中尚且存在一些不足。

从我国的公共数据开放相关政策来看,政府部门作为公共数据的提供者,工作重心放在公共数据的开放工作上,确保公众能够便捷地获取并利用开放数据。但当前在开放数据开发利用中,缺乏政府部门与社会的互动和反馈机制设计,对社会力量的激励措施也缺乏明确阐述。尽管多项政策强调政府需支持并鼓励社会各界参与公共数据的开放与利用,但具体的支持措施、合作方式、参与的利益相关者及其角色等方面的细节仍不明确。这表明在我国公共数据开放的实践中,政府的角色过于单一,而其他利益相关者的角色定位则显得较为模糊。

近年来,我国公共开放数据平台在推动政府数据共享与利用方面取得了显著进展,为公民、企业和社会各界提供了丰富的数据资源。然而,尽管这些平台提供了诸如社群分享等增强公众互动的功能和社区,但从实际参与人数以及分享交流的质量来看,情况并不尽如人意。首先,从发帖数这一关键指标来看,我国公共开放数据平台的用户活跃度普遍偏低。虽然平台上不乏政府机构发布的政策解读、数据工具或操作指南,但真正参与讨论、分享经验的用户数量却相对有限。这种现象表明,尽管平台为公众参与提供了渠道,但大多数用户可能由于各种原因并未充分利用这些资源。其次,在数据开发利用的经验、实际案例、专业知识等分享与交流方面,我国公共开放数据平台同样存在显著的不足。这主要体现在两个方面:一是缺乏高质量的内容分享,二是互动程度不够深入。在平台上,往往只能看到政府机构发布的官方信息,而缺乏来自用户群体的实践经验、技术探讨和创新想法。同时,即使有用户尝试提出技术问题或分享经验,相关的评论和回复也往往寥寥无几,难以形成有效的讨论氛围。造成这种现状的原因可能有很多。一方面,部分公众可能对数据开放和利用的价值认识不足,缺乏参与的动力和意愿;另一方面,政府在推动公共数据开放以及激发公众参与互动方面的持续性和积极性仍有待加强。此外,平台本身的功能设计、用户体验以及宣传推广等方面也可能存在一定的不足,影响了用户的参与度和满意度。

作为破除数据开放阻碍的一种新制度,公共数据授权运营在释放公共数据价值、激活价值共创上更进一步。公共数据授权运营作为激活全社会数据要素市场的关键抓手,引入市场第三方力量,利用市场化自驱力将原始公共数据主动转化为产品或服务向社会主动供给,平衡了安全与风险。公共数据授权运营价值共创,通过多方参与、共同创造,实现了公共数据的价值增值和多样化开发利用。

从参与主体来看,公共数据授权运营明确了数据供应主体、授权主体、运营主体和使用主体,而不仅仅将政府部门作为单一公共数据的提供者。多方主体在公共数据流通中发挥着不同作用,通过达成价值共识、权衡成本收益以及评估共创能力,共同推动公共数据的合理利用和价值最大化。数据供应主体依照授权运营合同约定向公共数据主管部门提供公共数据资源,并为所提供公共数据质量及数据安全负责。授权主体负责公共数据场景与数据授权,数据授权运营全流程合规监管,以及做好公共数据授权运营主体的资质审核等。运营主体负责数据供需对接等业务拓展工作,以及挖掘、收集和承接数据需求方的场景和数据需求,开发场景化的数据产品。数据使用主体也可以向运营主体或授权主体及时反馈产品的使用情况,甚至可以在需求强烈的情况下促使运营主体开发相应场景的产品。基于共享的数据分析和应用能够帮助政府和企业更好地了解社会需求,优化资源配置,提供更加精准和个性化的服务。通过多方参与和协同创新,共同创造公共数据的价值,满足各个利益相关者的需求。不同利益相关者之间的合作与协作可以带来新的见解和创新,推动数据的多方共赢应用,创造更大的社会价值。

从运营机制来看，公共数据授权运营能够促进公共数据资源的合理配置和优化利用，提高公共服务的效率和质量。从现有实践可以看出，公共数据授权运营产品的定价与应用场景有很强的相关性，这在一定程度上要求运营主体深入市场调查，了解数据需求方的痛点，开发适用于强烈需求场景的数据产品，也激励了数据需求方积极表达自己的需求。政府通过授权运营公共数据将价值链导向外部利益相关者，鼓励他们积极参与公共数据的开发利用，共同创造公共数据的价值。不仅能够减少公共部门的开支，还能增加利益相关者的满意度，实现双赢的局面[105]。在收益分配上，数据提供主体作为公共数据价值链上的初始端也可以获得一定的收益分配与激励，公共数据运营活动所获取的收益也会有一部分反哺数源单位。公共数据授权运营实现了国家、社会和市场主体的多方共赢，也进一步实现了公共数据增值，形成了开放、互通、协同的价值共创生态。

6.4 公共数据授权运营模式

部分先行先试地区和行业领域已在公共数据授权运营实践中初步形成一些有关授权运营模式的创新举措，公共数据授权运营生态日益繁荣。对各地方、行业各具特色的公共数据运营模式进行分析总结，有助于提升当前公共数据授权运营的实践水平。

6.4.1 三大维度介绍

公共数据授权运营全过程涉及数据提供方、汇集方、监督方、授权方、被授权运营方和使用方等角色[109]，基于数据供应链的思想以及上述各方在公共数据授权运营全链条中的主体地位，本书基于"授权主体——谁来负责授权""授权方式——何种形式授权"以及"运营主体——数据授权给谁"三大维度对各地公共数据授权运营模式进行分类总结探讨。

1. 授权主体：统一还是分散？

授权主体是指整合归集来自政府部门或公共服务机构的公共数据，并将数据加工使用权和数据产品经营权授予安全可信第三方的政府数据主管部门。

其中，统一授权是指仅由一个唯一授权方对被授权方予以授权，无论是由政府直接授权（例如温州）还是代表机构授权（例如杭州）都是统一授权。公共数据被统一集成式地归集于数据主管部门，有助于简化运营主体的申请程序，提升授权效率，也便于地方政府对数据运营服务在源头上监管[98]。在公共数据授权运营过程中，优化数据汇聚效果的核心在于妥善协调各业务部门与数据主管部门之间的关系，然而当前在权责界定和利益分配等关键问题上，尚未形成一套全面且有效的管理策略。

分散授权是指仍由最初生成数据的持有方负责管理和授权公共数据，尚未实现数据集中统一管理。分散授权有助于激发各数源部门授权经营的积极性，由数据提供单位去合理授权，暂时规避了统一授权带来的权属是否统一归属于本级政府的问题，也为后续根据实际落地的权属配置新政策留出了切换的空间。然而，尽管分散授权在某种程度上具有灵活性，但它同样可能导致公共数据授权运营程序变得过于烦琐。不同的数据拥有者或管理部门拥有自己的授权规则和流程，这使得整个授权过程变得复杂而冗长。从申请授权到最终获得授权，可能需要经历多个环节和审批步骤，增加了授权的时间成本，降低了授权效率。

此外，分散授权还可能因各部门各自为政而引发新的问题。由于各部门在数据管理和授权方面缺乏统一的规范和标准，可能导致数据壁垒的产生。这些壁垒不仅阻碍了数据的流通和共享，也限制了数据价值的充分发挥。例如，某些部门可能出于保护自身利益或隐私的考虑，对数据的共享和使用设置过多的限制，导致其他部门无法获得所需的数据支持。一旦行业大数据缺乏统筹就可能滋生新的条块分割问题。不同场景的数据整合共享程度低，其多样性、融合性无法支撑真正的数据智能。

2. 授权方式：直接还是间接？

授权方式是指授权方对外授权开展公共数据开发利用时所采用的方式，包括直接和间接两种。直接式是指由授权方直接授予第三方运营主体开发利用公共数据的权利。其优势在于数据便于管理，权责关系明确。间接式是指授权方将公共数据的加工使用权和产品经营权授予第三方主体，并允许这些第三方将其开发的数据产品或服务提供给其他社会主体。第三方主体使数据开发利用的专业性上升，但也带来了公共数据增值加工的安全性问题。

3. 运营主体：单一主体还是多主体？

获得数据管理机构授权的第三方主体可以是单一的也可以是多个。单一主体是指授权机构统一集中授权单一主体承担公共数据基础设施建设工作，包括数据承载设施、数据治理开发平台、数据授权运营管理平台等，负责统筹数据开发产业生态、拓展数据应用价值场景。这种统一授权的方式精简了授权环节和审批流程，数据供需集中，便于实现监管。但如果全流程均由单一主体独家运营，可能存在一定程度的垄断风险，限制了社会主体广泛参与公共数据开发利用的通道，不利于行业竞争和生态繁荣。

多主体是指授权机构授权多个行业专业领域主体开展公共数据授权运营工作，由行业主体发挥行业优势，行使本行业领域内公共数据加工使用权利和数据经营权。公共数据管理部门、各行业管理部门作为监管方，对被授权运营主体开发运营全过程进行监管。在多主体授权模式下，行业主体通过获得授权，能够充分发挥其在行业内的专业知识和经验，对公共数据进行深度加工和分析，进而开发出更具针对性和实用性的数据产品和服务。这种模式的优势在于能够充分利用市场竞争机制，推动行业主体之间的竞争与合作，进而提升公共数据的使用效率和质量。然而，多主体授权模式也面临着一些挑战和问题。由于授权对象涉及多个行业主体，需要建立有效的协调机制，确保各主体之间的合作与协同。同时，还需要制定详细的监管措施，对被授权运营主体的开发运营全过程进行严密监管，确保公共数据的安全和合规使用。此外，多主体授权模式还可能造成公共数据授权运营程序的烦琐化，降低授权效率。协调多个行业主体和监管部门可能会导致授权流程的复杂化和冗长化。这不仅会增加运营成本和时间成本，还可能影响公共数据授权运营的及时性和有效性。

6.4.2 公共数据授权运营模式

结合"授权主体——谁来负责授权""授权方式——何种形式授权"以及"运营主体——数据授权给谁"三个维度，综合考察各地区、各行业公共数据授权运营实践，本节提出公共数据授权运营的六种模式。

1. 统一直接授权型

该授权运营模式由一个数据主管部门归集管理来自政府部门或公共服务机构的公共数据，并直接授予本领域个体或企业等社会主体开发利用，如图 6-2 所示。但目前，在我国各地的公共数据授权运营实践中，尚未出现此类模式的明确案例，这可能与公共数据主管部门在财政支持、技术能力和专业人才等与授权运营直接相关的资源方面的不足有关。

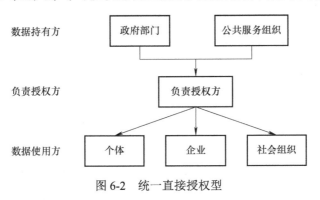

图 6-2 统一直接授权型

2. 分散直接授权型

该授权运营模式的核心特性在于业务主管部门和组织等数据持有方负责管理和授权其产生的公共数据，有权直接将公共数据加工使用权和数据产品经营权直接授权给社会主体进行开发利用，如图 6-3 所示。这一模式的设计使得数据的所有权和使用权得以明确划分，数据的开发利用更加规范、有序[110]。在这种模式下，数据持有方不仅需要负责数据的收集、整理、存储和更新，还需要对数据的授权使用进行严格的审核和管理。而被授权运营的数据主要服务于特定业务，通过针对特定业务的数据授权，能够使得数据的开发利用更加精准、高效。此外，该授权运营模式还具有数据便于管理、权责关系明确的显著优势。各方在数据的使用和管理上都有着明确的职责和权限，能够减少数据使用中的纠纷和冲突，还能够提高数据管理的效率和质量。

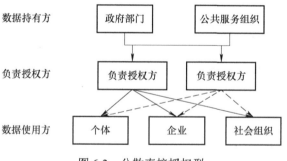

图 6-3　分散直接授权型

然而，该授权运营模式也存在一定的局限性。首先，由于数据主要服务于特定业务，因此难以实现跨业务和跨场景的数据整合与应用。这在一定程度上限制了数据的开发利用范围和价值。其次，数据安全性也存在潜在隐患。由于数据的授权和使用涉及多个主体，如果其中任何一个环节出现安全问题，都可能导致数据的泄露和滥用。

典型案例是山东省医疗领域公共数据的授权运营。2022 年 4 月 1 日，山东省开始实行《山东省公共数据开放办法》，明确利用合法获取的公共数据开发的数据产品和数据服务，可以按照规定进行交易，有关财产权益依法受保护[49]。《山东省公共数据开放办法》中将卫生健康列为重点和优先开放的公共数据。依托山东省全民健康信息平台和国家健康医疗大数据中心（北方）（以下简称"北方中心"）平台，山东省积极推进健康医疗大数据开发利用，在数据资源、开发利用、规制主体、数据安全等方面做了部署和应用。北方中心为数据管理主体（政府机构），授权北方健康医疗大数据科技有限公司（联仁健康牵头与山东省属国有企业、优质民营企业共同组建，以下简称"北方健康"）开展医疗健康公共数据运营。北方健康以北方中心为基础，基于北方中心运营授权和海量数据资源构建了"一湖三台"核心技术体系架构，实现了对医疗数据的全流程一体化服务，有效支撑了公共卫生精准医疗、互联网医院、医药研发等业务开展，为探索健康医疗服务新业态、新模式，促进健康医疗数据高效运用奠定了坚实基础。目前，北方健康已锻造形成亿级规模人口数据治理能力与经验，持续赋能"三医联动"和大健康产业高质量发展。

3. 统一间接单一主体授权型

该授权运营模式主要由数源机构统一归集该地区公共数据，以整体授权形式委托第三方数据运营机构，负责公共数据运营平台的建设和市场运营活动[111]。如图 6-4 所示，该模式在成都市、上海市、海南省、福建省以及贵州省的实践中都得到了较好的效果。

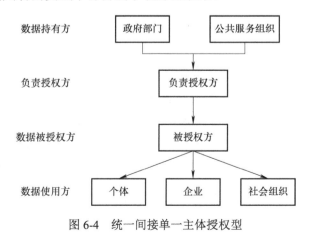

图 6-4 统一间接单一主体授权型

（1）"成都模式"——国资载体的市场化运营。成都率先组建国资载体开展公共数据授权运营，在全国范围内率先开展公共数据授权运营试点，搭建公共数据运营服务平台，接入成都市46家单位共计575类公共数据，开发了40余个"公共数据+X"场景应用。2018年10月，成都数据集团作为数据运营的国资载体，获得成都市政府政务数据的集中运营授权，可以将公共数据与社会数据融合加工成数据产品和服务，进行市场交易。2020年成都市政府授权成都数据集团搭建的公共数据运营服务平台上线。平台直接接入政务部门开放的公共数据并依据实际情况进行无条件开放和按需依申请开放应用。

成都市政府数据授权运营的核心是将政府数据视为国有资产，进行市场化的运营管理[112]。这样既避免了数据所有权精细确权的难题，也通过确保运营过程的完全公开透明，使政府部门准确把握所有数据的运营状况，大大提高了部门提供数据的积极性[113]。集中统一的政府数据授权运营模式也有利于地方政府从源头上对政府数据运营服务进行监管，一旦发现在平台运行、网络安全、服务定价等关键方面出现问题，地方政府能够迅速做出反应，有效控制潜在的损失和风险，确保问题及时得到解决，将影响限制在最小范围内。然而"成都模式"的统筹难度较大，其授权运营过程中涉及的数据资源汇聚管理、大数据交易中心建设、新型基础设施建设等工作分别分散于不同的部门，政府数据的授予和运营可能会面临协调困难、资源分散、推进力度不足等问题，难以形成合力。

（2）上海市——国有资本运营驱动模式。上海与成都类似，采用国有资本运营驱动模式，以"数据驱动模式"将区域内的全部数据整体打包，并授权给一个运营商进行统一管理和运营。2022年9月，上海市人民政府正式批复并成立了上海数据集团有限公司，专门承担上海市公共数据的授权运营。作为公共数据被授权运营主体，上海数据集团负责投资、建设、运营公共数据运营平台，该平台将作为上海市公共数据授权运营的统一平台。在开发利用规范方面，被授权运营主体规划的应用场景,需首先提交规划方案至市政府办公厅,通过评估和批准后,被授权运营主体才能实施数据开发利用活动。同时整个开发利用过程必须严格遵循国家及地方政府所制定的相关制度规范。除此之外,2019年上海在《上海市公共数据开放暂行办法》中首次提出对公共数据开放分级分类,将公共数据分为非开放数据、有条件开放数据和无条件开放数据三类[114]。在建设数智融合的高质量数据基础设施方面,上海率先提出创建国家级数据交易平台,将重点领域进一步拓展为"新网络、新算力、新数据、新设施、新终端"五个方面[115]。可以说在公共数据授权运营方面,上海始终走在全国前列。

(3) 海南省——数据产品超市。海南省作为国务院确定的全国八个公共数据资源开发利用试点省之一,以构建海南省数据产品超市为抓手,创新公共数据开发利用新模式。2021年9月,海南省出台《海南省公共数据产品开发利用暂行管理办法》,明确了"数据产品超市"平台的定位、作用及运营机制,并进一步配套出台《海南省数据产品超市管理实施细则》,针对开发利用商管理、供需匹配、流通交易、运营服务等环节进行规范。2021年12月,海南省大数据管理局联手中国电信海南分公司,采用"建设+运营+移交"(BOT)的创新合作模式,共同推进"海南省数据产品超市"市场化建设。这一举措通过整合"数据产品化"与"服务一体化"的先进理念以及采用"政府+市场"的授权运营模式,积极开展公共数据运营,引进社会企业参与开发数据产品与交易。海南省数据产品超市以授权运营的思路搭建集数据归集、管理、加工、交易为一体的公共数据平台,将各类型参与主体纳入平台,由应用主体对公共数据进行加工增值后以数据产品的形式开放给市场。海南数据产品超市交易的是经过加工处理的数据产品,而不直接涉及原始数据的交易,有效规避了原始数据权属的争议,聚焦数据开发过程的合规性和安全性,解决了目前公共数据资源开发利用破局难的问题。海南省通过创新的BOT(建设—运营—移交)的市场化模式,迅速搭建起全省统一的"数据产品超市"交易服务平台与公共数据产品开发利用平台。通过平台,将分级开放的公共数据资源和合规引入的社会数据资源结合起来，形成了一个全面、丰富的数据资源池。同时积极引进具备技术优势和研究实力的大数据企业与机构进驻，通过这一举措，海南省不仅大大提高了"数据产品超市"项目的建设效率，还有效地降低了项目建设的资金投入。"像逛超市一样方便快捷购买数据产品与数据服务"，海南省数据产品超市已经成为海南数字经济创新发展的重要加速器。

（4）福建省——一体化公共数据平台。在公共数据授权运营方面，福建采取了由一家国资大数据集团作为统筹主体，负责建设并运营全省的公共数据共享、开放和开发利用平台的创新模式。该模式将原本分散的公共数据资源进行了有效的整合，并基于福建省的"一体化公共数据平台"，包括汇聚共享平台、统一开放平台、开发服务平台和大数据交易所，实现了三类公共数据开发利用功能的融合[116]。

福建省大数据集团是公共数据的运营主体，直接对省数字办负责，是一家公益类国有企业，具备省属、国有全资控股的背景，承担着解决公共数据市场化运营问题的重任。作为公共数据资源一级开发主体，它不仅受政府完全管控，面向政府提供数据服务，满足政府决策和治理的需求，还能灵活应对市场需求，提供多样化的数据服务，同时确保域内公共数据的安全性和完整性，防止数据泄露和滥用。数据使用主体作为二级开发主体，在基于特定应用场景获取一级开发主体（福建省大数据集团）汇聚的数据资源时，需经大数据主管部门批准并遵循数据使用流程相关规定。目前，福建在公共数据授权运营方面已经取得了显著的进展，基于完善的制度安排和平台建设，围绕公共数据授权运营，已经实现了从数据汇聚、清洗、治理到授权、使用、监管的全流程贯通。然而更细致的管理体系与制度规范仍有待进一步健全。

（5）贵州省——区域一体化前提下的国有资本驱动运营。2023年6月，贵州出台《贵州省政务数据资源管理办法》，为企业等市场主体合法合规使用公共数据提供了具体途径。其中明确，授权运营形成的数据服务和产品可以通过贵阳大数据交易所进行交易。可以看出，贵州省的公共数据授权运营模式也是在区域一体化前提下进行的国有资本驱动运营。在平台运营方面，贵州省最早通过《贵州省大数据发展应用促进条例》明确授权全省公共数据由省自主搭建的关键基础设施云上贵州系统平台进行汇集、存储、共享、开放。平台由云上贵州建设运营，企业在向省内各级政府提供政务信息化建设的基础上，依托公共数据资源打造数据产品及服务体系，充分发挥省级总集成商优势，推动构建贵州大数据产业生态。云上贵州平台以政务数据汇聚、融通、应用为突破，形成有序运转的开发利用模式、开展一批公共数据资源开发利用试点，打造了一批公共数据开发利用典型应用案例，如贵州省劳动用工大数据综合服务平台、贵州省公共资源交易综合金融服务平台等。作为全国第一家以大数据命名的交易所，贵州省贵阳大数据交易所已取得了显著成果。该交易所已成功吸引了 451 家数据商入驻，并成功撮合了 157 笔大数据交易，累计交易金额高达 3.82 亿元。基于贵州数据交易机构的工作基础，贵州省计划在气象、电力、时空大数据等重点领域以行业领域交易专区的方式，依据细分应用场景打造更精细化的数据产品和服务。

4．统一间接多主体授权型

该授权运营模式由数据管理机构统一归集该地区公共数据，并授权多个行业专业领域主体开展公共数据授权运营工作，行业主体发挥行业优势，行使本行业领域内公共数据加工使用权利，公共数据管理部门、各行业管理部门作为监管方，对被授权运营主体开发运营全过程进行监管。如图6-5所示，然而参与主体的利己性和潜在的垄断倾向可能成为妨碍公共数据授权运营公益性的因素，目前，尽管各地在推进公共数据授权运营方面取得了一定的实践经验，但完全消除这种风险仍然困难重重，现有的监督机制也有待完善。

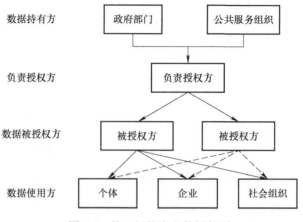

图 6-5　统一间接多主体授权型

该模式的典型实践是浙江省的场景牵引授权。在公共数据开放共享方面，浙江一直发挥着引领和示范作用，《浙江省公共数据条例》是全国首部在公共数据领域制定的地方性法规，浙江还发布了《浙江省公共数据授权运营管理办法（试行）》（以下简称为《办法》）。《办法》[117]对授权方式进行规定，由公共数据主管部门发布重点领域开展授权运营的通告，明确相应的条件。授权运营申请单位提出申请，并经过资料审查和有关部门评审后才能获得授权，签订运营协议。

在公共数据授权运营模式方面，浙江采取基于特定场景的多层次分散的授权模式。在授权运营制度设计中，根据特定场景实行针对性和专业化的分类授权，同时引入专业运营机构。《办法》[117]规定按照应用场景申请使用公共数据，且应用场景须有重大经济价值和社会价值。浙江省在公共数据授权运营方面，明确优先支持与民生密切相关、社会需求迫切、行业增值潜力显著以及具有重大产业战略意义的领域，通过挖掘公共数据运营的场景需求，开发形成数据产品并向社会提供服务，从而更好地满足公共利益和推动社会发展。在项目建设上，浙江省在全域内设立多个试点，通过试点先行的方式，探索公共数据授权运营的模式和机制。然而《办法》中并未对授权运营单位的资格选择做出具体规定，如何规范授权运营单位、保障数据安全底线，仍是需要我们解决的问题。

5. 分散间接单一主体授权型

该授权运营模式由公共数据最初的持有方负责管理和授权所产生的数据，并授予统一的第三方主体数据加工使用权和数据产品经营权，允许其向社会主体出售数据产品或数据服务。如图 6-6 所示，该授权运营模式需实现数据从单一分布向集成的转变，同时还要确保数据开发利用的专业性与安全性，这使得模式相对复杂。

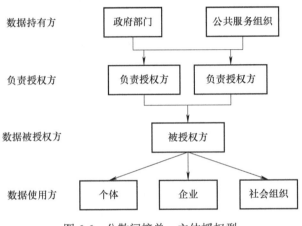

图 6-6　分散间接单一主体授权型

6. 分散间接多主体授权型

该授权运营模式由公共数据最初生成的政府部门负责归集，再授权多个市场第三方主体进行数据加工与运营。该模式的优势在于增强了对第三方主体授权过程中数据的安全性，但同时也面临数据碎片化的问题，限制了数据的整体性和综合性运用，如图 6-7 所示。

该模式的典型案例是北京市的实践。在公共数据授权运营模式方面，北京采取以场景为牵引的、分行业集中的数据专区模式。公共数据以行业专区的形式授予特定的企业运营，开发为数据服务和数据产品对社会开放，进一步丰富政府数据的对外供给模式，促进了数据驱动的创新和服务的多样化。北京市以公共数据资源为基础，在金融、医保等领域建设公共数据专区。2020年9月，北京金融控股集团有限公司获得北京市经济和信息化局的授权，运营金融公共数据专区，成为全国首例以场景为牵引的公共数据授权运营模式。北京市金融公共数据专区探索形成"政府监管+企业运营"的公共数据市场化应用模式，结合举办公共数据创新大赛等丰富多样的具体举措，给出授权托管、深入开发公共数据的新路径。医保专区方面，北京市大数据平台将北京市医保局汇聚的2878多万条在京参加医保人员信息进行治理，发布服务接口，通过专线实现与中国银保信对接。"让专业的人干专业的事"，北京市将特定行业领域的公共数据分离出来，交由该领域的专业公司运营，有利于推动行业数据的深度开发和利用，同时促进行业自治规范的形成。

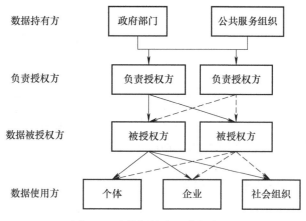

图6-7 分散间接多主体授权型

7. 其他模式

除了上述总结的六种模式及典型实践案例，广东省提出的数据资产凭证解决方案具有前瞻性和创新性，"以凭证承载资产、以凭证声明权益、以凭证治理数据、以凭证保障合规"，为公共数据资产的管理和应用提供了新的思路和模式。2021年10月16日，以电子凭证作为数据资产载体，广东将全国首张公共数据资产凭证发放给了佛山市和禧金属制品有限公司。该公司通过其用电数据作为申请贷款的条件，成功实现了数据资产的价值转化。农行广东省分行作为数据需求单位，在取得数据主体佛山市和禧金属制品有限公司的授权后，向数据提供单位广东电网公司申请获取用电数据。农行广东省分行根据企业用电数据对申请信贷的企业进行企业画像、信用额度审核、贷款利率核定以及贷后风控监管。基于广东首次在企业信贷场景中使用公共数据资产凭证的成功经验，可进一步推广应用至全省范围的企业和个人电力客户，为中小微企业解决贷款难、融资难等问题提供有效的解决方案。广东省设立公共数据资产凭证制度是数字经济战略中"资源—资产—资本"的一次积极尝试，也是公共数据资产向公共数据资本演变的金融创新。

在数字世界中，数据主体方的数据所有权被分散到各利益相关方，各方可以共同拥有。以企业用电数据为例，企业应该是用电数据的所有者，但电力公司却掌握着权威的用电数据，进而形成了对用电数据所有权的分散持有或共同拥有。数据权属关系从单一关系变成了多元依赖的共存关系，在这种情况下，如何确定数据要素的权属关系至关重要。广东推出的数据资产凭证创新举措，对妥善处理这种多元依赖的共存关系进行了有益尝试。数据资产凭证是在某类特定场景下，对一组数据的授权开发出具政府凭证，这是建立数据资产信任链的锚点，也是建立全社会数据资产信任关系的基础，同时也能为后续数据价值的评估创造条件。

第 7 章
质量保障：公共数据的数据治理

公共数据治理关乎公共数据价值实现，而公共数据质量管控决定了公共数据治理成效。本章深入分析了公共数据治理现状和公共数据质量管理面临的挑战，基于公共数据治理原则和数据质量评估标准及内涵，结合公共数据授权运营模式，构建了基于公共数据授权运营背景的公共数据治理全生命周期模型。从数据生命周期的角度，阐述了公共数据治理的环节，并提出了公共数据质量提升方法和未来公共数据的治理路径。通过数据治理，实现公共数据价值的更好释放，从而推动数字经济发展，提升政府、市场和社会治理效能。

7.1 公共数据治理

公共数据授权运营的基础是数据治理。我国国家标准《信息技术 大数据 术语》（GB/T 35295—2017）从数据全生存周期管理出发，将数据治理定义为对数据进行处置、格式化和规范化的过程。数字经济时代下，数据已成为推动经济发展的关键资源，数据要素为数字产业化和产业数字化的各类应用场景提供了强大支持[118]。在数据的重要性愈发突出的当下，更应推动数字经济治理，规范和引导数字经济健康持续发展。

在信息化时代的浪潮中，公共部门所承载的数据量正呈现出指数级的增长态势。这种数据量的爆炸式增长，不仅仅体现在数据总量的急剧攀升，更在于数据类型的日益丰富和多元化。从传统的文本数据，到如今的图像、音频、视频等多媒体数据,再到物联网、大数据等先进技术带来的海量数据流,公共数据治理的复杂性和成本也随之急剧上升。公共数据治理,作为一种新兴的治理模式,不仅要求对数据的有效管理和利用,更强调与公民、法人等外部主体的互动与沟通。通过构建开放、透明、共享的数据治理体系[119],提升政府、市场的社会治理效能。

然而,面对公共数据治理的复杂性和挑战,学界的研究尚显不足。目前,大多数研究仍停留在将企业数据治理的理论和实践引入公共数据治理领域的初级阶段[119]。尽管企业数据治理在一定程度上为公共数据治理提供了有益的借鉴和参考,但两者在治理目标、数据特性、主体结构等方面存在着显著的差异。企业数据治理更多着力于"技术判断"而非"价值判断"。因此,对公共数据治理的原则、内涵等概念进行梳理非常重要。

7.1.1 公共数据治理原则

公共数据治理关乎公共数据价值实现,以发展优先、最小范围、不可回溯和区分场景为基本原则。

1. 发展优先原则

近年来,我国各地各部门着力推动公共数据资源的开发利用,致力于提升公共数据治理水平[8],为经济社会发展注入新动力。公共数据治理目前正处于探索释放数据要素价值的关键时期,要通过发展解决问题,在发展中解决问题。当下及未来,依然要坚持数据发展主义策略。对我国数据发展而言发展是第一要义,在发展的同时要避免可能产生的各种风险。发展是解决问题的总钥匙,我国政府陆续出台了多项政策,公共数据资源管理的发展方向得到了进一步明确和推动。《促进大数据发展行动纲要》《"十四五"数字经济发展规划》《要素市场化配置综合改革试点总体方案》等多项文件出台,详细规划了公共数据有序管理和流通的路径[8],着力推进公共数据发展。同时也要设置相应的容错机制,推动释放公共数据价值。任何改革和创新都可能面临困难和挑战，容错机制为改革和创新提供了必要的空间和时间，鼓励人们勇于尝试、敢于创新。

2. 最小范围原则

即"非必要不查看、非必要不获取、非必要不使用"的原则，包括数据范围最小化、知悉范围最小化、权限范围最小化这三个方面[8]。"最小"的基础为存在的"必要性"，公共数据可获得权限应仅限于"必要"范围。数据范围最小化表现在提供公共数据应用的必要范围，尽可能少地提供不必要、冗余的数据。知悉范围最小化原则表现在尽可能地减少系统管理员，公共数据可获得人员的范围，应当限定在该公共数据应用所需要的最小范围内。权限范围最小化原则表现在尽可能减少知悉人员可获得的公共数据开放权限，即仅允许特定的最小权限。为确保公共数据的安全、合规与高效利用，需要构建与之配套的公共数据收集、使用规则，探索建立合法合规、安全可靠的公共数据应用规则。

3. 不可回溯原则

公共数据因涉及国家安全、商业秘密和公民隐私等敏感信息，开放共享中需加以保护，实现原始数据对数据加工处理人员与数据使用方不可见。政府部门掌握的公共数据中，个体的、少量的公共数据不具备大数据分析的价值，群体的、大量的公共数据是国家重要战略资源。此外，部分公共数据囊括大量反映民众个人信息的字段，存在被不法分子利用、危害民众个人安全的可能性。审慎对待原始数据的流转交易行为是保障数据安全的重要前提[120]。在此过程中，可以采用多种技术手段和数据处理方法。例如数据加密技术、数据脱敏技术、数据匿名化技术等。如图 7-1 所示的动态脱敏流程会对数据进行多次脱敏。在用户访问敏感数据时，根据用户权限采用改写查询 SQL 语句等方式返回脱敏后的数据。例如，运维人员在运维工作中可以直接查看客户真实姓名等敏感数据，而业务人员获得的客户信息会经过一定的隐藏。

第 7 章 质量保障：公共数据的数据治理

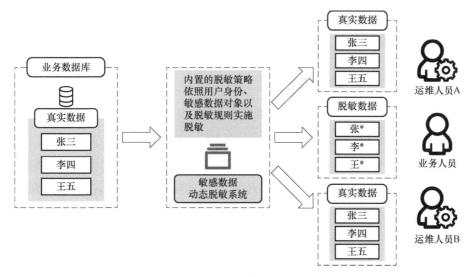

图 7-1 动态脱敏系统

4．区分场景原则

在公共数据的隐私和安全保护方面，不能一概而论，而是需要根据不同类型场景，制定具体的治理机制、治理要求和治理模式。这一原则的核心在于，不同的场景对公共数据的隐私和安全保护需求是不同的，因此不能采用一刀切的方式来解决。例如，在医疗健康领域，涉及个人隐私的敏感数据需要得到更加严格的保护，而在城市规划领域，对公共数据的隐私保护要求相对较低。因此，在制定治理机制时，需要充分考虑不同场景下的实际需求，确保隐私和安全保护要求与数据利用需求之间的平衡。此外，随着技术的不断发展和应用场景的不断变化，公共数据治理的需求和要求也在不断变化。因此，还需不断更新和完善治理机制、治理要求和治理模式，以适应新的场景和需求。

7.1.2 公共数据治理面临挑战

公共数据具有鲜明的公共性、多权属以及多利益主体性特征[121]。在数字化快速发展的时代背景下，公共数据在各类经济社会活动中扮演着至关重要的角色。然而,公共数据治理在数据治理中却面临着数据质量、数据安全、数据隐私等方面的诸多挑战。

1. 保障制度有待健全

数据治理保障制度是确保数据治理实践有效落实的关键框架和机制,包括一系列政策、标准、流程和技术工具等。当前,公共数据治理保障体系尚不完善,主要体现在以下两个方面:①数据治理保障体制的场景适应性有待提高。尽管已经构建了一系列数据治理的保障措施和制度框架,但在实践中,这些制度在应对不同类型的数据治理场景时,仍存在着明显的局限性。数据治理场景呈现多元化趋势,每种场景对数据保障的需求各不相同,虽然现有的数据治理保障制度已初步建立,但在全面覆盖多元场景方面仍显不足,特别是在应对特殊领域的数据治理挑战时,其灵活性和适应性尚需加强[122]。②数据治理多元主体法律权责关系复杂且尚未有明确界定。数据治理活动需要多元主体参与,但当前各类参与者的具体权责分配尚不明确。缺乏一个系统且完善的机制来保障各参与主体的权益和责任追究制度,确保数据治理活动的规范性和有效性。

2. 治理主体协同存在困难

推动多元主体协同联动是推动公共数据授权运营的核心,也是数据治理的关键。公共数据治理过程涉及多元主体,但是这些参与主体各自拥有独特的属性特征和目标差异,这些因素也影响了数据治理工作的顺利进行。主要体现在以下几个方面:①组织结构不畅。公共数据流通和有效利用更多取决于排除体制机制障碍。传统的组织架构和监管模式难以有效融入数据治理体系,数据治理部门与组织的职能相对分散,无法形成数据治理协同合力。政府的科层结构横向和纵向分割公共数据流通,形成条块壁垒,例如部门壁垒和层级壁垒。②多元主体认知分歧。数据治理本身涉及多个层面、多个维度以及多个利益相关者,不同的治理主体往往对数据治理的目标、方法和策略的认知存在差异。不同的治理主体都基于自己的需求和视角来看待数据治理,对数据治理的目标、方法和策略产生认知分歧。这种偏差可能导致在数据治理的实践中出现误解、冲突和延误,阻碍数据治理工作的有效推进。③参与者角色认知混乱。在多数公共职能部门和政府行政机构,未设立专门的数据治理部门,数据治理的推进工作缺乏统一有效的组织与管理,导致角色和责任混淆,出现多部门交叉管理的问题[122]。

3. 专业技术存在缺失

数据质量深刻影响数据治理的成效。目前数据结构差异化、数据定义模糊等问题导致数据质量参差不齐,数据统筹困难,包括数据完整性和可追溯性不足、数据统计口径不一致、数据孤岛等问题。而专业技术的缺失是影响公共数据质量的关键。数据治理工作的有效推进依赖于专业化的人才队伍,但当前人才配置与发展需求之间不匹配,许多机构的人力资源构成并不足以满足日益增长的数据治理需求。由于数据治理是一个新兴领域,相关的教育体系和专业培训尚未完全跟上市场需求[72]。此外,由于数据治理涉及多个领域的知识和技能,需要具备跨学科背景和综合素质的人才,这也增加了人才培养的难度。需要从教育、培训、合作等多个方面入手,不断提升数据治理人才的信息素养、法治素养以及管理能力,为数据治理工作的有效推进提供有力保障[120]。

7.2 公共数据的质量管理

为了保证公共数据的准确性、完整性和及时性,保障公共数据授权运营的顺利推进,需要构建公共数据治理体系,对公共数据进行质量管理。

公共数据授权运营为企业提供业务创新的"原材料",也极大地促进了公共数据价值的进一步释放。各地纷纷举办公共数据创新大赛、设立公共数据专区。企业对于高质量的公共数据获取的需求较大，高质量的公共数据也更易在加工中提升数据在使用中的价值，并最终为企业、社会赢得良好效益。

然而在公共数据质量的保障方面，部分地方在归集公共数据时仍面临着一系列问题，这些问题不仅影响了数据的准确性和完整性，也制约了公共数据的有效利用。高缺失率是部分地方归集公共数据时面临的一大挑战。由于数据录入、更新不及时或数据源不完整等原因，部分公共数据存在大量缺失值，导致数据无法全面反映实际情况。这不仅影响了数据的分析价值，也增加了数据处理的难度。公共数据碎片化的问题同样严重。不同部门、不同系统之间的数据孤岛现象较为普遍，导致数据难以实现有效的整合和共享。这不仅浪费了宝贵的数据资源，也降低了数据的利用效率。此外，低容量和数据重复也是部分地方归集公共数据时存在的常见问题。部分公共数据集合由于数据更新不及时或数据源质量不高，导致数据内容单薄、重复率较高，难以满足数据分析的需求。

同时，部分地方政府在公共数据开放方面也存在"重数轻质"的问题。一些地方过于追求数据开放的数量，而忽视了数据质量的保障。这样的数据开放不仅无法充分发挥公共数据资源的价值，还可能引发数据安全和隐私泄露的风险。

7.2.1 数据质量的评估标准

国家标准《信息技术 数据质量评价指标》中，数据质量被定义为在指定条件下使用时，数据的特性满足明确的和隐含的要求的程度[123]。数据质量的评估标准主要包括五个方面：完整性、一致性、有效性、准确性、及时性[124]，如图 7-2 所示。

数据完整性是指数据信息是否存在缺失的状况，常见于二维数据表中行的缺失、字段的缺失、码值的缺失。不完整的数据是缺乏表达力的。

第7章 质量保障：公共数据的数据治理

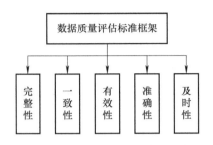

说明：
- 完整性：按照数据规则要求，数据元素被赋予数值的程度。
- 一致性：数据与其他特定上下文中使用的数据无矛盾的程度。
- 有效性：数据能被访问的程度。
- 准确性：数据准确表示其所描述的真实实体（实际对象）真实值的程度。
- 及时性：数据在时间变化中的正确程度。

图 7-2 数据质量评估标准框架

数据一致性是指相同含义的信息在多业务多场景是否具有一致性。需要检查数据在不同位置存储、被不同应用或用户使用时数据的一致性，以及数据发生变化时，存储在不同位置的同一数据被同步修改，并根据一致性约束规则检查关联数据的一致性，包括参照关系一致性、维度一致性和指标一致性。比如，火车乘客的身份 ID，中国公民身份证，数据存储类型都为字符类型。一致是表达的基础，也是达成共识的基础。

数据有效性一般指范围有效性、日期有效性、形式有效性等，主要体现在数据记录是否规范和数据是否符合逻辑。规范指的是，一项数据存在它特定的格式，如：手机号码一定是 11 位的数字；逻辑指的是，多项数据间存在着固定的逻辑关系，如：PV 一定是大于等于 UV 的。（PV——网站页面流量或点击访问量，UV——独立访客。）

数据准确性主要衡量的是数据记录的信息是否真实、完整且无误。在数据管理的各个环节中，准确性的重要性不言而喻，因为任何微小的误差都可能对后续的分析和决策产生重大影响。数据准确性错误的表现形式多种多样，其中最为常见的就是乱码现象。乱码通常是由于编码格式不匹配或数据传输过程中发生错误导致的，它使得原本有意义的数据变得无法识别，严重影响了数据的可用性。此外，异常的大或小的数据也是不符合条件的数据。这类数据可能是由于输入错误、设备故障或人为操作失误等原因造成的，它们往往与正常的数据范围存在明显的偏离，对数据的真实性构成了严重威胁。

数据及时性是指数据从开始处理到可以查看的时间间隔。及时性通常并不是分析数据固有的核心要求。数据分析的本质在于挖掘数据背后的规律、趋势以及关联关系，进而为决策提供科学依据。虽然数据分析的及时性要求不高，但如果数据建立的时间过长，分析结果可能失去实际应用价值。

7.2.2 公共数据质量管理现状

目前，我国大部分地区已着手布局公共数据战略和产业，旨在充分发挥数据资源的价值，并且在基础数据资源的汇聚、治理和利用上开展多方面的尝试和探索，公共数据质量成为大数据管理与分析的重要组成部分之一。在数据质量的管理体系建设方面，各省市也分别形成了自己的方法与经验。总体情况如下。

1) 初步理清公共数据质量管理权责，但统筹力度不尽相同。目前，我国大部分地区省份已经设立了专门的公共数据统筹管理机构[125]。例如，上海市在公共数据质量管理方面明确要求遵循"谁采集、谁负责""谁校核、谁负责"的原则[126]，把数据质量责任明确到具体的公共管理和服务机构以及市级责任部门。市大数据中心作为公共数据质量监管的核心机构，负责公共数据质量监管，实时监测和全面评估数据的数量、质量及更新情况，确保"数据状态可感知、数据使用可追溯、安全责任可落实"。数据管理机构的行政级别和机构性质，决定了其对公共数据的统筹管理力度[127]。通常情况下，政府组成部门和内设机构等对数据管理的统筹力度相对较大。各地数据管理机构的设置情况，也可以从侧面反映该地区对数据的认识水平和重视程度，一定程度上影响数据质量管理力度。

2) 数据管理范畴不尽相同，对公共数据尚未统一概念内涵。从各省

（自治区、直辖市）公共数据管理相关政策文件制定情况来看，各地对于公共数据定义各不相同，包括公共数据、政务数据、政务信息资产等不同提法[128]，说明各地对数据和信息的理解、对政务数据和公共数据的理解、对数据是资源还是资产的理解均不一致。例如吉林、北京等地公共数据的内涵范畴包括本市各级行政机关和公共服务企业在履行职责和提供服务过程中获取和制作的电子形式数据[129, 130]；而上海、浙江等地则不包含公共服务企业产生的数据。

3）目录管理、清单管理制度不断完善。目前我国大部分省市通过政策文件形式明确公共数据统一目录管理的要求，有利于推动数据资源的有效整合、优化数据共享交换流程和强化数据提供者、管理者和使用者的数据质量责任机制。上海市建立"三清单"制度，即数据责任清单、数据需求清单以及共享负面清单。

4）三清单"制度的建立，不仅明确了数据资源共享的边界，也进一步强化了数据质量保障责任。通过明确责任、需求和限制，提高数据共享的效率和质量，推动政府公共管理和服务水平的提升。部分地区利用区块链等新技术，提升数据质量，提高共享效率。例如，北京市经信局、编办和财政局牵头政府各相关部门借助大数据、区块链、云计算、人工智能等新技术，打造北京市的"目录区块链"，将各部门的目录信息"上链"并锁定，实现了数据变化的实时监测、数据访问的全程记录以及数据共享的有序关联[131]。各个部门的"职责目录"与"数据目录"相对应，形成了整个市的"数据目录"大账簿。

可以看出在我国，公共数据管理体系的发展已经取得了显著进步，这得益于政府政策的明智指导和积极推动，以及各地方政府的认真落实与创新设计。然而，尽管我国公共数据管理体系取得了长足发展，但仍然存在一些问题和挑战，仍需要各级政府官员与研究人员付出更多的努力与投入。具体来说，需要进一步加强政策研究和顶层设计，完善公共数据管理制度体系；加强数据资源整合共享，打破信息孤岛，提高数据利用效率；加强数据安全管理和隐私保护，确保政务数据安全可靠；加强人才培养和技术创新，提升公共数据管理水平。

7.2.3 公共数据质量管理内涵

公共数据质量包括数据的准确性、完整性、一致性和及时性等多个方面，对公共数据授权运营的推进至关重要[132]。从公共数据授权运营的角度，本书将从公共数据供给质量与处理质量两方面阐述公共数据的质量管理。

公共数据的高质量供给是授权运营释放数据价值的源泉。然而在缺乏精细化质量管理的情况下，容易导致相当一部分可以利用的公共数据资源处于"休眠"状态。数据质量问题产生的常见原因如表 7-1 所示。由于原系统缺陷、数据迁移不规范等原因，公共数据的供给质量保障面对很大挑战，需要国家在制度设计和技术支持等方面采取措施，以加强对公共数据质量管理和评估。首先，加强公共数据各环节的质量控制，包括数据采集、加工、存储、传输等环节，同时鼓励独立的第三方评估机构中介服务组织，为公共数据提供客观、公正的质量评估服务。其次，完善公共数据质量投诉举报与处理机制，建立在线平台供公众查询和反馈数据质量问题，方便公众获取和使用公共数据以及对公共数据的质量问题进行实时反馈和举报。此外，加强对违法违规破坏公共数据质量行为的惩处，明确破坏公共数据质量的违法违规行为的法律责任和处罚措施。加强执法力度，对故意提供虚假数据、篡改数据或滥用数据的行为进行严厉打击和惩处[132]。

表 7-1 数据质量问题产生的常见原因

数据质量问题常见原因	常见情况
缺乏领导力	由于组织领导层不重视数据管理，导致缺乏数据管理层面的资源投入
数据输入问题	数据采集端缺乏标准，无数据质量管控导致输入数据不一致和混乱；缺乏过程支持导致错误数据输入，业务流程规则变更、业务流程执行混乱等导致的数据错误

(续)

数据质量问题 常见原因	常见情况
数据处理问题	引用的数据源出现错误或变更、系统文档不完整或已过时；过时的业务规则；变更的数据结构
系统设计问题	未执行参照完整性和唯一性约束，编码不准确和分歧，数据模型不准确，数据映射或格式不正确，主数据管理薄弱导致数据质量问题
解决问题引起	临时手动修改引发的数据隐患，没有通过应用接口或业务处理规则进行变更

公共数据的高质量处理也至关重要。数据使用者对公共数据的整合、加工、挖掘等处理活动在满足正当合法的数据处理目的的同时，也应当保障数据及时、真实、准确和完整。具体而言，数据及时性要求数据能够及时地反映当前的真实状态或最新变化，确保数据反馈的实时性；数据有效性要求数据具有可验证和可审计的特征，不能捏造、虚构、变造源数据的内容，也不能虚构、捏造数据的来源；数据一致性要求数据在多个数据源、数据库或系统中保持一致，以确保数据在传输、存储和处理过程中不被篡改或损坏；数据准确性要求数据准确地反映所描述的对象或事物的特征和属性，对历史数据的抓取和使用行为应尽到合理的注意与提示义务；数据完整性则要求数据的收集、展示应当完整、全面，没有遗漏和缺失。值得注意的是，数据完整性对不同程度使用行为的要求有所区别，直接使用数据应当保证最终展示、呈现的数据完整不缺失；增值性使用数据应保证数据在加工、整合过程中不存在偏差与遗漏。

为了更好地推进公共数据授权运营前的定向清洗、审查，有序开放（涉及国家机密、个人隐私）以及公共部门、开放平台对数据质量的把控，需要把握以下三点。

（1）**完善治理结构，保障数据资源的高效管控**。兼顾公共数据的授权运营应用和安全保护必须构建以政府数据管理机构为核心，多方主体共同参与、各司其职的综合治理结构[133]。其中，数据管理机构代表政府对公共数据进行管理，对参与数据治理的企业和个人实施监管，推动落实网络安全、数据安全、个人信息保护等相关要求；公共部门作为数据的提供者和使用者，应遵守数据治理的各项规则和要求，保证数据质量、提出数据需求；数据运营商、研究支撑机构、数据交易机构等是公共数据运营过程中的重要主体，会接触到大量的数据，政府应在这些机构中占据主导权。整个治理和运营活动汇聚政府、社会的数据资源，提供安全、可信的数据清洗、加工环境，支撑公共数据的高效运营，充分发挥数据价值。

（2）**明确授权规则，保障授权运营的有序开展**。要明确授权规则，通过引入数据运营主体，在确保数据安全可控的前提下有效地调动市场主体的参与积极性。同时，制定合理的定价模式可以保障数据运营主体的合理收益，同时也有助于平衡公共部门和数据运营主体之间的利益关系，促进公共数据治理的可持续发展，是保障运营活动有序开展的必要手段。

从授权对象上看，公共数据属于公共资源范畴，按照生产资料社会主义公有制和保障、巩固国有经济发展的要求，授权对象选择国有企业较为合理，在保障安全的前提下充分释放数据价值。从授权范围上看，按照行业、区域、场景等维度给予明确的数据授权，限定数据运营主体的被授权范围，是兼顾发展与安全的必然选择。从定价方式上看，应结合公共数据的用途进行选择。用于公共治理、公益事业的公共数据能够创造社会价值、解决社会问题，为经济社会发展、居民生活服务等做出贡献，具有社会服务和福利性质，应在有效监管下有条件无偿使用。用于产业发展、行业发展的公共数据能够为经济、市场带来巨大价值，考虑到数据的开发成本，为激励开发使用的积极性，应遵循市场化机制有条件有偿使用。

（3）**拓展运营手段，支撑数据价值的充分释放**。制约公共数据价值充分发挥的核心障碍在于数据流通与安全隐私保护之间的矛盾，尚未实现发展与安全的有机统一。要将运营模式和技术手段的持续完善作为公共数据授权运营体系的重要环节,不断创新探索,推动数据价值充分释放。

在运营模式方面,建立健全公共数据授权运营机制,明确数据的权属关系和授权范围,确保数据在合法合规的前提下进行流通和共享。同时,还需要加强对运营主体的监管,防止数据滥用和泄露等风险的发生。

在技术手段方面,积极运用先进的技术手段来保障数据的安全与隐私。例如,通过数据加密、脱敏处理等技术手段,防止数据在流通过程中被非法获取或滥用。此外,还可以利用区块链等技术手段,建立数据流通的可追溯机制,确保数据的流通过程透明可查。

7.3 公共数据治理流程:基于数据全生命周期

数据治理是一个持续不断的过程,它涵盖了数据的全生命周期,涉及一系列的数据管理活动。Weber 等提出,数据治理的内容包括数据质量、数据管理、元数据管理、访问权限、决策权限、问责制和数据策略等方面[134]。

而公共数据治理应根据业务问题和数据需求,聚焦关键数据和痛点问题,阶段性划定范围实施质量治理。公共数据治理包括数据产生与采集、数据汇集、数据加工、数据应用四个环节。

1)数据产生环节涉及各公共部门在履职过程中所进行的数据采集,工作过程中所带来的数据生产,以及根据工作需要向社会企业进行的数据购买。在数据采集环节,应建立健全公共数据质量管理体系,实现数据质量事前控制;数据的命名、定义和表示应符合数据字典、业务术语、数据项、参考数据等数据标准的要求,数据采集要符合规范,从源头保证数据准确、完整、唯一。

2)数据汇集环节,公共数据运营服务商应按规范流程执行数据清洗加工、标准化、格式化等操作,加强数据质量管控,跟踪数据质量问题的解决情况，建立问题处理流程和改善计划。汇集环节是实现对公共数据有效管控的关键环节，涉及对公共数据进行全量编目，实现逻辑汇聚，并对部分高频、高外溢性的数据进行集中存储，实现物理汇聚，方便多方共用。

3）数据加工环节是发挥公共数据价值、推动数据流转的必要步骤，涉及对数据内容进行清洗，提升数据质量，对数据进行脱敏，隐去数据中的隐私、敏感、安全内容，为数据流转、应用奠定基础，之后再根据具体的业务需要，加工形成产品或服务。

4）数据应用环节，公共数据使用方应根据数据的应用目标和现实情况，对数据质量情况进行及时反馈。同时，有关部门针对各环节暴露的质量问题进行归纳总结，将数据质量问题统一汇聚到数据质量问题库，并形成阶段性的数据质量分析报告。

7.3.1 基于公共数据授权运营背景的公共数据治理全生命周期模型

数据的生命周期涵盖了从数据产生、存储、维护、使用到销毁这五个过程。为了使各阶段典型特征与公共数据治理联系起来，本文借鉴传统资产生命周期的划分方式，以数据被不同主体利用的过程将其生命周期划分为四个阶段：产生阶段、汇集阶段、加工阶段和利用阶段，如图 7-3 所示。下面将围绕"产生、汇集、加工、利用"公共数据授权运营的全生命周期进行阐述。

1. 产生阶段

公共数据授权运营中公共数据的产生主要涉及数据的供应主体。公共数据采集是数据驱动决策的基础和前提。通过有效的数据采集、数据分析和利用，可以为政府部门、公共机构和社会团体提供科学的决策支持和公共服务，推动社会治理体系和治理能力现代化[135]。公共职能部门、相关事业单位等数据来源机构履行公共数据采集的职责，产生包括政府单位数据、行业数据（如水电数据）、企事业单位数据（如保险数据）等的公共数据。

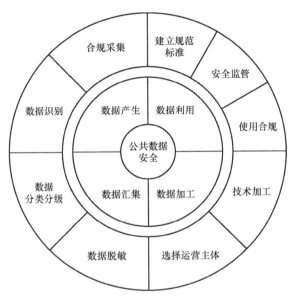

图7-3 公共数据治理全生命周期模型

数据采集分为两部分，即合规采集和数据识别。合规采集是指有关部门在公共数据采集过程中，必须严格遵守国家相关法规和政策的要求。在数据采集之前，相关机构或部门需要明确采集目的和目标，避免不必要的数据收集和使用，明确合法依据和合规程序，确保数据采集活动在法律框架内进行和数据采集活动的规范化、标准化和可审计性。同时还要明确告知被采集者数据的用途、范围、存储期限和可能的风险等信息，取得相关授权或同意。此外，由于公权力的扩张性和强势地位，公共数据采集端频繁出现违规甚至违法行为，相应的报道屡见不鲜，引发了社会各界的高度关注。例如，在此前的疫情防控期间，一些公共机构要求采集所辖区域进出人员的婚姻登记数据，严重违反了数据采集相关性和最小化原则，增加了数据供给方的负担和隐私暴露的风险。与商业（个人）数据的采集不同，公共数据采集中的公共机构占据优势地位，这种优势地位使得公共机构在数据采集过程中容易出现滥用权力、侵犯公民权益等问题。因此，有必要对政府数据采集制定特殊的规范原则，以在合理范围内限制和约束裁量权的行使[135]。这既是对公共机构权力的监督和制约，也是对公民权益的保障和维护。

数据识别是数据处理的初始阶段，通过对数据的深入分析和解读，了解数据的内在特性和价值。这是数据采集环节的重要步骤，为后续的数据分析、数据挖掘和数据应用提供了支持。建立数据保护目录和明确重要数据、行业数据、各领域数据等的划分标准是数据识别的核心环节。这有助于对数据进行分类管理，提高数据处理的效率和准确性。在数据识别的过程中，还需要注重数据的准确性和完整性。数据准确是数据分析的前提，如果数据存在错误或偏差，那么分析结果也会受到影响。同时，数据的完整也是非常重要的，如果数据丢失或损坏，那么就无法进行完整的分析和解读。

2．汇集阶段

公共数据授权运营中公共数据的汇集主要涉及数据授权主体。授权主体对采集到的公共数据，通过收集、整理、归纳汇总和分类分级规整，形成有序化、结构化的数据集。授权主体对涉及不同场景、领域的数据进行分类分级规整，可以制定符合本行业领域的公共数据分类分级体系标准[136]。公共数据分类分级旨在确保数据的合规性和安全性，促进数据的共享和交换，主要包括数据资产管理、分类分级规则、数据分类分级、分类分级清单和结果展示及对接五方面内容，如图 7-4 所示。

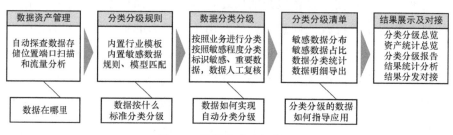

图 7-4　数据分类分级管理

公共数据分类分级包含从数据整理到结果展示的整个数据管理过

程,强调了在每个阶段进行严格的步骤管理和质量控制的重要性。首先,数据资源的整理和标准化是基础,确保数据的准确性和可用性;其次,分析环境的准备为数据处理和分析提供了必要的技术支持;接着,通过深入的数据分析并将结果进行有效分发,以便数据能够为决策提供支持;然后,评估分析结果以验证其有效性和准确性;最后,将结果展示给利益相关者并进行对接,以实现数据的实际应用和价值最大化。整个流程不仅优化了数据管理策略,也加强了数据安全和合规性,为高效且可靠的数据利用提供了坚实的框架。通过这种结构化的处理流程,可以有效提升数据的透明度和可用性,进而支持更精确的决策制定和策略实施,体现了数据管理和保护工作的系统性和综合性。

数据脱敏也是公共数据汇集的一个重要组成部分,常见的数据脱敏算法如表 7-2 所示。由于公共数据的独特属性,更需要考虑公共数据隐私保护等因素,因此应当进行公共数据脱敏,以确保公共数据的保护和合理使用。

表 7-2 数据脱敏算法

脱敏算法	详细表述
随机映射	随机映射是指加入了一定程度的随机性作为其逻辑的一部分,对数值、字符或字符串进行随机,并保留原业务特征
遮盖填充	遮盖是指通过设置遮盖符,对原数据全部或部分进行遮盖处理。填充是指将遮盖区域用固定的字符串覆盖
范围内随机	范围内随机主要使用在日期或金额类字符上,在一个指定的范围内进行随机,并保留原业务特征
浮动	浮动是指对日期或金额类型字符,设置上浮或下降固定值或百分比,并保留原业务特征
归零	归零是指对于数值类型数据采用清空并设置为 0.00 的脱敏算法
截取	截取是指对字符串按照起始位置、结束位置截取一定长度连续字符串的脱敏算法
截断	截断是指对字符串保留除起始位置以外的内容
分档	将数据按照预设条件归类到不同档次中

(续)

脱敏算法	详 细 表 述
加密	使用加密算法对原始数据进行加密： a) 可使用保形加密算法，保留数据原有格式，可在不修改应用逻辑的前提下实现基于密文的检索和关联分析 b) 可使用保序加密算法，密文排序与明文排序一致，可在不修改应用逻辑的前提下实现基于密文的排序和精确匹配
重排	将原始数据按照特定的规则进行重新排列
均化	对数值类数据，通过在数据点之间重新分配差异来保持均值不变，同时改变每个数据点的原始值
散列	对原始数据取散列值，使用散列值来代替原始数据

公共数据脱敏主要是防止涉及个人和国家安全的敏感数据泄露、被滥用，脱敏流程主要包括敏感数据发现、数据抽取、数据脱敏、数据装载等步骤，通常采用静态脱敏和动态脱敏两种方法，如图 7-5 所示。

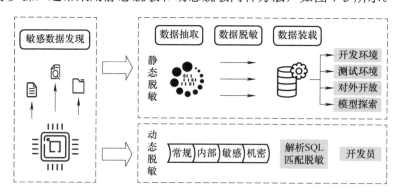

图 7-5 数据脱敏流程示意图

在静态脱敏中数据处理分为三个主要环节：敏感数据发现、数据抽取和数据脱敏。在敏感数据发现阶段，系统通过算法识别敏感信息；在数据抽取阶段，将这些数据从原始数据库中抽取出来；在数据脱敏阶段，采用预设的规则和方法（如掩码、加密等）对敏感信息进行处理，确保数据在使用过程中的安全性。最终，脱敏后的数据被装载回数据库或其他存储系统，以供后续的分析和应用。动态脱敏指的是在数据被访问时实时进行脱敏处理，而不是事先对存储的数据进行脱敏。这种方式允许数据在保持原始形态的情况下存储于数据库中，只在需要查询或处理时才进行脱敏，从而有效保护敏感信息的隐私安全。动态脱敏能够根据不同用户的权限或访问的上下文环境应用不同的脱敏策略，例如通过掩码、伪装或其他技术手段，确保只有授权用户才能访问未脱敏的数据。

3. 加工阶段

公共数据授权运营中公共数据的加工主要涉及数据的授权主体和运营主体。公共数据加工，作为对公共数据进行深度处理的关键环节，涵盖了清洗、集成、分析等一系列综合性操作，旨在从海量的数据中提取出有价值的信息。这一过程不仅是对数据的简单整理，更是数据的创造性增值过程，为公共数据的开放与利用提供了源源不断的动力。值得一提的是，公共数据加工的过程并不仅仅是一个技术性的问题，更是一个涉及政策、法律、伦理等多方面的复杂问题。在加工公共数据时，我们需要遵守相关法律法规，尊重数据主体的隐私权和知情权，确保数据的合法性和合规性。

在公共数据授权运营的过程中，被授权的运营主体的选择至关重要。被授权的运营主体，不仅需具备丰富的数据处理经验，更应拥有深厚的行业洞察力和强大的技术实力。不仅要能够准确理解公共数据的价值和潜在应用场景，还需具备将这些数据转化为实际价值的能力。同时，应严格遵守数据安全和隐私保护的规定，确保数据的合法、合规使用。在公共数据授权运营的过程中，被授权主体还需要与政府部门、数据提供方以及最终用户保持紧密的沟通与协作。在获得授权后，还应定期向政府部门汇报数据运营情况，反馈数据使用效果，提出改进建议。同时，也需要与数据提供方保持紧密合作，确保数据的准确性和时效性。对于最终用户，被授权主体应深入了解其需求，提供个性化的数据服务，帮助用户更好地利用公共数据。

除此之外，运营主体还需积极推动公共数据的开放共享，通过

API、数据集发布等多种方式，为社会各界提供广泛的数据资源。在数据使用方面，他们需要协调和管理各方使用行为，确保数据资源能够高效、合理地服务于社会和市场需求，为社会经济的持续发展提供有力支撑。被授权的第三方主体往往承担公共数据运营服务平台的建设、运维、日常管理，与数据利用主体的需求沟通，数据产品及服务的提供等工作。

4. 利用阶段

公共数据授权运营中公共数据的利用不仅涉及数据的使用主体，还涉及授权主体以及运营主体的监管职责。为了保护个人隐私、维护公共数据安全以及促进数据产业的健康发展，数据使用者在使用数据产品或数据服务时，必须严格遵循协议或合同约定的数据使用范畴，确保数据的安全和合法使用，主要包括以下几个方面。

①数据使用者必须严格遵守数据保密义务。在获得数据产品或数据服务后，使用者应确保所获取的数据不被外泄或非法使用。②数据使用者禁止将获取的数据有偿或无偿转让给第三方。数据的转让可能导致数据泄露、滥用等风险，损害个人隐私和公共数据安全。因此，数据使用者应严格遵循协议或合同中的约定，不得擅自将数据转让给第三方。如果确实需要将数据提供给第三方使用，应事先征得数据提供者的明确同意，并与第三方签订严格的数据使用协议，确保数据的安全和合法使用。③数据使用者还应承担维护公共数据安全的义务。公共数据涉及国家安全、社会稳定和公共利益等方面，其安全性和可靠性至关重要。因此，数据使用者在使用公共数据时，应自觉配合政府部门及公共数据提供者对其利用行为的监督管理工作。这包括接受政府部门的数据安全检查、提供必要的数据使用报告等。公共数据安全监管涉及授权主体和运营主体等多方主体，负责公共数据授权运营的指导协调、统筹规范，负责数据运营授权及运营合规监管等，如大数据局、政数局、网信办等。需要建立数据要素治理制度并明确各方主体的责任，政府应发挥引导和

监管作用，制定相关政策法规和标准规范，推动数据市场的健康发展。行业组织和企业也应积极参与其中，加强自律和合作，共同维护数据市场的秩序和稳定。④为了提升公共数据安全监管的效率，还需要加强技术创新和应用。例如，可以利用区块链、人工智能等先进技术来构建智能监管系统，实现数据的实时监控和预警，提升监管的精准度和时效性。同时，要加强数据安全和隐私保护技术的研究和应用，确保数据在传输、存储、使用等过程中的安全性和保密性。

7.3.2 公共数据治理路径

基于公共数据授权运营背景的公共数据治理全生命周期模型，本书从八个方面提出公共数据安全治理路径，包括完善顶层政策法律设计、健全公共数据标准体系、完善首席数据官制度建设、形成系统的公共数据管理规范、明确数据共享的权责机制、明晰公共数据开放范围、建设"制度+管理+技术"公共数据安全机制、重视公共数据安全领域人才培养。从而防范公共数据无序流动所带来的社会性公共数据安全风险，同时促进公共数据治理体系的完善。

1. 完善顶层政策法律设计

在政策法律方面，我国目前已经构建了一套相对健全的数据安全保障法律体系。《中华人民共和国数据安全法》《中华人民共和国网络安全法》等为数据安全提供了坚实的法律保障。然而，值得注意的是，关于公共数据安全领域，尚缺乏专门的立法保障。这在一定程度上制约了公共数据的安全管理和有效利用。

近年来，随着数字化、网络化、智能化程度的不断提高，公共数据的安全问题日益凸显。为应对这一挑战，自 2021 年以来，多个地方省级政府开始积极制定公共数据及其安全的相关条例和管理办法。这些实践不仅为公共数据的安全管理提供了有力的制度支撑，也为国家级的专项政策法律提供了宝贵的实践借鉴。因此，国家应该制定颁布公共数据安全领域专门的法律法规，以规范公共数据安全行为，明确公共数据多方主体的责任与义务。同时也应从具体的场景需求出发，制定符合本行业属性的公共数据安全管理部门规章。

我们应积极调动各方力量，推动相关法律法规的制定与实施。首先，政府作为公共数据安全的监管主体，应当发挥主导作用，牵头组织相关部门进行调研，了解当前公共数据安全的现状和问题，为法律法规的制定提供有力支撑。同时，政府还应加强与行业组织的沟通协作，充分听取行业专家的意见和建议，确保法律法规的针对性和实效性。在法律法规的制定过程中，应充分考虑公共数据的多方主体特性，明确各方在公共数据安全中的责任与义务。例如，数据提供方应确保数据的真实性和合法性，数据使用方应严格遵守数据使用协议，不得擅自泄露或滥用数据。此外，还需严格遵守数据安全标准和措施，确保公共数据在采集、存储、传输和使用等各个环节安全可控。

2. 健全公共数据标准体系

为加强公共数据的整体管理和利用效率，建立统一而严格的公共数据采集规范至关重要。数据采集不仅是公共数据治理的初始环节，也是确保数据质量和有效性的基础。通过明确各部门的数据采集方法，并在数据采集能力上提供专业化的指导与监督，不仅能增强部门间对数据采集重要性的认识，还可以显著减少数据的重复采集和标准不统一的问题，从而确保在数据治理的各个环节中，公共数据的采集和管理都有明确的依据和标准。

此外，建立统一的公共数据质量标准对于提高数据的使用效率和价值非常关键。应制定一套覆盖数据采集、处理及共享开放的全面公共数据质量标准，以确保公共数据在各阶段均符合高效和精确的要求。进一步地，推动包括法人身份、空间地理信息、公共数据安全服务以及政务服务的"一网通办"等方面的其他数据标准体系的建立，对于形成行业跨界的标准规范具有重要意义。这样的措施不仅能完善公共数据标准体系，还可以促进标准在各行业领域的具体实施和应用，从而提升公共数据的整体治理水平和应用成效。

3. 完善首席数据官制度建设

在数据管理领域，首席数据官是负责协调公共数据发展和安全的关键管理者。虽然"首席数据官"制度在过去两年已逐渐形成规模，但相较于政府部门，企业级的首席数据官设置仍显得较为滞后，处于起步的摸索阶段。

目前，企业级的首席数据官工作主要集中在相关政策的制定与颁布上，但具体的实施成果尚未充分显现。这主要是因为企业在数据治理方面还存在诸多挑战，如数据安全意识薄弱、数据管理能力不足等。因此，为了推动企业首席数据官制度的顺利实施，需要加强对企业的引导和培训，提高其数据治理能力和水平。以江苏省为例，2020年率先颁布了《江苏省工业大数据发展实施意见》，明确提出了推动企业设立首席数据官的要求。这一举措不仅有助于提升企业的数据治理水平，还能促进工业大数据的健康发展。通过设立首席数据官，企业可以更加有效地管理和利用数据资源，提高决策效率和创新能力。

4. 形成系统的公共数据管理规范

规范化的公共数据管理是推动政府数字化转型的关键步骤，也是构建公共数据治理范式的核心环节。为了提升数据管理的效率和协同性，建议在各地区设立专门的数据管理机构或指定公共数据管理专员。这些机构或个人将负责内部及跨部门的数据管理沟通与协调，增强数据管理的整体联动性。

统筹出台公共数据管理规定，健全公共数据管理法律制度，并加快公共数据分类分级制度和标准的推广，对不同类别的数据分别采取不同的管理方法，对不同级别的数据分别采取不同的授权和责任模式，有效约束公共数据管理行为。这种差异化管理不仅能够确保数据的有效使用，还可以对公共数据管理行为施加有效的约束，从而保障数据安全并优化数据资源的利用效率。

5. 明确数据共享的权责机制

为确保数据共享的效率与安全，重要的一步是明确数据共享的权责机制，清晰界定在常态化数据共享流程中各级部门的责任和权限边界。这可以有效缓解部门间因数据共享而产生的顾虑，如担忧数据滥用或安全风险。建议为不同部门设定明确的控制权限，并清楚定义在数据共享与开放过程中各级部门的责任与义务。这不仅有助于减少数据超范围共享的风险，也能在安全事件发生后，明确责任归属，避免责任划分的不清晰。部门间信息壁垒、技术标准不统一等问题，导致的"数据孤岛"和"数据鸿沟"现象普遍存在，制约了政府数据的有效利用和共享。因此，明确政府数据共享的流程，构建一个互联互通的数字政府大数据体系，对于突破现有困境、推动公共数据共享和授权运营具有重要意义[81]。

6. 明晰公共数据开放范围

明晰公共数据的开放范围对于减轻各部门在数据开放时的担忧至关重要。建议参考国际经验，如美国的《透明和开放政府备忘录》和英国的《数据开放白皮书》，制定详细的数据公开范围标准。这样的标准和操作指南不仅为各级部门在数据开放过程中提供指导性和操作性支持，还能激发各部门和机构开放数据的主动性和积极性，有利于建立一个既"自下而上"又"自上而下"的数据开放机制，从而提高数据的使用效率。在数据开放平台的设计上，应采取更科学的方法，按照统一的标准进行平台设计，确保平台上的各项数据能实时连通和同步更新。此外，建立一个及时有效的平台反馈机制，对数据开放过程中出现的问题如数据目录难以定位、数据可读性不高、数据粒度过大等问题进行快速响应和解决，将进一步提升数据质量和用户体验，促进公共数据的广泛利用和价值最大化。

7. 建设"制度+管理+技术"公共数据安全机制

公共数据安全机制是公共数据从数据采集到数据利用的全方位的安全保障。在制度层面，各部门应开展数据安全定级工作，并制定相应的数据安全防护措施以配套实施，包括确立数据的分类标准和对应的安全级别，从而针对不同级别的数据实施不同的保护策略。管理层面，地方政府可以推出公共数据安全管理规范，不断推进公共数据安全的检查与监管工作。这涵盖了对数据操作人员的安全培训、审计以及对数据应用的连续监控，确保数据的使用过程中安全可控。同时，通过建立健全的应急响应机制和隐私保护措施，进一步保障数据的安全使用。

技术层面，围绕公共数据的全生命周期，即从数据采集到数据开发利用，建立以人工智能、大数据、区块链等新技术为基础的数据安全追溯体系。这一体系便于对数据安全事件进行追踪和溯源，同时研究如数据沙箱等新型数据开放技术，这些技术可以使安全防护与数据开放独立运行而互不干扰，从而在不牺牲安全的前提下提升数据的利用效率。通过这种方式，公共数据安全机制不仅保护数据免受威胁，还支持数据的创新使用，驱动政府和社会的数字化转型。在创新层面，强化数据管理、模式及技术的创新是突破现有局限的关键。尤其是积极探索应用区块链等先进技术，可以有效解决政府数据孤岛和信息壁垒的问题，促进公共数据管理的持续健康发展。

8. 重视公共数据安全领域人才培养

重视公共数据安全领域人才培养，是保障公共数据安全可持续发展的基石，更是适应数字化时代需求、有效应对数据安全威胁的必然要求。随着技术的快速发展，数据安全威胁日益复杂，单一学科的知识难以全面应对，公共数据安全涉及计算机科学、网络安全、数据科学、法律等多个学科领域，需要跨学科的知识融合和合作。

（1）制订科学合理的教育培养计划。明确公共数据安全能力范畴，包括网络安全技术、数据保护技术、风险识别与应对、跨学科合作能力等，在明确的能力范畴基础上，建立健全的公共数据安全知识体系，从而加快公共数据安全领域人才培养的步伐。

（2）加强公共数据安全技能培训与认证工作。根据公共数据安全领域的需求，设置相应的岗位，并为这些岗位提供相应的技能培训与认证，以提高从业人员在公共数据安全领域的竞争力。同时，认证制度的建立还能为公共数据安全领域的发展提供有力保障，确保从业人员具备必要的专业知识和技能。公共数据安全领域的人才培养还应注重实践经验的积累。理论知识的学习固然重要，但实际操作和解决问题的能力同样不可或缺。可以通过开展实习实训、案例分析、模拟演练等活动，为学员提供实际操作的机会，让他们在实践中不断积累经验、提升能力。

（3）建立合作交流机制。通过定期或不定期地组织公共数据安全领域的研讨会、建立多个公共数据安全领域合作项目、搭建公共数据安全领域的共享资源和信息的平台，以及培养跨学科知识和技能的人才等多种方式，加强公共数据安全领域内的合作与交流。这不仅有助于分享最佳实践和创新解决方案，还可以促进学术界、工业界和政策制定者之间的对话和协作，从而共同提升公共数据安全管理的水平。通过这些综合措施，可以确保公共数据安全人才的持续培养和专业发展，为应对数据安全挑战提供坚实的人才保障。

第 8 章
安全保障：公共数据授权运营安全体系建设

随着公共数据授权运营体系的深入发展，安全保障已成为不可忽视的核心要素。本书从安全组织体系的构建、安全制度体系的完善、安全技术体系和安全监督体系的实施四个维度进行论述，为理解和构建公共数据授权运营的安全保障体系提供了全面的视角和实践指导。并结合上海市和济南市在公共数据授权运营安全体系建设方面的具体做法和成效，对其法规制度的建立、组织架构的优化、技术平台的创新应用等实践案例进行分析，为其他地区提供了可借鉴的经验。

8.1 公共数据的安全现状

当前，公共数据面临估值困难、多主体管理复杂性以及数据具有较高敏感性等诸多安全挑战，迫切需要构建一套完善的公共数据授权运营安全保障体系。

8.1.1 公共数据估值困难，数据资产梳理和分类分级难度加大

目前的公共数据估值工作依然存在较多困难。估值困难的根源在于公共数据的价值难以直接体现，其实际测度存在困难。由于数据的价值相对于不同主体可能有所不同，加之现有的估值研究存在估值对象、估值方法不统一，测量结果不精确等问题，这使得统一规范的公共数据估值制度和效果监管体系的建立变得更加迫切[137]。估值的不确定性和不准

确性增加了数据安全风险的评估难度，使得在后续数据资产流通过程中难以制定有效的安全措施。

估值的不恰当可能导致数据价值被高估或低估，进而影响到数据的安全策略和隐私保护措施的制定。高估可能导致过度保护，增加运营成本，并且数据的潜在价值和创新应用可能由于不必要的限制而受到抑制；而低估则可能导致在没有足够安全措施的情况下被广泛共享，从而增加数据泄露和滥用的风险。进一步而言，不恰当的估值还可能引发一系列连锁反应。不恰当的估值也可能使得数据产品和服务的定价不合理，影响市场公平竞争，甚至可能导致数据资源的错配，不利于资源的优化配置。

公共数据估值困难导致数据资产梳理和分类分级工作难度加大。首先，不确定的价值导致分类难度增加。公共数据的价值往往是不确定的，因为它们通常不直接以货币形式交易。这种不确定性使得确定公共数据的重要性和优先级变得更加困难。在分类和分级时，数据的价值通常是一个关键的参考指标。由于公共数据的价值难以准确评估，因此很难确定哪些数据应该被优先分类、分级或者给予更多的资源。其次，数据价值的变动性增加了分类分级的复杂性。数据的价值存在变动性，对不同使用者来说，价值是不同的。这种变动性使得在进行数据资产梳理和分类分级时，难以准确评估每项数据的价值，从而增加了工作的复杂性。再次，不同数据价值影响分类优先级。公共数据通常涵盖多个领域，而不同领域的数据可能具有不同的价值和重要性。在进行分类和分级时，必须考虑到不同数据集的价值，以确定其在整体数据体系中的位置和优先级。然而，由于公共数据的价值难以准确评估，这种区分变得更加模糊，使得分类和分级工作变得更加困难。

通过估值可以识别出哪些数据是敏感的，需要采取更严格的安全措施，哪些数据则可以更开放地共享。恰当的估值还有利于政府提高数据资产利用率和数据资产管理能力。它不仅有助于防范数据资产转让、许可过程中的权力寻租等风险，确保数据资产的合理流通和使用，还可以促进国有资产的保值增值,防止资产流失,确保公共数据资产的长期价值。同时,恰当的估值还能帮助政府寻找更高"成本—效益比"的政府数据开放方式,实现数据资源的最优配置。

针对公共数据估值、数据资产梳理和分类分级的难题,公共数据授权运营安全制度体系的建立可以提供一种系统的解决方案。该体系通过确立统一的估值标准和方法,能够确保数据价值的准确评估,从而有助于解决估值困难带来的安全风险评估问题,确保数据在流通过程中的安全,从而为数据安全和隐私保护策略提供坚实的基础。此外,该体系能够适应数据属性的动态变化,通过动态的数据分类分级策略,及时更新数据的安全属性,以响应数据环境的变化。同时,还能够通过标准化的数据管理流程,减少地区和部门间的差异,提高数据管理的一致性和效率。通过这样的安全制度体系,公共数据的估值和分类分级问题可以得到有效解决,从而提升公共数据授权运营的安全水平和运行效率。这不仅能够促进数据资源的合理利用和保护,还能够增强数据使用的透明度和责任感,为公共数据的开放和授权运营提供坚实的安全保障。

8.1.2 公共数据涉及主体多样,数据安全风险责任划分难

公共数据主体的日益多样性,导致了数据安全风险责任划分困难。公共数据的流通和使用涉及众多不同的主体,包括数据提供方、汇集方、监督方、运营方和使用方等。而每个主体都有其独特的角色、责任和利益诉求,这种主体多样性带来了主体安全责任划分的复杂性。

在多主体参与的环境下,数据的控制权和所有权往往被分散,使得数据的流向难以追踪,数据在不同主体间的流转增加了数据泄露和滥用的风险。例如,一个数据集可能首先由政府机构收集,然后通过合作伙伴关系与企业共享,企业进一步将数据用于分析并可能与研究机构合作,最后数据可能在多个平台和应用中被使用。在这个过程中,数据的每一次转移都可能带来新的安全风险。而随着数据流通链路的增长,数据的流向和使用变得更加复杂,增加了追踪和管理的难度。数据在跨组

织共享和交易时，传统的访问控制和审计技术难以适应跨组织的数据授权管理和流向追踪。这导致一旦数据被交付或接口调用结束后，原始提供方难以对数据的后续使用进行有效监督，增加了数据被未授权使用或泄露的风险。

不同主体可能有不同的数据管理标准和安全实践，这进一步增加了数据安全管理的复杂性。这种差异可能来源于多个方面，包括行业特性、地域法规、组织文化和技术水平等。例如，金融行业的数据加密和访问控制标准可能与医疗行业的标准不同，这导致即使是在同一国家或地区内，不同行业的组织在数据安全管理上也存在显著差异。

多主体间的数据流转风险责任划分规则尚未明确，数据安全管理的难度增加。不同主体间存在责任边界不清晰，导致在数据泄露或滥用等安全事件发生时，责任的归属和追究变得非常困难，难以快速准确地确定责任主体。例如，在医疗领域，患者的医疗记录可能需要在医院、保险公司、研究机构等多个主体间共享。由于数据所有权与控制权的分离，当数据被第三方获取后，一旦出现违规使用或数据泄露，责任的归属和追究变得复杂，传统的安全责任原则难以适应这种多主体参与的新模式。

因此，为了应对主体多样和风险划分问题，需要构建合理的公共数据授权运营安全制度和组织体系。强化跨主体的协作与沟通机制。通过建立有效的数据共享协议和合作协议，明确各方在数据流通和使用中的权利和义务，从而减少责任归属的模糊性。同时，通过建立数据安全事件的响应和处理流程，确保在数据安全事件发生时能够迅速采取行动，明确责任并采取措施减轻损害。此外，公共数据授权运营安全制度和组织体系应当不断适应技术发展和市场变化，持续更新和完善相关的安全策略和措施。这包括采用先进的数据加密技术、访问控制机制、安全审计工具等，以提高数据安全管理的效率和效果。通过构建这样一个综合性的公共数据授权运营安全制度和组织体系，可以有效地解决公共数据主体多样带来的数据安全风险责任划分难题，促进数据的安全流通和合理利用，保障数据主体的合法权益。

8.1.3 公共数据具有较高敏感性，数据安全防护压力加大

数据敏感性，即数据因其固有价值、潜在影响或处理方式而对个人隐私、企业利益乃至国家安全的重要性，已成为衡量数据保护需求的关键指标。公共数据反映国家经济社会运行整体情况，不仅涉及公共机构自身利益，还涉及国家利益、公共利益和社会公众利益，敏感性高。

随着信息技术的飞速发展，个人和组织活动的数字化程度不断加深，数据的收集、存储和处理变得更加普遍和复杂，使得数据的敏感性随之增强。敏感性增强的原因可归结于几个方面。①数据量的激增和数据采集技术的不断进步是敏感性增强的基础原因。随着物联网、移动互联网和云计算等技术的广泛应用，个人行为、交易记录甚至私密交流都可能被无差别地记录和存储。这些数据的积累，不仅增加了数据泄露的风险，也使得数据本身变得更加有价值，从而提升了其敏感性。②对个性化产品和服务的需求是推动敏感数据需求增长的另一重要因素。在竞争激烈的市场中，企业和组织越来越依赖于对用户行为、偏好和需求的深入理解，以便提供定制化的服务和产品。这种个性化的需求催生了对用户数据的大量收集，尤其是那些能够揭示用户个性和偏好的敏感数据。③数据分析技术的进步，特别是人工智能和机器学习的应用，极大地提高了从大量数据中提取敏感信息的能力。这些技术使得原本隐藏在数据海洋中的有价值信息得以显现，同时也使得数据的价值和风险同步增长。

大数据、云计算等新兴技术也给数据安全防护带来挑战。①算力泛在化的发展导致数据保护的边界变得更加模糊。算力不再局限于数据中心，而是向边缘计算和终端设备扩散。这种分布式的算力布局虽然带来了便利和效率，但也使得数据保护变得更加困难。终端设备的多样性和复杂性意味着难以实施统一的安全措施，而这些设备往往缺乏足够的安全防护能力，容易成为攻击的目标。②边缘计算节点由于其接近数据源

的特性，能够存储大量原始敏感数据。如果这些节点缺乏有效的数据加密、备份和恢复措施，数据安全将面临极大的风险。③云平台作为算力网络的核心，其虚拟化技术虽然带来了资源的灵活调度，但也带来了新的安全问题，如虚拟机逃逸、资源滥用和横向穿透等，这些问题都可能导致数据被违规获取或篡改。④算力网络中数据的流转不再局限于单一系统或域，而是跨越多个目标节点。这种跨系统、跨域的数据流转增加了数据在途的安全风险，数据可能在流转过程中被窃取或篡改，流转信息和计算状态信息可能被伪造，给数据安全防护带来了前所未有的挑战。

此外，对于高敏感、高安全性要求的公共数据，国家倡导以"授权运营"的方式供给社会有条件有偿使用，充分挖掘存在安全隐患的公共数据的闲置价值[138]。这类数据的开放利用通常涉及明确的数据使用目的与场景需求，要求在授权运营和特许开放过程中，包括需求分析、产品设计和服务交付，都需要以市场需求和应用场景为导向[36]，瞄准高价值、高敏感的数据服务需求，进行第三方"可用不可见"的开发利用和产品交付。在交付环节，根据服务需求主体的使用需求，采取合适的交付手段，如 API 标准化产品、沙箱服务等；同时要确保在技术和服务内容上能够彻底进行数据脱敏和脱密，避免隐私信息和涉密信息的泄露。因而数据安全防护的压力也随之加大[139]。

因此，授权运营必须在保障公民个人信息权利和公共信息安全的大前提下进行，必须合理估值、准确确权，明确各方的安全责任，建立一个安全可信的运营环境。这一过程需要依靠完善的组织和监管体系，运用制度和技术手段来应对各种挑战，实现全流程安全监管，保障数据的安全和隐私保护。

为了应对这些挑战，合理构建的公共数据授权运营安全技术体系和监管体系，必须确保数据在全生命周期中的安全。这需要加强终端安全防护，针对终端设备的多样性和复杂性，开发灵活多样的安全防护措施。同时，强化边缘计算节点的安全性，实施严格的数据加密、备份和恢复措施。云平台的安全也需要得到提升，通过加强虚拟机安全、资源管理和网络隔离来防止数据被违规获取或篡改。此外，构建跨系统、跨域的数据安全流转机制，建立安全的数据流转协议和机制，确保数据在跨系统、跨域传递过程中的安全。最后，完善数据安全监管体系，对数据的收集、存储、处理、传输和销毁等各个环节进行有效监管，以实现全流程的安全监管，保障数据的安全和保护隐私。

8.2 公共数据授权运营安全保障体系

公共数据授权运营的安全体系建设是确保数据安全、合规和高效利用的关键。深入探讨公共数据授权运营的安全体系建设，包括安全组织体系的构建、安全制度体系的完善，以及安全技术体系和安全监管体系的实施。

8.2.1 公共数据授权运营安全组织体系

在构建公共数据授权运营的安全保障体系时，一个全面且分层的安全组织架构是确保公共数据授权运营顺利进行的关键，它涵盖了从决策到执行、监督的全过程，旨在通过明确的角色和层级职责划分和协作机制，确保公共数据安全策略的精细实施和有效监督，以及公共数据授权运营的安全运行，如图8-1所示。

决策层，即负责公共数据授权运营安全工作的统筹规划，负责制定长远的战略规划和关键政策的机构。决策层对公共数据安全政策的制定和调整拥有最终的决策权。决策层还应定期评估数据安全策略的有效性，并根据实际情况进行及时调整，以确保公共数据授权运营安全与组织整体目标的持续一致性。为指导整个安全保障体系的正常运行，他们通常会对管理层进行决策授权并按时听取汇报；同时接受监督层审计监管的反馈，以确保整个组织的合规运行。如在浙江省的公共数据授权运营安全组织体系中，决策层即是浙江省人民政府办公厅。

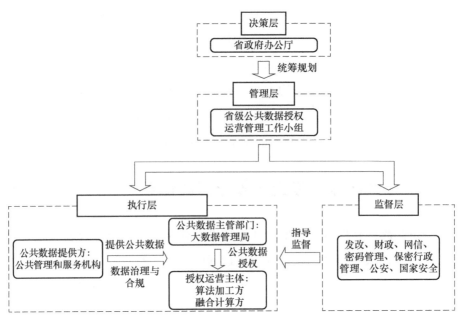

图 8-1 公共数据授权运营安全组织体系

管理层，即工作管理小组，负责将决策层的政策和方针转化为具体的行动计划，并监督这些计划的执行。管理层的职责包括组织和协调各个职能部门的工作，确保公共数据授权运营安全措施得到有效执行。同时，管理小组还应定期向决策层报告公共数据授权运营安全工作的进展和存在的问题，为决策层提供决策支持。例如，浙江省的公共数据授权运营安全组织体系中，建立的省级公共数据授权运营管理工作协调机制（即公共数据授权运营管理小组），由公共数据、网信、发改、经信、公安、国家安全、司法行政、财政、市场监管等省级单位组成，负责统筹管理全省行政区域内的授权运营工作，并进行安全监管和监督评价，完善相关制度规范和工作机制。

执行层，即组织架构中的实际操作参与者，他们在整个公共数据授权运营过程中各自承担着关键职责和义务。执行层由与公共数据运营相关的各方角色组成，包括数据供应主体、授权主体、运营主体、使用主体等，他们的工作直接影响数据安全措施的实施效果。为了充分发挥执行层的作用，应建立高效的组织网络，顺畅完成上层组织的工作传达，保障信息交流和资源共享，并保证数据流通中各方在需求沟通、责任划分、运营许可和安全保障等方面的协作配合与任务交接，积极推动日常任务的执行。同时，为了降低协作中的摩擦和风险，还应在各方的参与下，共同制定统一的数据安全标准和操作指南，以确保所有参与方都能遵循相同的安全要求，从而提高整个安全保障体系的运行效率和安全性，并推动数据的安全流通和共享。

如在浙江省的公共数据授权运营安全组织体系中，数据提供单位、公共数据主管部门、平台运营主体、授权运营主体负责人各司其职。其中，数据提供单位负责本领域公共数据的治理与合规、申请审核以及安全监管等授权运营相关工作。公共数据主管部门承担落实协调机制确定的工作，包括公共数据授权运营的指导、监管、协调、考核和技术对接等工作，同时牵头进行授权运营工作的综合评价，建立综合评价指标。平台运营主体投入资金和技术，积极引入多源数据，拓展政企融合的应用场景。授权运营主体负责人建立健全并完善本公司的公共数据安全制度，包括高效的技术防护和运行管理体系，以及保密安全自监管体系，确保公共数据安全，切实保护个人信息[117]。

监督层，即审计监管部门，是为保障公共数据授权运营的安全性和合规性而设立的组织层级。为了完善监督层的功能，政府部门应独立履行好监督职责，负责对整个公共数据授权运营过程进行审计和监管，包括监督数据资源质量、发布公共数据授权运营许可、做好授权运营主体的资质审核、纠正各参与主体违规行为、实现公共数据安全管控等。监督层应具有足够的独立性和权威性，对违规行为进行严肃处理，确保数据安全政策的严格执行。通过透明的操作流程和适时公开的监管结果，增强公众对数据授权运营安全组织体系的信任。这将有助于确保所有活动的合法性和正当性，共同维护公共数据的安全与稳定，同时鼓励公众的参与和监督。如在浙江省的公共数据授权运营安全组织体系中，发改、经信、财政、市场监管等部门按照各自职责，负责监督管理数据产品和服务的流通交易。网信、密码管理、保密行政管理、公安、国家安全等部门则需负责公共数据授权运营的安全监管工作。知识产权主管部门应会同发改、经信、司法等单位建立数据知识产权保护制度，推进数据知识产权保护和运用。对违反反垄断、反不正当竞争、消费者权益保护等法律法规规定的行为，有关部门按照职责依法处置，并将相关不良信息依法记入其信用档案[140]。

8.2.2 公共数据授权运营安全制度体系

公共数据授权运营的安全制度体系是保障数据在使用和流通过程中安全和可信的关键，涉及顶层设计、政策法规、安全标准三个层面。

1. 顶层设计层面

我国已经建立了一定的框架和机制，以推动公共数据授权运营的发展和管理。近年来，国家层面陆续发布了一系列战略性文件。

2022年1月印发的《"十四五"数字经济发展规划》提出在发展数字经济时要"牢牢守住安全底线"，推动基础公共数据安全有序开放，发展过程中要着力强化数字经济安全体系[1]。2022年6月印发的《国务院关于加强数字政府建设的指导意见》提出坚持安全可控的原则，要全面落实总体国家安全观，坚持促进发展和依法管理相统一、安全可控和开放创新并重，严格落实网络安全各项法律法规制度，全面构建制度、管理和技术衔接配套的安全防护体系，切实守住网络安全底线[141]。2022年9月印发的《全国一体化政务大数据体系建设指南》提出坚持整体协同、安全可控的原则，坚持总体国家安全观，树立网络安全底线思维[142]，围绕数据全生命周期安全管理，落实安全主体责任，促进安全协同共治，运用安全可靠的技术和产品，推进政务数据安全体系规范化建设，推动安全与利用协调发展[143, 144]。2022年12月印发的《中共中央 国务院关于构建数据基础制度更好发挥数据要素作用的意见》提出完善治理体系、保障安全发展的原则，强调统筹发展和安全，贯彻总体国家安全观，强化数据安全保障体系建设，把安全贯穿数据供给、流通、使用全过程[93]，划定监管底线和红线，以及加强数据分类分级管理，积极有效防范和化解各种数据风险，形成政府监管与市场自律、法治与行业自治协同、国内与国际统筹的数据要素治理结构[145-147]。

通过一系列战略性文件和政策，我国初步构建了一个全面、安全、规范的公共数据授权运营框架。这些文件和政策不仅为公共数据的安全使用和流通提供了明确的方向和具体措施，也为各级政府和相关部门的实际操作提供了指导，确保在开放和使用公共数据以及公共数据授权运营的过程中，安全能够始终得到充分保障。

此外，各级政府也积极响应国家号召，制定了地方性的公共数据开放和共享规划，并通过设立专门机构和跨部门协调机制，推动数据授权运营的顶层设计和实施。杭州市 2023 年 9 月印发的《杭州市公共数据授权运营实施方案（试行）》着重于建立公共数据授权运营平台和管理体系，强调了公共数据的高质量供给和安全监管[148]。无锡市的管理办法关注民生相关领域的公共数据授权运营，探索市场化运营和多元化利益分配机制，并强化数据全生命周期的安全保护。南京市 2024 年印发了《南京市公共数据授权运营管理暂行办法》，在授权运营安全保障方面，提出建立监测预警机制，加强专区数据安全的监督检查[149]。这些措施和条例体现了地方政府强调和明确公共数据授权运营安全保障的重要性。

2. 政策法规层面

在数据安全法律法规体系建设方面，我国已构筑起国家层面的《数据安全法》《个人信息保护法》《网络安全法》《关键信息基础设施保护条例》（"三法一例"）等数据安全法律体系。2017 年实施的《网络安全法》明确了网络数据安全保护的基本要求；2021 年 9 月施行的《数据安全法》为数据安全管理提供了系统性的法律依据；此外，2021 年 11 月施行的《个人信息保护法》进一步规范了个人信息的收集、存储和使用。这些法律法规为公共数据授权运营提供了坚实的法律保障，明确了数据使用者的权利和义务，规定了数据隐私保护和安全管理的基本要求，确保公共数据在授权使用和流通过程中的安全和可信。通过这些法律法规的实施，数据处理活动得到了系统性规范，各类数据的分类分级管理和安全保护措施得以落实，数据使用的合法性和合规性得到保障。

同时，这些法律法规的制定和执行，有助于推动数据安全评估和检测机制的建立，强化对关键数据和基础设施的保护，有效防范数据泄露、滥用和非法获取的风险。"三法一例"的构建和完善，为公共数据的安全有序开放和授权运营奠定了法律基础，促进了数据要素市场的健康发展，为数字经济的稳步推进提供了有力支持。然而，尽管法律法规体系逐渐完善，但在具体执行和落实过程中仍存在一定的挑战，需要进一步细化和强化监管机制。

随着国家在顶层设计和法律法规方面的逐步完善，公共数据授权运营的框架日益健全，为地方层面的具体实施提供了坚实基础。在此背景下，各地政府也积极响应国家号召，逐步出台了符合地方实际的公共数据授权运营管理办法，进一步完善了公共数据运营安全制度体系。在省和直辖市层面，2023 年 8 月浙江省人民政府办公厅印发的《浙江省公共数据授权运营管理办法（试行）》中对授权运营单位在基本安全、技术安全、场景安全和重点领域具体安全四个方面提出了要求，确保数据授权运营过程中公共数据的安全性和可靠性；2023 年 12 月北京市经济和信息化局印发的《北京市公共数据专区授权运营管理办法（试行）》在"依法合规、安全可控"的原则下，对专区运营单位管理安全、授权数据管理安全进行规定，并让"安全管理和考核评估"单独成章，体现了公共数据授权运营管理责任的明确化，为公共数据的安全利用提供了坚实的制度保障[150]。

在地级市层面，2023 年 5 月青岛市大数据发展管理局印发的《青岛市公共数据运营试点管理暂行办法》第四条提出公共数据运营应当坚持安全与发展并重，遵循统筹协调、需求导向、创新引领、政府引导、市场运作、安全可控的原则，并在第 6 章中单独列出数据安全，对常态安全管理、安全应急事件处置以及安全监督方面进行详细规定[151]；2024年1月沈阳市大数据管理局印发《沈阳市公共数据授权运营工作指南（试行）》，提出在安全可控、保障国家安全的情况下开展市场化运营服务，对运营单位的安全保障责任和管理单位的安全监管责任进行了明确[152]。除此之外，还有部分区县级单位印发了自己的公共数据运营指南，如2021年11月上海市普陀区人民政府办公室印发的《普陀区公共数据运营服务管理办法（试行）》和《普陀区公共数据运营服务实施细则（试行）》，其中也对公共数据授权运营安全提出了制度上的保障[153]。

3. 安全标准方面

国家标准GB/T 19488.2—2008《电子政务数据元 第2部分：公共数据元目录》基于GB/T 19488.1—2004《电子政务数据元 第1部分：设计和管理规范》，规定了政府部门在实施电子政务中实际需要使用的通用数据元集合，主要包括人员类、机构类、位置类、日期/时间类、公文类以及其他类公共数据元。2017年6月30日，国家发改委和中央网信办发布了《政务信息资源目录编制指南》，指导国家政务信息资源目录的编制，以及基于国家数据共享交换平台和国家政务数据开放网站的政务信息资源的管理、共享交换和开放发布等工作。

国家标准GB/T 36073—2018《数据管理能力成熟度评估模型》是我国首个数据管理领域的国家标准，该标准适用于信息系统的建设单位和应用单位在进行数据管理时的规划、设计和评估，也可以作为对信息系统建设状况进行指导、监督和检查的依据[154]。GB/T 38664.2—2020《信息技术 大数据 政务数据开放共享 第2部分：基本要求》则规定了政务数据开放共享的网络设施、数据资源目录及其质量、平台设施和安全保障的基本要求[155]。2024年3月最新发布的国家标准GB/T 43697—2024《数据安全技术 数据分类分级规则》给出了数据分类分级的通用规则，为数据分类分级管理工作的落地执行提供了重要指导[156]。

地方公共数据安全管理标准中具有代表性的是浙江省和深圳市。浙江省在组织架构、数据资源以及公共数据运营制度体系方面已经走在全国前列，进入了"公共数据深度场景开发运营阶段"。浙江省于 2021 年出台了 DB33/T 2351—2021《数字化改革 公共数据分类分级指南》，规定了公共数据分类分级的一般要求、维度和方法。2022 年，浙江省又制定并出台了 DB33/T 2487—2022《公共数据安全体系建设指南》，确立了公共数据安全体系建设的总体原则，并给出了体系架构以及制度规范子体系、技术防护子体系和运行管理子体系构建的指导性建议。同时，DB33/T 2488—2022《公共数据安全体系评估规范》也在 2022 年出台，规范了公共数据安全体系评估的总体要求、评估模型、评估项和评估流程等。深圳市则发布了首个地方公共数据安全领域标准，对于全国各地区建立公共数据安全管理标准具有启发意义。2022 年，深圳市发布了 DB4403/T 271—2022《公共数据安全要求》，规定了公共数据安全的要求，主要包括总体安全原则和要求、总体框架、数据分级方法、通用管理安全要求、通用技术安全要求及数据处理活动安全要求。

此外，2023 年江苏省发布了 DB32/T 4608.1—2023《公共数据管理规范 第 1 部分：数据分类分级》，规定了公共数据的分类、分级（包括定级流程）、成效评价（给出指标表、指标计算公式及成效评价结果表）、分类分级实施流程等要求。武汉市发布的 DB4201/T 677.2—2023《公共数据资源开放 第 2 部分：分类分级指南》，规定了武汉市公共数据资源的开放分类分级原则、开放分类、开放分级以及开放分类分级对照表。

这些地方性政策和标准不仅与国家顶层设计和法律法规保持一致，还结合了当地的经济发展需求和数据资源特色，推动了公共数据的合理利用和市场化发展。地方层面的探索和创新，为实现公共数据的全面开放和高效流通提供了有力支撑，进一步促进了数字经济的区域协调发展。

8.2.3 公共数据授权运营安全技术体系

公共数据授权运营安全技术体系的构建，要以数据资产梳理和数据流转监测为基础，以数据防泄漏和隐私保护为重点。通过对授权运营数据分级分类安全治理，可以减轻各环节各节点数据安全防护压力，确保数据在授权运营过程中的安全性、完整性和可用性，并尽量减少对数据使用的影响。该体系以自主可控的信创环境为基础，结合访问控制、数据加密、数据脱敏、隐私计算等技术，对不同用户角色和数据访问行为进行管理、防护、脱敏、审计和分析，并基于"可视、可管、可控"的理念，实现数据全生命周期的安全保护，如图 8-2 所示。

数据采集	数据传输	数据存储	数据使用	数据交换	数据销毁
采集安全	传输安全	存储安全	使用安全	交换安全	销毁安全
数据分类分级	传输加密	大数据存储加密	数据脱敏	API安全	数据擦除
敏感数据识别	独享物理通道	数仓存储加密	隐私计算	数据沙箱	物理销毁
数据源识别	Https证书卸载	对象存储加密	数据访问控制	数据脱敏	加密销毁
病毒检测		数据库加密	数据库防火墙	数据水印	
		密钥管理	日志审计		
		备份与恢复			

信创环境安全	可信基础设施	网络安全	主机安全	应用安全	终端安全

图 8-2 公共数据授权运营安全技术体系

保障公共数据授权运营的整体可信能力。信息技术应用创新（信创）是公共数据授权运营安全体系的基座，是确保数据授权运营平台安全可信的关键。信创环境的建设涵盖了从硬件到软件、从基础设施到应用层的全方位安全保障。通过打造和使用自主可控的技术和设备，信创环境能够解决公共数据授权运营在底层安全设备中可能带来的安全问题，有效抵御外部攻击和内部威胁，铸牢基础设施的安全之基。

在信创环境安全中，可信基础设备、网络安全、主机安全、应用安全和终端安全共同构筑了一个整体可信的安全保障基础。可信基础设备是信创环境的硬件基石，通过采用自主可控的防篡改和防攻击技术，确保设备的安全性和可靠性；网络安全则通过部署信创名录中的防火墙、入侵检测系统等设备，保障数据传输过程中的安全，防止未经授权的访问和攻击；主机安全关注服务器和操作系统的防护，采用信创安全补丁管理和入侵检测系统，确保系统在信创环境下的安全性；应用安全强调软件层面的防护，通过信创应用防火墙和代码审计技术，保障应用程序的安全性和可信性；终端安全面向用户设备，采用防病毒软件和终端检测与响应（EDR）技术，确保终端设备的安全和数据的完整性。在构建这一环境时，应严格遵循信创名录的要求，优先选择信创名录中的相关产品，如核心服务器、交换机、安全设备、大数据平台和数据库等，以满足自主可控和安全可信的双重标准。对于其他模块，也应尽量采用国产化产品，进一步强化平台的自主性和安全性。上述各个信创安全部分相互协作，共同构建了一个全面、可靠的信创环境安全保障体系，有效抵御各类安全威胁，确保公共数据授权运营的安全性和可信性。

数据安全技术保障公共数据授权运营全生命周期的数据安全。为了确保公共数据在授权运营过程中的安全性，需要在数据的全生命周期中应用一系列数据安全技术。数据全生命周期包括从数据的采集、传输、存储、使用、交换到最终的销毁，每个阶段都面临不同的安全风险和挑战。通过在每个阶段引入相应的数据安全技术，可以有效地保护数据的完整性、机密性和可用性，防止数据在各个环节中遭受未经授权的访问、篡改和泄露。这一综合性的安全技术体系为公共数据授权运营提供了坚实的安全保障，确保数据在整个生命周期中的安全和可信。

数据采集安全是首要环节，重点在于确保数据从源头上得到有效保护。数据采集安全是对公共数据进行分类分级，从海量、流动的数据中确定保护对象，使用策略规则和算法划分敏感和非敏感数据。对结构化和非结构化数据进行扫描、分类、分级，并建立数据资产清单。基于结果实施进一步的安全防护。使用数据分类分级技术，可以根据数据的重要性和敏感度给予合理的保护，避免高敏感数据的泄露。敏感数据识别技术帮助识别和标记敏感信息，防止未经授权的访问和泄露。数据认证技术确保数据来源的合法性和可靠性，防止伪造数据的引入。病毒检测技术则能够有效防止恶意软件的入侵和破坏，从而保障数据采集设备的安全性。

数据传输安全指的是，针对公共数据在传输过程中存在的被窃取和篡改的风险，采用传输加密、专用物理通道等技术，保护数据在传输中的安全性。传输加密技术（如 SSL/TLS 协议）可以有效防止数据在传输过程中被窃取和篡改，确保数据的机密性和完整性。独享物理通道技术通过专用线路传输数据，进一步提升数据传输的安全性，避免公共网络带来的风险。Https 证书卸载技术不仅提高了传输效率，还增强了数据的加密保护，防止数据在传输过程中被攻击和拦截。

数据存储安全关注数据在存储过程中的机密性、完整性和可用性。通过应用多种安全技术，可以有效保护存储数据免受未经授权的访问和潜在的威胁。常见的存储安全措施包括大数据存储加密、密钥管理、数据仓库存储加密、对象存储加密、云数据库加密、自建数据库加密以及备份与恢复。大数据存储加密和对象存储加密通过对存储数据进行加密处理，确保数据在存储介质上的安全性；密钥管理系统保障加密和解密过程中密钥的安全；数仓存储加密和云数据库加密通过对数据仓库和云端数据库数据进行加密，防止敏感信息泄露；备份与恢复机制确保在数据丢失或损坏时能够及时恢复数据，减少数据丢失的风险。通过综合应用这些存储安全技术，可以有效保护存储数据的安全性和隐私性，确保数据在存储过程中的安全可靠。

数据使用安全侧重于保护数据在使用过程中的隐私和合规性。根据数据分类分级采取相应的数据保护措施，结合数据脱敏、数据库审计、数据访问控制和综合日志审计等技术，有效控制数据使用中的风险，最大程度降低数据泄露风险，全程审计用户对数据的操作，并具备溯源追踪能力。数据脱敏技术对敏感数据进行脱敏，减少在数据处理和分析过程中泄露敏感信息的可能；访问控制技术确保只有授权人员才能访问和处理数据，防止数据被滥用；数据库防火墙通过监控和控制数据库活动，防止未经授权的访问和潜在的威胁；隐私计算技术通过在数据处理过程中保护数据隐私，确保数据在使用过程中的安全性；操作审计技术则记录所有数据处理操作，确保数据处理过程的透明性和可追溯性，便于事后追溯和审计，确保数据处理的合规性。通过这些措施，可以有效保护数据在使用过程中的机密性、完整性和可用性，确保数据在使用过程中的安全和合规。

数据交换安全关注数据在不同系统和组织间交换时的安全问题，采用 API 安全技术、数据交换网关技术、数据沙箱技术、数据脱敏技术和数据水印技术等。API 安全技术通过身份验证、授权和流量监控防止未经授权的访问和滥用；数据交换网关技术集中管理和控制数据交换流程，确保数据一致性和安全；数据沙箱技术提供隔离的测试环境，确保数据交换流程的安全性和可靠性；数据脱敏技术通过掩码、混淆和泛化等方法保护敏感数据隐私；数据水印技术通过嵌入标识符确保数据可追溯性和完整性。综合应用这些技术，可以实现安全可靠的数据交换，防止敏感信息泄露和数据滥用。

最后，数据销毁安全确保数据在生命周期结束时得到安全销毁，防止数据泄露。可采用密钥销毁、数据擦除和物理销毁等方式。数据擦除技术通过多次覆盖数据，确保数据无法恢复。物理销毁技术通过物理消磁、粉碎等方法，销毁数据存储介质，确保数据彻底消失。加密销毁技术通过对数据进行加密处理，并销毁加密密钥，确保数据无法解密和恢复。

8.2.4 公共数据授权运营安全监管体系

公共数据授权运营安全监管体系，是管控数据安全风险、促进数据合法利用的关键体系。本节旨在深入分析并阐述公共数据授权运营安全监管体系的框架与实施策略。本部分将系统探讨公共数据授权运营的安全监管体系，具体包括监管主体的职责划分、监管体系的构建与实施、数据资源到数据元件的监管以及从数据元件到数据产品的监管等方面。通过明确各环节的监管重点和实施策略，确保公共数据在授权运营中的安全性和高效利用,进而推动数字经济的健康持续发展。

1. 监管主体

在公共数据授权运营的安全监管体系中,监管主体承担着确保数据运营全流程安全监督管理的职责[17]。根据其性质和职能,监管主体主要分为以下几类。

(1) **政府和行业各部门**。政府和行业主管部门在公共数据授权运营的安全监管中起到基础性作用。例如,《北京市公共数据专区授权运营管理办法(试行)》中指出,相关行业主管部门和相关区政府应作为公共数据专区的监管部门,负责该专区的建设和运营监督。在实际操作中,通常由市经济信息化部门及市场监管等相关部门具体执行监管任务。《上海市数据条例》中指出,市大数据中心应当根据公共数据授权运营管理办法对被授权运营主体实施日常监督管理。《浙江省公共数据授权运营管理办法(试行)》中提出,数据提供单位负责做好本领域公共数据的治理、申请审核和安全监管等授权运营相关工作。

(2) **各大数据主管部门**。大数据主管部门在地方公共数据授权运营监管中扮演关键角色。以广西为例,自治区大数据发展局作为监管主体,负责指导和监督省内公共数据授权运营场景的试点工作。这些部门通常负责制定地方数据政策,推动数据资源的整合和共享,并监督数据的合规使用。《浙江省公共数据授权运营管理办法(试行)》中提出,公共数据主管部门负责公共数据授权运营的指导、监管、协调、考核和技术对接等工作。

(3) **网络数据安全监管部门**。网络信息安全是公共数据授权运营中不可忽视的一环。根据《青岛市公共数据运营试点管理暂行办法》,网信、密码管理、保密行政管理、公安、国家安全等部门按照各自职责,做好公共数据授权运营的安全监管工作。在实践中,如成都市网络理政办、海南省网信办等机构负责本地区的公共数据授权运营监管工作,确保数据安全和风险防控。

（4）**授权运营主体等部门和单位。** 授权运营主体等部门和单位应当依法履行数据安全保护义务。《浙江省公共数据授权运营管理办法（试行）》中提出授权运营主体负责完善本公司运营公共数据的安全制度，建立健全高效的技术防护和运行管理体系，建立保密安全自监管体系，确保公共数据安全，切实保护个人信息。

监管主体的有效协作是确保公共数据授权运营安全的关键。通过明确各监管主体的职责、加强跨部门合作，形成有效的监管合力，可以为公共数据的安全运营提供坚实的保障[157]。

2. 安全监管体系的构建与实施

（1）**监管体系的设计原则与目标。** 在公共数据授权运营的安全监管体系构建过程中，一系列核心设计原则明确了监管的目标和方向，为监管体系的构建提供了指导。

预防为主原则。监管体系的设计首重预防，通过风险评估和潜在威胁的早期识别，主动预防安全事件的发生。这一策略旨在通过预先防范来降低潜在损害，提升监管的效率和成效。

系统性监管原则。监管体系需全面覆盖数据生命周期的各个阶段，包括数据的采集、存储、处理、传输直至最终销毁。这种全面性的设计确保监管措施能够触及所有潜在的风险点，实现全面的安全防护。

技术中立性原则。监管措施应保持中立，不偏袒任何特定技术或服务提供商，以维护市场的公平竞争。这一原则鼓励技术创新和多样性，确保所有市场参与者在公平的环境中竞争。

监管体系的主要目标。确保数据安全：监管体系致力于防止数据泄露、滥用和篡改，确保数据的安全性。保护用户隐私：在所有数据处理活动中，保护个人隐私权益是监管体系的核心目标，确保数据利用不会侵犯个人隐私。促进合规运营：通过明确的法规和标准，引导企业遵守国家法律法规和行业标准，实现合规运营。提高透明度和信任：透明的监管流程和公开的信息披露有助于增强公众对公共数据授权运营的信任，提升社会对数据利用的接受度。激励创新与合理利用：监管体系旨在鼓励创新活动，同时确保数据的合理和高效利用，支持数字经济的发展[158]。

（2）**从数据资源到数据元件的监管**。在公共数据授权运营的监管框架中，数据资源向数据元件的转化过程是一个关键环节，它涉及数据的初始收集、处理以及形成可供进一步利用的数据元件。以下是该转化过程的监管重点。

数据资源的初始监管。监管的起始点是数据资源的收集阶段，这一阶段的监管着重于确保数据估值准确性、采集合法性与存储合规性。政府部门在此过程中承担着重要责任，其职责包括但不限于监督数据的来源、评估数据估值的效果、验证数据的真实性以及确保数据存储的安全性。此外，监管还需覆盖数据的传输过程，确保数据从原始收集点转移到处理平台的过程中，采取必要的加密和安全措施。

数据处理与融合的监管。在数据元件的形成过程中，监管需确保数据处理活动遵循既定的质量标准和隐私保护规则。这包括对数据进行清洗、去标识化处理以及必要的特征提取，以生成可供交易和分析的数据元件。监管机构应确保数据处理技术的应用不会导致隐私泄露或数据滥用。

数据元件的安全与合规性监管。生成的数据元件需满足特定的安全和合规性要求，才能被认定为合格的数据产品。监管机构需对数据元件进行评估，确保其在不暴露个人隐私的前提下，能够安全地进入流通环节。此外，监管还应包括对数据元件交易过程的监控，防止数据垄断和不公平竞争行为。

算法应用与风险管理。在数据元件的生成和应用过程中，算法的使用是关键。监管机构需对算法的公正性、透明性和潜在偏见进行监管，确保算法应用不会导致歧视或不公正的结果。同时，监管机构应建立机制，对算法应用的效果进行持续监测和评估，及时发现并纠正可能的风险。

（3）从数据元件到数据产品的监管。 数据元件的深化处理以及向数据产品的过渡是数据应用价值得以实现的关键步骤。本阶段不仅汇聚了多元化的技术提供商、中介服务方及交易平台等第三方参与者，还涉及了将非公共数据如企业信息、非营利机构数据等整合入产品开发过程，这些因素均对监管提出了新的挑战。监管的核心任务是确保数据元件在转化为数据产品的过程中，能够安全、合规地进行，同时激发数据的创新潜能，推动数字经济的持续进步。

第三方参与主体的资质监管。监管机构需对参与数据深度加工的第三方主体进行资质审核，确保其具备相应的技术能力和合规性。通过建立准入机制和评估体系，监管机构筛选合格的数据利用主体，并与其签订明确的数据利用协议。协议中应详细规定数据的使用范围、应用场景、安全措施、使用期限以及数据使用后的处置方式。此外，监管机构还应强化对第三方的数据安全审查，确保其遵守服务安全保护及保密协议，并明确其在数据利用中的法律责任。

数据产品创新性风险监管。监管机构应开展风险评估，准确识别数据产品创新可能带来的安全隐患和市场风险。这包括但不限于数据泄露、滥用、算法偏见等问题。通过建立科学的评估模型和指标体系，监管机构能够对数据产品的安全性和合规性进行量化分析，从而制定出有针对性的监管措施。而随着数字经济的发展，新的商业模式和交易方式不断涌现，对传统监管模式提出了挑战。监管机构需要审慎地监管数据产品的创新性风险，以鼓励创新。根据《网络交易监督管理办法》和"数据二十条"等政策文件，监管机构应平衡数据安全与创新性利用的关系，既保障数据安全，又促进数据的开发利用和产业发展。监管机构需制定一套既能激发市场活力，又能确保数据安全和合规性的监管策略。

用户隐私安全风险监管。在数据产品与服务的应用中，用户隐私保护是监管机构的重要职责。开发商和服务商应将隐私保护理念贯穿于产品开发和应用的全生命周期。同时，运营商应制定网络安全事件的应急预案，确保在网络安全事件发生时，能够及时报告并采取有效措施。

8.3 公共数据授权运营安全体系实践案例分析

实践案例中，上海市和济南市在公共数据授权运营安全体系建设方面取得了显著成效，包括法规制度的建立、组织架构的优化、技术平台的创新应用等，能够有效保障数据安全，提升数据管理水平。其他地区可以借鉴这些经验，结合自身实际，进一步完善公共数据授权运营的安全体系，推动数据资源的高效、安全利用。

8.3.1 上海市公共数据授权运营安全体系框架

上海市作为中国的经济中心之一，其公共数据授权运营安全体系的建设具有示范性作用。通过打造城市级平台，上海市不仅支撑了公共数据的价值释放，还确立了一套完善的安全保障体系，以促进数据的安全流通和社会化利用。上海市政府办公厅授权上海数据集团开展本市公共数据运营业务，全面承担上海市公共数据运营基础设施的投资、建设、运营职责。上海数据集团按职能分工、以市场供应链为基准，汇聚不同职能主体，链式合作运营公共数据，产出要素性数据产品或服务，形成公共数据运营的整体思路。

1. 制度体系

首先，法规和制度体系的建设是确保数据安全的基础和保障。这一体系主要依托于《上海市数据条例》及其配套政策措施，形成了一个全面的法律支撑网络。《上海市数据条例》的出台标志着上海市在数据管理方面迈出了重要一步。该条例于 2021 年 11 月 25 日通过，并自 2022 年 1 月 1 日起正式施行。它聚焦于数据权益保障、数据流通利用和数据安全管理三大关键环节，旨在促进数据的合法利用和产业发展，同时确保数据安全。这一条例为公共数据授权运营提供了遵循的基本原则和行动指南。

为了确保公共数据的安全和高效运营，上海市政府已经制定了一系列配套政策措施。这些措施中，上海市发布的《公共数据安全分级指南》提供了公共数据安全分级的原则、规则和流程，指导公共管理和服务机构如何根据数据的敏感性和重要性进行分类，并采取相应的安全措施。此外，《上海市公共数据开放暂行办法》规定了公共数据开放的条件和要求。它对涉及商业秘密、个人隐私或法律法规规定不得开放的公共数据进行分类管理[159]，确保了数据开放的同时，也保护了数据主体的合法权益。进一步地，《上海市公共数据开放实施细则》明确了公共数据开放工作流程、相关要求和规则规范。这些细则促进了公共数据更深层次、更高质量的开放，为数据的合理利用提供了明确的操作指南。

另外，上海数据集团作为运营主体，也成立了专业的法律合规团队，针对生态中的各类角色制定相关政策，统筹制定相关数据标准，并积极参与国家标准、行业标准和市级法规制定过程，为生态建设提供安全的合规保障体系。提高数据标准化治理水平。上海数据集团通过制定严格的数据开发和治理规范，确保不同数据源之间的兼容性和互操作性。通过遵循统一的数据标准，提高了数据的可集成性，促进了跨平台和跨系统的数据交互。

通过这些法规和制度的实施，上海市公共数据授权运营的安全体系框架不仅为数据的安全流通提供了坚实的基础，也为数据的合法、合规和高效利用确立了清晰的路径。这些措施的结合，展现了上海市在推进公共数据授权运营安全体系建设方面的前瞻性和系统性思维，为其他城市提供了宝贵的经验和参考。

2. 组织体系

上海市公共数据授权运营的组织体系涵盖各类参与公共数据授权运营的实体。《上海市数据条例》中指出，市政府办公厅：组织制定公共数据授权运营管理办法，明确授权主体，授权条件、程序、数据范围，运营平台的服务和使用机制，运营行为规范，以及运营评价和退出情形等内容。市大数据中心：应当根据公共数据授权运营管理办法对被授权运营主体实施日常监督管理。2022年上海市政府办公厅授权上海数据集团开展上海市业务。

上海数据集团作为数据授权运营的主体，其组织架构中特别强调了与数据安全相关的部门设置和职能分配，通过设置合理高效的组织层级，实现对数据安全风险的有效管理和控制。在党委层面，上海数据集团设立了纪律检查室，负责监督数据安全相关的纪律执行情况，确保所有数据活动都符合既定的安全规范和法律法规。这一设置体现了党组织在数据安全管理中的核心作用，通过强化纪律约束来保障数据安全。董事会层面，设立了数据安全伦理合规委员会。该委员会专注于数据安全和伦理问题，确保数据的收集、处理、存储和共享等各个环节都遵循高标准的伦理规范和安全要求。委员会的工作有助于提升数据安全治理水平，防范潜在的数据安全风险。在经理层，设立安全管理部。安全管理部负责制定和执行全面的数据安全政策，监督数据安全措施的实施，并定期进行风险评估和安全审查。此外，该部门还负责协调跨部门的数据安全工作，确保数据安全策略在整个组织中得到一致执行。技术创新部在数据安全方面同样扮演着重要角色。该部门致力于数据安全技术的研发和创新，推动诸如区块链、隐私计算等先进技术在数据安全领域的应用。通过技术创新，上海数据集团能够不断提升数据安全防护能力，应对日益复杂的数据安全挑战。

3. 监管体系

上海市公共数据授权运营安全体系的设计和实施体现了从被动防御到主动防控的安全理念转变。这一体系通过构建全市公共数据安全态势感知和应急指挥机制，实现了对公共数据安全的全面监管[160]。以下是对该体系中主要内容的详细介绍。

（1）态势感知与应急指挥机制。以安全数据大脑为核心，利用大数据和异常流量监测技术，对互联网、电子政务外网、云服务等关键领域进行全天候、全方位的安全监测。实时反馈的安全大数据构建了"安全态势地图",实现公共数据安全的多维度展现。该机制能提前预警安全威胁,快速响应安全事件,提升信息安全事件的应对科学性。

(2) 协同监管机制。上海市建立了涉及公共数据主管部门、网络安全机构、大数据中心及各级数据责任部门和服务商的协同监管机制。该机制覆盖数据全生命周期,确保数据合规流动,实时阻断异常并告警。同时,监控关键数据服务商的安全控制,审核业务人员操作,确保各服务商履行安全责任。

(3) 风险应对与处置效率措施。监管体系还包括了提高全市公共数据安全风险应对能力和处置效率的措施。通过实现从"基于威胁的被动保护"向"基于风险的主动防控"的安全体系转变,监管体系强化了对潜在安全威胁的识别、评估和响应能力。这种转变有助于构建一个更加灵活、高效的安全监管环境,能够迅速适应新的安全挑战和威胁。

4. 上海数据集团安全运营实践——"天机·智信"平台

上海数据集团有限公司在安全运营方面的核心实践体现在其构建的城市数据空间关键基础设施——"天机·智信"平台,如图8-3所示。该平台不仅是公共数据汇聚、治理和开发利用的载体,更是上海数据集团安全保障能力的集中体现。

"天机·智信"平台采用了当前技术领域的前沿架构——湖仓一体、存算分离,这种设计大幅提升了数据处理的灵活性和扩展性,同时也加强了数据存储的安全性。平台深度整合了区块链和隐私计算技术,这些技术的应用为数据的安全性和可信度提供了坚实的技术支撑。依托"浦江数链"和"数字信任"体系,"天机·智信"平台实现了身份认证、访问控制、授权管理、安全审计和过程追溯等关键技术能力。这些能力覆盖了数据全生命周期,从数据的产生、采集、存储、加工、服务到使用,每一个环节都得到了严格的安全管理和保护。

在数据生命周期管理方面,"天机·智信"平台建立了两套体系:一

第 8 章　安全保障：公共数据授权运营安全体系建设

是数字信任体系，二是数据安全体系。这两套体系共同确保了数据在全流程中的安全性，并通过可信存系统实现了数据授权、数据使用、数据目录、数据服务等全流程的存证留痕，为第三方审计提供了不可抵赖的依据。

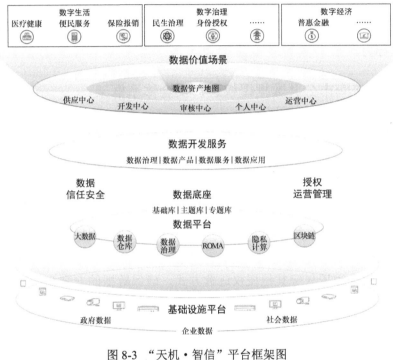

图 8-3　"天机·智信"平台框架图

（资料来源：《城市数据空间 CDS 白皮书》。）

平台服务于六类角色：数据提供方、数据需求方、授权运营方、开发利用方、平台运营方和监管方[161]。通过"一场景一审批"的联动机制，平台对有条件共享或开放的公共数据资源进行精细化管理，确保了数据的安全合规使用。此外，"天机·智信"平台还提供了四类数据开发服务，包括数据治理、数据产品、数据服务和数据应用等工具，这些工具为数据开发服务提供了强大的技术支持，形成了元数据管理、模型管理、数据质量管理等数据管控体系，进一步强化了数据资产管理能力。

2023 年 9 月底，随着"天机·智信"平台的上线发布，上海数据集团展示了其在公共数据授权运营方面的创新成果。平台的"1+2+4+X"整体架构方案,不仅体现了技术先进性和自主可控性,还彰显了上海数据集团在数据安全领域的领导地位。通过"天机·智信"平台的建设和运营,上海数据集团有限公司不仅推动了公共数据的社会化利用,更为公共数据授权运营的安全体系建设提供了有力的实践案例,展现了上海市在推进公共数据授权运营安全体系建设方面的创新能力和领导力。

8.3.2 济南市公共数据授权运营安全体系框架

济南市作为山东省的省会,正积极构建以政务大数据共享开放和公共数据授权运营为核心的内外双循环体系。通过这一体系,济南市不仅贯通了数据共享与开发利用的流程,还全面提高了数据流转的效率。济南市大数据局与浪潮云信息技术股份公司合作,共同推进公共数据授权运营平台的建设,浪潮云负责建设可信数据空间,为场景应用提供技术服务。济南市公共数据授权运营采取综合授权、分领域授权的方式,并逐步探索分级授权等其他授权运营方式,确保数据的安全合规开发利用与可信流通。

1. 制度体系

济南市公共数据授权运营的安全体系框架在制度层面上进行了全面构建,以确保数据的安全性和合规性。《济南市公共数据授权运营办法》作为该体系的核心,确立了公共数据授权运营的基本准则和操作流程。该办法严格依据《中华人民共和国数据安全法》和《山东省大数据发展促进条例》等法规制定,不仅规范了授权运营流程,还强化了数据安全保护措施,确保了数据要素市场的健康发展。济南市政府相继出台了《济南市公共数据授权运营办法》《济南市公共数据共享开放工作细则》和《济南市公共数据开放利用管理办法(试行)》等关键政策文件。这些文件为数据的安全管理、共享、开放和利用提供了明确的指导和规范,逐步完善了数据管理制度,确立了操作性强的数据安全操作指南和管理办法。

在制度体系中,济南市特别强调了数据安全管理的重要性。通过制定严格的数据分类和分级管理制度,对不同级别的数据实施相应的安全保护措施。同时,明确了数据安全责任制,确立了数据提供方、处理方和使用方的安全责任,确保了数据全生命周期的安全。济南市的制度体系还包括了对个人隐私保护的明确规定,确保在数据的收集、处理和共享过程中,个人隐私得到充分保护,符合相关法律法规的要求。此外,通过建立数据安全审查和评估机制,定期对数据安全措施进行审查和评估,确保数据的合规利用。

通过这些制度的实施,济南市公共数据授权运营的安全体系框架不仅为数据的安全流通和合规利用提供了坚实的法规基础,也为数据资源的合理开发和有效保护设立了明确的操作指南和管理办法。这些措施共同构建了一个透明、可靠且高效的公共数据授权运营环境,保障了数据安全和个人隐私权益,为济南市数据驱动的公共服务创新和社会经济发展提供了坚实的支撑。

2. 组织体系

济南市公共数据授权运营安全制度体系框架的构建,旨在通过精心设计的组织架构,确保数据的安全性和高效利用。这一体系涵盖了从市级到区县级的多个部门,包括济南市人民政府、授权单位、运营单位、监管部门在内的参与公共数据授权运营的实体。

1)济南市人民政府,负责本市公共数据授权运营的整体统筹规划。市、区县大数据主管部门:担任着组织体系的枢纽角色,不仅负责统筹规划全市公共数据的安全运营策略,还需协调各相关部门,确保各项政策和措施得到有效执行。由市大数据主管部门建立健全公共数据产品全生命周期安全合规管理机制,制定安全合规审查、风险评估、监测预警等授权运营安全防护制度规范和技术标准。

2）授权单位，作为数据的提供者，扮演着至关重要的角色。它们通常是政府部门或其授权的机构，负责与运营单位签订授权协议，明确数据的使用范围、目的和条件。授权单位需确保数据授权过程的合法性、合规性，并监督运营单位履行数据安全义务。

3）运营单位，运营单位在确保数据安全的前提下，通过创新和技术开发，挖掘数据的潜在价值，推动数据资源的有效转化。运营单位需组织开展安全培训和应急演练。

4）监管部门，网信、公安、国家安全、保密等部门按照各自职责，共同做好公共数据授权运营的安全监督管理工作。

3. 济南市可信数据空间项目的安全运营实践

济南市可信数据空间项目作为公共数据授权运营安全体系框架的关键实践，致力于通过创新的技术和服务模式，确保数据的安全性和合规性，同时促进数据资源的有效利用和价值最大化。该项目有以下几方面的关键措施。

（1）**进行授权单位安全责任制的深化实施**。项目采取了"谁授权谁监管、谁运营谁负责"的安全责任制度，这一制度不仅明确了授权单位和运营单位是公共数据安全的第一责任人，而且强化了它们在数据授权和运营过程中的法律责任和道德义务。相关单位必须严格遵守数据安全法规，确保数据的合法合规使用，同时建立起一套完善的内部管理和审计机制，以实现对数据安全风险的实时监控和快速响应。

（2）**推动技术平台建设的全面升级**。在济南市大数据局的精心指导下，浪潮云信息技术股份公司搭建了多个技术平台，包括但不限于公共数据运营管理平台、隐私计算平台、数据沙箱和区块链平台。这些平台的建立，不仅为数据的安全存储、处理和传输提供了坚实的技术保障，而且通过采用先进的加密技术、访问控制和网络安全措施，进一步加强了各个环节对数据的保护。此外，这些平台还支持数据的动态监管和实时监控，确保数据安全策略得到有效执行。

（3）**促进数据安全流通的创新实践**。项目在政务外网区和互联网区部署的中心节点和计算节点，是确保公共数据合规授权与安全可信流通的关键。这些节点的建立，不仅加强了数据在传输过程中的安全性，而且通过实施严格的数据访问和处理规则，保障了数据在整个生命周期中的安全。此外，项目还采用了数据加密、数据脱敏和安全协议等技术手段，进一步确保了数据在不同网络环境下的安全流通。

第 9 章 智慧融通：公共数据授权运营的典型场景

我国公共数据运营整体处于启动发展、多元探索阶段，部分先行先试，各地区各领域创新探索百舸争流。多地政府通过出台相关政策和探索实践，积极推进公共数据资源的开放和运营，旨在挖掘数据的价值，促进经济增长和社会福祉。尤其是在金融、政务、医疗、零售等领域，公共数据授权运营已形成了较多应用场景落地，为行业发展提供了新的思路和动力。对公共数据授权运营实践案例进行深入的调研与分析，有助于厘清公共数据授权运营全链路的模式机制，为各地方、行业进一步参与公共数据授权运营实践探索提供助力。因此在进行全国广泛收集的基础上进行了深入的调研与分析，本书将选取医疗健康、交通运输、金融服务等有代表性的领域的公共数据授权运营的典型实践案例加以剖析，为全国正在开展或即将开展相关工作的地方及行业提供方向性参考，反哺于实践水平提升与创新应用培育。

9.1 医疗健康领域

医疗健康领域的公共数据，不仅具有公共数据所具备的一般共享性，还有普遍的真实性、隐私性、海量性、多方持有性、复杂性等特点[162]。电子病历、诊疗数据等医疗基础数据，对其进行治理整合后实现共享的困难较大。微观上医疗健康公共数据包含个体身体健康情况、医疗就诊情况等数据，宏观上包含疾病传播、区域人口健康状况等数据。

《"数据要素×"三年行动计划（2024—2026年）》明确提出，在医疗健康领域，支持公立医疗机构在合法合规前提下向金融、养老等经营主体共享数据，支撑商业保险产品、疗养修养等服务产品的精准设计，拓展智慧医疗、智能健康管理等数据应用新模式新业态，有序释放健康医疗数据价值，加强医疗数据融合创新。目前医疗领域的公共数据授权运营在智能核保、保险理赔、医药等医疗领域示范场景落地。

9.1.1 优秀案例及成果

1. 温州市"'安诊无忧'陪诊服务"

"安诊无忧"聚焦各类社会群体"看病难"问题及需求痛点，围绕陪诊服务预约、陪诊师可信认证、就诊流程监控三大场景，借助信息化手段，建设病患预约端和陪诊服务端，为陪诊需求人群和陪诊师、陪诊机构搭建供需桥梁。通过陪诊师身份认证和能力认证，针对时空、病患身体情况、病患诉求信息进行匹配，为不同用户带来高效便捷、安全贴心的陪诊服务，助力减轻就医负担，优化就诊体验。"'安诊无忧'陪诊服务"作品荣获2022浙江数据开放创新应用大赛二等奖，其通过打造"安诊无忧"数智护理平台，采用派单推荐算法，为不同用户精准匹配陪诊服务、陪护服务和上门护理服务，提供点对点服务。"安诊无忧"陪诊服务中，公共数据授权运营的参与主体如图9-1所示。

（1）**授权运营**。该应用主要参与单位为国数联仁（授权运营单位，运营主体）、温州市大数据发展管理局（数据主管部门，授权主体）、中电浙江（平台运营单位，运营主体）、温州市卫健委（数据提供单位，供应主体）、各医疗机构及社会公众（使用主体）；数据来源为授权的公共数据和企业自有数据，其中公共数据是指卫健委数据，企业自有数据是指针对场景内的护理人员进行的资质审核。

（2）**实现路径**。按照《温州市公共数据授权运营管理实施细则（试行）》，公共数据基于温州市公共数据授权运营域，经加工和授权后，以标签形式流转至"安诊无忧"业务系统。系统归集患者就诊时间、入院时间、疾病信息、就诊医院地址和老年人、孕妇、特殊人员、残疾人等需要特殊照顾人群信息，结合企业自有的护理人员信息，通过算法模型，匹配出最精准服务项目及人员；围绕陪诊预约、陪诊师可信认证、就诊流程监控 3 大场景，融合利用来自卫健、人社、司法等 7 个部门的 15 个数据集、61 个核心字段。如利用社会保险个人参保信息、职业技能证书信息，可以确认陪诊师就业参保，并为陪诊师等级定档提供参考；利用个人医疗健康数据、健康证明数据，认证陪诊师的健康状态，针对不同用户提供定制化服务；利用优秀志愿者信息，可针对特殊照顾群体提供陪诊服务等。

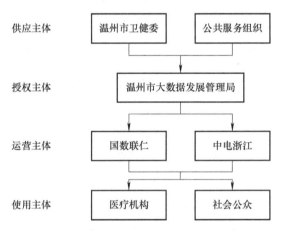

图 9-1 "安诊无忧"陪诊服务参与主体

（资料来源：温州市数据开发平台。）

（3）**运营成果**。"安诊无忧"数智护理服务平台入驻医院 4 家（温州医科大学附属第一和第二医院、温州中西医结合医院、温州市人民医院），服务内容 3 项（就医陪诊、院内陪护、上门护理），具体类别包括尊享陪诊、新生儿护理、优享就医、护理指导、基因检测、中医按摩、健康巡护、居家照护、肿瘤筛查、疾病筛查 10 项。上架产品均有定价，但部分产品的定价为测试数据。经济效益方面，根据中国通信标准化协会大数据技术标准推进委员会《公共数据授权运营案例集（2023 年）》测算,该场景将对千万级人口城市产生纳统收入 5 亿元/年,年复合增长率 10%,带动相关产业税收增值 30%。社会效益方面,"安诊无忧"数智护理平台涉及陪诊、陪护和上门护理等产业,将创造大量的就业岗位,如陪诊、陪护和护理人员,医疗技术人员、护士、业务培训人员等。同时推动培训机构、健康咨询机构等行业发展。

2. 山东省北方中心健康医疗平台

2022 年 4 月 1 日,山东省开始实行《山东省公共数据开放办法》,明确利用合法获取的公共数据开发的数据产品和数据服务,可以按照规定进行交易,有关财产权益依法受保护。《山东省公共数据开放办法》中将卫生健康列为重点和优先开放的公共数据。依托山东省全民健康信息平台和国家健康医疗大数据中心(北方)(以下简称"北方中心")平台,山东省积极推进健康医疗大数据开发利用,在数据资源、开发利用、规制主体、数据安全等方面做了部署和应用,以探索健康医疗服务新业态新模式,促进健康医疗数据高效运用。

目前北方中心的数据产品已全面覆盖"五惠"场景:在惠民领域,推出了非标体健康险产品设计、免健康告知百万医疗险结合 AI 健康管理的产品,实现了从"保健康人"到"保人健康"的转变,强化商业医疗保险,有力支撑多层次医疗保障。在惠政领域,发布了健康医疗资源优化配置研究报告,旨在规范医疗行为,建立患者安全环境,并支持区域健康医疗资源的优化配置。在惠医领域,以专病数据融合应用为切入点,针对肿瘤高风险人群建立了全生命周期健康管理数据队列,推动临床医学与精准医学的发展。在惠研领域,基于人群流行病学分析报告及老年慢性疾病管理研究报告管理老年慢性疾病,进而优化老年健康服务资源配置。在惠企领域,立足大模型垂直领域应用,研发训练医疗大模型,同时创建了全病种精算定价模型。帮助在早期识别患者的健康风险,迅速实施积极干预,助力优化医疗决策和个性化治疗方式。

（1）**授权运营**。作为分散直接授权型运营模式的经典代表，对于该场景授权运营机制的研究是很有价值与引导意义的。"北方中心"作为数据管理主体，以山东省卫健委为数据的主要供应源，将医疗健康公共数据运营授权给北方健康医疗大数据科技有限公司。北方健康医疗大数据科技有限公司（联仁健康牵头与山东省属国有企业、优质民营企业共同组建，以下简称北方健康）负责数据产品的运营，最终交付公众及医疗机构使用。

（2）**实现路径**。北方健康以北方中心为底座，基于北方中心运营授权和海量数据资源构建了"一湖三台"的核心技术体系架构，实现了对医疗数据的全流程一体化服务，有效支撑了公共卫生精准医疗、互联网医院、医药研发等业务开展，为探索健康医疗服务新业态新模式、促进健康医疗数据高效运用奠定了坚实基础。

（3）**运营成果**。北方健康凭借其卓越的数据治理能力，积累了丰富的亿级规模人口数据处理经验。与全国排名前列的多家国家级、省级、市级顶尖三甲医院建立了深度合作关系，共同推进数据平台和数据治理工程的建设，成功将健康医疗数据创新应用于商业保险、人工智能、金融、药械等多个领域，提升了数据价值的转化能力。疫情期间，北方健康医疗大数据科技有限公司积极响应临沂等多地疫情防控需求，高效配合当地建设疫情防控平台，成功汇集了临沂市 1000 万人口涉及疾控、卫健、医院、教育、政法、民政等多个部门的疫情防控相关数据，并对超过 10 亿条数据进行了有效治理，为当地疫情防控工作提供了强有力的数据支持。社会效益方面，健康中心紧跟国家大数据战略和数据要素市场化配置改革布局方向，持续升级北方中心健康医疗大数据平台和要素网络，积极构建医疗健康领域数据技术设施底座，支撑全国健康医疗数据要素大规模流通，与产业链各方深入合作，持续赋能"三医联动"和大健康产业高质量发展；开创了分散直接授权型运营模式，被视作经典，为各省市公共数据授权运营垂范。

3. 宁波市"甬有智医"医疗 AI 服务

宁波市"甬有智医"医疗 AI 服务基于医疗卫生领域的诊疗数据、体检数据、居民健康档案数据的授权运营，通过数据资源与产业深度融合的方式，为传统产业的数字化转型与升级赋能，重新塑造价值。该应用旨在构筑专病筛、诊、治、管全期智能化健康管理服务模式，建立覆盖前中后期健康管理、健康保障、疾病康复的全面保障体系，探索和践行健康中国新思路、新方法、新理念，从而满足日益多元化的用户需求。该场景通过疾病早筛，构建全周期、全流程、全人群的全民健康管理体系，实现疾病"筛诊治管"闭环规范化管理，提高宁波当地居民的疾病早筛覆盖率、整体治疗水平和康复能力。

（1）**授权运营**。该场景所涉及的利益相关主体为宁波市卫健委（数据提供单位，供应主体），宁波市大数据部门（数据主管部门，授权主体），宁波数据交易专区（平台运营单位，运营主体），宁波甬有医疗器械有限公司（授权运营单位，运营主体），各医疗机构及社会公众、科研院所（使用主体）。涉及健康医疗领域诊疗数据、体检数据、居民健康档案数据等公共数据。

（2）**实现路径**。通过健康医疗领域诊疗数据、体检数据、居民健康档案数据的公共数据授权运营，建立专病标注数据库，搭建医疗 AI 模型的研发、训练、验证等深度学习环节，辅助模型研发。AI 模型能够分析来自医疗记录、影像诊断、基因组数据等多种来源的庞大数据集，以协助医生做出更准确的诊断和治疗决策。例如，深度学习模型在影像医学领域中被用于识别和分类医学图像，提高了疾病检测的准确性和效率。该场景通过疾病早筛，构建全周期、全流程、全人群的全民健康管理体系，实现疾病"筛诊治管"闭环规范化管理。

（3）**运营成果**。目前，已累计完成 577932 次专病主动筛查监测，发现 42198 名疑似人员，并经联合评估确诊纳入管理 726 人。"优享照护"平台利用该数据产品，进一步提供覆盖诊前、诊中、诊后的健康照护服务，实现线上派单、线下服务、双向互评，改变传统的"盲"找护工的模式，现已覆盖 39 家市级和区县医院、26 家服务机构，累计注册用户 3.5 万人，累计订单 6000 单，累计交易金额超 450 万元。社会效益方面，该场景将先进的医疗产业与现代信息技术有机融合，打造数智赋能医疗产业发展的新模式，优化了诊疗过程，其管理模式产生了智能化的新飞跃，不断提升宁波当地居民的疾病早筛覆盖率、整体治疗水平和康复能力，提高诊疗水平和患者依从性，从而提升居民生活质量和社会整体健康水平。

9.1.2 领域分析

在健康医疗领域的公共数据授权运营应用场景分析中，涉及授权主体和运营主体、医疗公共数据特点、授权模式及价值共创等多个方面。

1. 授权主体和运营主体

医疗健康领域的公共数据授权运营的授权主体一般由该行政区数据局或其他数据管理机构担任，供应主体一般为本辖区内医疗卫生事务管理部门（卫健委）、各级公立医院及相关的医疗、科研机构，也有公共数据开放共享平台所归集的数据。医疗健康领域的公共数据授权运营的运营主体一般为该行政区政府所授权的数据运营公司；使用主体则较为多元、各有侧重，患者、医疗机构（医务人员）、医疗行业科研人员都可能是目标使用者。

2. 医疗公共数据特点

医疗数据的分散性主要体现在两个方面：一是地域上的分散性，医疗数据往往归集到各个地方医院中；二是领域上的分散性，医疗数据不仅仅贯穿于诊疗过程（通常涉及多部门合作），还需要向行政管理部门、医保办提供证明作为医院乃至科室 DRG 绩效评价的直接依据，还要面向社会公众开放必要的诊疗信息及科普知识，也不能吝啬于向科研机构与高校提供必要的科研数据支持。由于医疗数据与国民安全及健康息息相关，又涉及敏感的个人隐私，就可以普及的技术条件而言，建立一个统一的医疗事业公共服务平台是不现实的。考虑到不同医院、众多医疗机构对医疗数据的需求，目前最佳路径就是交由多个部门负责更为具体、细化的授权（如同济医院）。

3. 授权模式

医疗公共数据授权运营采用分散授权模式，目前以浙江、山东、宁夏的实践最具有代表性。这其中山东、宁夏采用的是分散直接授权模式，而浙江采用的则是统一间接多主体授权模式，这显然是因地制宜的策略，但本书注意到无论采用的是哪种模式，辖区无一例外地将公共数据交由多个主体授权运营，即采用分散授权模式。

医疗公共数据的授权运营模式并不固定，各地需依据本辖区内的实际情况决定采用哪种模式。目前，比较成功的案例有山东省的"北方健康中心"所采用的分散直接授权模式及江浙沪地区所采用的统一间接授权模式。"北方中心"一湖三台的核心技术架构实现了对医疗数据及其相关分散在各地的海量数据资源的全流程管理，其所设计的机制里各方权责明确，北方健康中心作为政府职能的承担者与服务者主要对政府负责，自主性较弱。实施这一模式的前提条件是有一个强有力的政府来组织管理，被授权机构资金充裕、信息技术水平高，相对的，对于该地政府的信息资源管理及信息技术能力的要求较宽，非常适合数据要素基础设施起步晚、技术及经济储备不足的地区采用。而在"甬有智医""安诊无忧"等创新产品所落地的江浙沪地区，其医疗数据授权运营则是采取统一间接多主体授权模式。统一，是因为该地区有良好的信息技术基础与富足的信息技术人才储备，已经形成了统一的数据归集中心（供给角度）；间接，是因为当地政府主要采取服务型的管理模式，社会公众参与社会管理已成为共识，因而，授权对象（客体）除了向上对政府直接负责外，与社会公众打交道、谋利益也是其需要考虑的问题。

4. 价值共创

在数据要素化阶段，大量有开发潜力、有应用价值的数据分布较为分散。将原始的公共医疗数据转化为医疗数据资源，普通医院通常将机房建在院内，往往采用自建机房为主的建设模式。省级区域数据中心作为医疗数据的归集加工机构，往往会采用云服务进行存储，其服务费用往往由原始数据所有者承担，由此完成了医疗数据资源化这一环节中的价值增值。依据《全民健康信息化调查报告》，所有省级卫生健康委均拥有数据与中心机房，82.3%的市级数据中心拥有机房。可以说，我国在省域层次上推动医疗数据授权运营的物质基础已经初步形成。

数据产品化阶段是目前医疗公共数据增值的重要阶段，也是目前该领域政策、实践所引导的重要着力点。负责授权运营的组织不但需要对存储的数据进行规模化处理，还可以根据资源使用机构、市场及授权运营机构的需求直接调用数据建成专病数据库，以解决国内医院信息孤岛、数据标准化程度低及科研投入大、效率低的问题。

相较于开放共享，授权运营的医疗数据的价值增值往往在数据产品化阶段的交易中更为显著。这样的特点催生了一大批专注于开发应用产品的企业，原来专注于做平台的运营主体也开始向数据产品、数据应用进军，形成了所谓的"数据中台"。"数据中台"是一种战略架构和组织形式，旨在通过持续不断的机制将数据转化为资产，并高效地服务于企业业务，确保数据的有效利用和价值最大化。在医疗健康行业里，医院等运营主体将各种原始数据导入中台，中台将自动对各类数据进行规范化处理，形成数据地图，以便于后期的应用与调取。

总体而言，医疗健康公共数据的授权运营模式仍然处于实践中发展的阶段，各地区的授权运营模式都不大一致，这与各地医疗数据的特性、使用主体的多样化密切相关。在地方医疗健康公共数据授权运营的推进中，通过专项政策文件，数据管理的规范与数据利用的发展策略渐渐明确。基础设施与系统平台的分离建设，为数据的安全与合规使用提供了技术保障,同时也为医疗健康数据的深入开发与应用提供了封闭而安全的环境。

然而,公共数据授权运营并未解决当前医疗健康行业数据碎片化的问题(主要有三种:用途碎片化,没有一个统一平台服务于科研机构、医疗机构、患者及社会公众;诊疗过程碎片化,诊疗过程中各个环节的数据不互联互通;地域性碎片化,各医院之间的电子病历、诊疗数据互不认可),价值共创的效果较为有限。

9.2 交通运输领域

交通领域的公共数据要素赋能,目前推出了智能驾驶、智慧路网、智慧停车、智慧公交、智能导航等应用场景。交通运输领域的公共数据主要包括客运数据、货运数据、公交数据、轨道数据、交通枢纽数据、公路数据、桥隧数据、道路事故数据等。同时,各地区依据自身的实际情况选择不同的授权运营模式,如分散直接授权模式或统一间接授权模式。

9.2.1 优秀案例及成果

1. 温州市"数智绿波"应用

绿波带建设是缓解城市道路拥堵的重要手段。传统意义上的"绿波带",是指合理设计道路上各路口信号灯启动时间差,确保按设定车速行驶的车辆在路口"恰好"遇绿灯,减少或避免停车,提升通行效率。然而,传统绿波带建设基于大量人工勘测,形成的实施方案相对比较"固化",实施效果不佳。因而,温州市"数智绿波"旨在通过公共数据+AI生成动态智能优化路段绿波方案,以有效缓解高峰期道路拥堵,如图 9-2 所示。

(1)授权运营。该场景所涉及的利益相关主体为温州市公安局交通管理局(数据提供单位,供应主体)、中国(温州)数安港企业、每日互动与智慧交通生态企业云通数达（授权运营单位，运营主体），温州市龙湾区大数据管理中心（数据主管部门，授权主体），社会公众（使用主体）。涉及公交车实时位置信息、网约车车辆基本信息等城市交通相关公共数据。

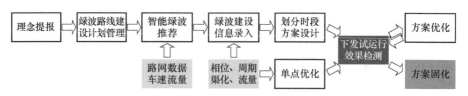

图 9-2　每日互动智能绿波带建设思路示意

（资料来源：https://ifenxi.com/research/content/6328。）

（2）**实现路径**。龙湾区开发的"数智绿波"应用，融合了公交车实时位置信息、网约车车辆基本信息等城市交通相关公共数据。通过人工智能深度学习训练，可根据路面的交通流数据进行快速优化，打造路口优化、绿波设计、绿波监测、方案管理等核心功能，避免各路口、路段缺少实时数据，导致区域交通整体陷入低效的情况。在实际应用中，基于"绿波"调度，使交通信号控制系统成了高效畅通的核心枢纽。

（3）**运营成果**。"数智绿波"在温州市推广建设，在温州织就了通达便捷的绿波路网。目前，温州市已经建成了 136 条绿波道路，覆盖了 906 个路口，总里程达到 407 千米。龙湾区通过数智绿波已建成 15 条绿波道路，覆盖 46.12 千米路段，高峰期通勤时间缩短 15%~20%，平峰期通行时间缩短 30%左右，市民通勤时间缩短 15~20 分钟/天。在温州大道龙湾段（全长 12 千米）应用数智交通绿波后，平均通行车速从 27 千米/小时提高到 45 千米/小时，通行时间从 27 分钟缩短至 16 分钟。经测算，数智绿波场景对道路优化后，机动车通行能力平均提升 20%。社会效益方面，"数智绿波"方案在温州、杭州等城市（地区）的落地大大缓解了高峰期道路拥堵，提高了公共交通及公路的利用率与机动车的通行能力，缩短了居民的等待时间与通勤时间。其对道路的优化有效破解了道路过饱和问题，进一步盘活了东西走向交通空间资源，让城市路网的功能更加协调与完善,缓解了资源的时空分布不均与按交通(地理)分布的不均,增强了交通信号控制系统的服务能力并提高了其运行效率,创造了数智赋能提出创新性行业解决方案的范例。

"数智绿波"已经在杭州、温州、湖州、太原等多个地区推广实施,截至 2023 年,全国范围内已经建设了 500 多条"数智绿波",总里程约 1000 千米,协调的路口数量近 3000 个,平均提速超过 20%。在杭州亚运会期间,杭州公安交警通过实施多种智能化动态交通管理方案确保赛事车辆的优先通行和安全顺畅,其中包括全域"数智绿波"方案。

2. 自动驾驶车路协同仿真场景库

德清与阿里云、毫末智行合作发布了中国第一个基于真实交通数据生成、符合数据合规要求、基于车路协同云服务的大规模自动驾驶场景库,有助于提升中国自动驾驶技术的成熟度,并促进车路云协同发展,如图 9-3 所示。浙江德清积极推动公共资源和应用场景的开放,在多个关键领域实施示范场景应用,如公共交通服务、城市管理、物流配送及基础地理信息数据服务等,支持国家级车联网先导区(浙江德清)内的车联网企业积极参与场景建设与示范运营。

图 9-3 自动驾驶车路协同仿真系统

(资料来源:https://haomo.ai/mana。)

德清县公共数据授权运营打造了自动驾驶车路协同仿真场景库，数据产品通过数据出域技术审查、合规性审核和公共数据主管部门审核等流程，最终可提供给车企进行调用，实现了车联网领域公共数据与社会数据融合赋能的新突破，是浙江省首个车联网公共数据产品。德清县专注于车联网和地理信息领域，成为浙江省发布公共数据授权运营应用场景公告的首个县域，并在相关专家协调小组审议下确定了公共数据授权运营单位，是浙江省首个签订公共数据授权运营协议的县域。

（1）**授权运营**。该应用主要参与单位为德清城市数据经营管理有限公司（授权运营单位，运营主体），德清县人民政府（数据主管部门，授权主体），大数据发展管理局（数据提供单位，供应主体），自动驾驶/车路协同领域车企（使用主体）。涉及红绿灯、交通事故、事故频发路段等公共数据。

（2）**实现路径**。德清充分利用国家级车联网先导区的基础优势，授权企业融合公共数据和车路协同数据，利用 V2X 车路协同技术实时感知道路施工的位置、状态和交通影响等信息，开发了一系列场景模型；包括道路危险状况警示和闯红灯预警功能，建设出弯道超车提醒、车距控制等 10 种以上自动驾驶车辆仿真测试场景，可以为车企极大降低测试成本。

（3）**运营成果**。相较于传统的道路采集方法，企业利用仿真场景库进行模拟训练可以减少 40%～50%的道路测试时间，并降低大量研发成本，完善德清车联网"仿真—封闭—开放道路"的测试服务链，为车联网行业的发展提供支持。目前，德清已经与大众集团、赢彻科技、交通运输部公路院等车企和科研机构进行了测试对接。

德清在数据要素的价值化、资产化和资本化道路上持续探索，在全省范围内推出了首批 8 个车联网数据产品，并率先完成了车联网先导区的数据知识产权登记，成功实施首笔车联网数据知识产权质押贷款，有效推动了"数据—数据产品—数据知识产权登记—数据价值变现"这一完整的数据要素价值转化链。

9.2.2 领域分析

交通运输领域的公共数据授权运营应用场景分析,涉及授权主体和运营主体、交通公共数据特点、授权模式及价值共创等四个方面。

1. 授权主体和运营主体

机制角度上,该领域授权主体通常由交通运输管理部门或数据管理机构担任,负责制定数据授权政策和监督数据使用。数据供应主体则包括各级交通运输部门、公共交通企业（如公交、地铁、出租车公司）、物流企业、高速公路管理企业等,它们提供运营数据和相关信息。运营主体则主要是由政府授权的国有企业或私营企业,负责数据的收集、整合、维护和提供服务。使用主体较为多元广泛,包括但不限于交通运输企业、物流企业、科研机构、城市规划部门、交通管理部门以及公众等。

2. 交通公共数据特点

交通运输数据具有实时性、动态性和多样性,包括车辆运行数据、乘客流量数据、交通监控数据等。交通数据也涉及个人隐私披露问题,具有一定的安全敏感性:交通运输数据不仅涉及大量的个人位置信息和行程数据,还可能包括敏感的个人身份信息,一旦泄露或滥用,可能会对个人隐私造成严重威胁。由这些特性出发,交通数据需要建立高效的数据收集系统,确保数据的准确性和实时性。数据处理方面,对收集到的数据进行分析和处理,提取有价值的信息,因用制宜开发交通模型,为决策提供支持。数据应用方面,运营主体开发的数据产品可以应用于交通规划、交通管理、智能交通系统开发等多个方面,也可以直接服务于个人用户,帮助其做交通决策。相较于其他领域,交通数据更加具有分散性、动态性。

3. 授权模式

关于授权模式，与医疗健康领域类似，各地区通常依据自身的实际情况选择不同的授权运营模式。如采取分散直接授权模式（如新能源车保险联合定价应用），即各供应主体直接授权给运营主体（联合定价的各方）。在这种模式中，交通运输部门可能会直接与保险公司合作，共享必要的交通数据，以便为新能源车主提供定制化的保险服务。这种直接授权方式有助于快速响应市场需求，促进跨行业合作。还有统一间接授权模式，即通过一个中心机构统一管理和授权数据（温州市"数智绿波"及上海市）。在这种模式下，市政府或指定的数据中心作为授权方，负责收集、整合和管理交通数据，然后根据严格的法律法规和政策，向被授权方提供数据访问权限。这种模式有助于确保数据的安全性和合规性，同时也便于监管和审计。

选择授权模式是多种考虑因素相互叠加、相互制约、相互作用的结果。在交通运输领域，须考虑的多种因素包括数据的敏感性、数据使用的目的、数据共享的范围、法律法规的要求以及数据主体的权益保护等。例如，对于涉及个人隐私的健康数据，可能需要更加严格的授权和保护措施。同时，也需要考虑如何平衡数据共享与隐私保护之间的关系，确保数据的合理利用，同时尊重和保护数据主体的权利。

4. 价值共创

在要素资源化阶段，需要完成的主要工作有：基础设施建设，包括交通监控系统、GPS 定位系统等，这些都需要投入大量资金进行建设和维护，一般由政府（交通运输行政管理部门）统筹资源建设，为数据最初的资源化打好基础。而在产品化阶段初期，进行数据收集与处理，运营主体需要对收集的数据进行清洗、整合，在这一阶段形成可用的数据资源，为下一阶段的产品化、资本化扫清技术壁垒与机制障碍。在价值链下游，根据市场需求与政策引导推动数据产品开发与服务，运营主体在这一阶段将主要开发交通流量分析、智能导航、物流优化等数据产品，提供给使用主体。

总体来说，交通运输领域的价值共创在各领域的实践中处于领先地位。然而，尽管目前有一些基于区块链、联邦学习的数据安全技术加持，大规模交通数据的安全使用、传输仍然是一个值得关注的问题。

9.3 金融服务

目前，公共数据授权运营的商业化产品应用多集中于金融领域。金融领域的公共数据要素应用场景较为普遍，基本模式为通过数据库或数据库+大模型，刻画用户画像，提高银行、保险等金融机构的投资决策、风险管理等能力。数据产品种类繁多，主要涵盖个人信息类、企业信息类及其他类别。在企业信息类数据产品中，内容广泛，包括企业的基本信息、日常经营活动数据、投融资详情、企业画像分析、关联企业的信息，以及基于企业数据所衍生的行业资讯和完整的产业链信息[163]。交易的数据产品种类从多到少依次为个人征信、公安、不动产、工商、发票、司法、社保、保险、资讯、反欺诈、风险、动产、舆情、信用卡、估值、投研类、电力、航旅类、航运、地图、产业与供应链数据。应用场景包括信贷风险评估、交易欺诈识别、精准营销、供应链金融、运营优化、智能投顾、量化投研、风险定价、金融反欺诈、反洗钱等。

9.3.1 优秀案例及成果

1. 北京市京云征信平台

京云征信平台以北京金融公共数据专区数据为支撑（见图 9-4），通过"平台+产品+服务"的模式，建立企业信用信息的"汇、管、用、评"闭环应用体系机制，为金融机构、企业提供企业信用信息查询、信用评估、风险预警、征信报告等征信服务。全面覆盖银企在融资活动中的贷前、贷中、贷后等数据应用场景及服务需求。京云征信平台现已具备超过 2000 余企业标签信息,对企业进行全面画像。

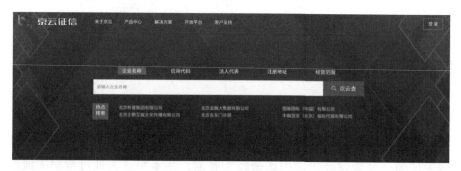

图 9-4　京云征信平台

(资料来源：https://www.bjzhengxin.com.cn/index。)

目前平台多类公共数据已融入某国有大型银行总行系统,打造形成全流程信用风险监控预警体系,实现企业客户潜在风险及时阻断。同时,平台正与头部券商协作研发"泛科创企业挖掘引擎",打造优质早期科创企业的发掘能力。还大力推动"联合建模实验室"建设,依托北京金融公共数据专区数据资源禀赋,打造科技金融创新生态圈,务实推进公共数据与银行信贷数据融合创新。

(1)**授权运营**。该应用场景的主要参与单位为,北京金融大数据有限公司(授权运营单位,运营主体)、北京市经济和信息化局(数据主管部门,授权主体)、北京金融控股集团(平台运营单位,运营主体),北京市各级行政机关和公共服务单位(数据提供单位,供应主体),各金融机构、企业(使用主体)。数据来源为授权的公共数据,其中公共数据是指北京市各级行政机关和公共服务单位在履行职责和提供服务过程中获取和制作的具有金融属性或金融应用价值的政务数据资源。

(2)**实现路径**。京云征信平台依托北京金融公共数据专区涉企数据,持续迭代行业赛道、产业画像报告等标准产品,丰富企业维度的"产业标签",为首都相关产业提供全景画像支持,构建了由全景画像查询、精准营销服务、智能风险监测和联合建模服务组成的数字征信产品体系，降低了银企信息不对称，推动公共数据在金融机构和政府部门的融合应用。

（3）运营成果。在企业综合画像、新企速递、新客优选、营销客群精准定位、授信额度精准评估、贷后风险预警等全流程数字征信产品支持下，金融机构普惠金融业务质效持续提升。截至2023年，与区政府客户合作中，已实现400项政策5万余次智能推送，落地企业申报信息智能核验16万余次，服务北京经开区企业6000家，所涉政策扶持金额超100亿元。

公共数据还融入了北京市供应链金融综合服务平台和小微企业融资对接服务平台，支撑企业准入审批和预授信额度估算等核心业务模块。平台已汇聚北京各委办局2300余项高价值数据，实现市场主体全覆盖，数据总量超50亿条。在此基础上，平台打造了超3000项标签"企业画像引擎"，并深度切入信贷、风控等金融核心业务，数据服务调用量累计近2亿次。

2. 余姚市"道德银行"

"道德信用贷"是由余姚市文明办等部门携手余姚农村商业银行推出的普惠金融产品，2018年至今已经历了三个版本的升级。道德银行这一数据产品，其重点在于解决农民群众贷款难、致富难等问题。为此，道德银行仿照真正的银行，推出道德信用贷、道德码、道德积分等，如图9-5所示。其中，"道德信用贷"主要为道德分数符合条件的农户提供信贷优惠服务；"道德码"作为农民享受道德礼遇项目的依据；"道德积分"用于兑换物品奖励。依据《余姚市道德积分管理办法》，采用线上+线下道德评议方式，打造网格、村、镇、市四级评议体系。构建道德评议、遵纪守法、诚实守信、志愿奉献、崇德向善等五个维度的算法模型，通过省市回流的失信执行人、行政处罚、志愿服务信息，公积金个人缴存信息，社保就业领域人员参保信息等公共数据，融合信用、保险、金融等领域社会数据,精准刻画农户个人画像,为信贷、礼遇等提供参考。

图 9-5　道德银行使用界面

(资料来源:https://www.zjwx.gov.cn/art/2021/2/9/art_1673582_58868502.html。)

"道德信用贷"的应用场景是解决具备良好道德表现的常住农户的信贷问题。该应用场景通过授权运营将公共数据和道德数据结合,挖掘数据的信用价值,让"道德"与"信贷"联姻,解决群众创业授信难、贷款贵等问题。

(1)**授权运营**。该应用主要参与单位为余姚舜智投资发展有限公司、余姚农村商业银行(授权运营单位,运营主体),余姚市文明办等部门(数据提供单位,供应主体),宁波市大数据发展管理局(数据主管部门,授权主体),余姚市各地区农户(使用主体)。涉及住建、公安、资规、市场监管、人社、建设、税务、法院等九大领域3600余万条公共数据。

（2）**实现路径**。通过"区块链+政务数据"共享，以及融合省市回流的失信被执行人、行政处罚、志愿服务信息，公积金个人缴存信息，社保就业领域人员参保信息等公共数据，形成公共数据运营模式，打造"道德信用贷"专题库、道德码、道德积分等数据产品，强化大数据精准服务。

（3）**运营成果**。"道德码"若为绿码，用户可以享受到信贷优惠，信贷服务通过数据模型自动产生信贷额度和优惠利率，最高可贷款100万元；还可以享受公共交通、医疗卫生、文化旅游、餐饮消费等优惠活动，如免费坐公交、免费看电影、消费打折扣等。在社会效益方面，道德银行根据市民道德信用表现，确定信用贷款额度，使百姓认识到诚信的重要性，做好人好事、参加志愿服务的群众日益增多，诚信意识不断提升。道德银行是纯信用贷款，无须任何抵押担保，以零成本信贷缓解了轻资产群众融资难的问题。业务流程从线下转为线上服务（浙里办）后，放款时间从一般信贷的3～5天变为实时放款，大幅降低了融资时间，提升了信贷便利度。在经济效益方面，该应用场景于2022年12月正式上线后，已累计入驻市民近70万人，月均访问量达2.5万，参与道德评议的用户达59万余人，道德银行累计发放信贷49508户，授信金额共计171.67亿元。

"道德银行"入选农业农村部2019年支农创新试点项目、2020中国数字政府50强案例、2022年国家级区块链创新应用场景试点，被多家中央和省级主流媒体报道。

9.3.2 领域分析

金融服务领域的公共数据授权运营应用场景分析，涉及授权主体和运营主体、金融领域公共数据应用场景特点、授权运营模式及价值共创等四个方面。

1. 授权主体和运营主体

金融领域的公共数据授权运营的授权主体一般由该行政区数据局或其他数据管理机构担任,供应主体一般为本辖区内行政管理机关单位、公共服务机构及各行业业务主管部门或龙头企业等;运营主体一般为该行政区政府所制定授权的数据运营公司;使用主体则为商业银行、市场主体、商户和小微企业等构成的市场经济个体。在授权运营过程中,金融数据的授权主体及运营主体发挥了关键作用。授权主体方面,目前已有的政务部门在该领域(北京、粤港澳大湾区的数据管理部门)发挥着引导型角色,在公共数据授权运营中的态度是鼓励的、拥抱创新的。它们通过与企业签订合作协议的方式,降低了政务部门与企业在合作中由于地位不平等造成的公权力对民商事关系的影响;在运营环节通过引导与监督的方式,促进运营企业积极规范开展开发利用活动。然而,这样引导性的态度对运营企业自主能力具有较高的要求,也为授权运营过程平添几许不确定性。运营主体方面,运营企业发挥着合作型角色,在公共数据授权运营中的参与是较为自主和开放的,在安全、规范的前提下可开发多元化的、定制化的、用于交易流通的市场化产品和服务,可选择与数据中介机构、数据商合作进行场内或场外的数据交易。这样的运营模式下,合作型企业在运营早期难以获得较好的经济收益,但在市场化机制成熟阶段则更具潜力。

2. 金融领域公共数据应用场景特点

公共数据授权运营的金融领域实践场景呈现出明显的"沿海先行"特点,更明确地说,是粤港澳、京津冀地区。出现这一现象的原因有以下几点:两地在先前的公共数据开放共享的实践中积累了丰富的应用经验;两地数字经济发达、数据规模大质量高,政务营商环境名列前茅,商业化利用的时机合适、条件成熟。需求侧方面,两地的金融数据数量规模巨大,分布行业广泛、分散,金融行业在当地的产业结构中占据重要地位，各行各业对金融行业的公共数据授权运营利用需求日臻旺盛；供给侧方面，影响当地产业经济发展的重要金融数据来自生产生活的方方面面。同时，下到个人隐私，上到国家安全，都是金融数据的涉及范畴，这对公共数据的安全性提出了较为严苛的要求，唯有集中的大规模隐私计算或分布式的联邦学习技术能够满足，这两者需要运营方坚实的技术及专业人才支撑。因而，一种统一的授权运营模式、一个集成的授权运营平台正在成为金融领域与公共数据未来融合的方向。

3. 授权运营模式

间接多主体授权模式往往是金融数据授权运营的选择。其间接性来自于"让专业的人做专业的事"这一管理黄金原则。以北京市的金融专区为例，专区内并不直接指定某一家单位或机构负责运营，而是授权多个符合基本条件的第三方主体运营数据产品。在专区设置中强化公共数据运营的专业化、专门化水平，探索形成"政府监管+企业运营"的公共数据市场化应用模式，结合举办公共数据创新大赛等丰富多样的具体举措，给出授权托管、深入开发公共数据的新路径，以集中力量促进专区内公共数据的经济价值挖掘。

需要说明的是，我国公共数据授权运营仍处于早期实践阶段，这样的授权模式只有在公共数据资源条件较好、汇聚整合水平较高的行业（如金融、交通、医疗等）才能降低行政成本与外部流通风险、推动公共数据的社会化与商业化利用，达到降本增效的目的。在未来，金融领域应借鉴这些实践经验，在此基础上形成较为成熟和稳定的数据产品与服务流通交易模式，促进金融行业的发展，因而通过金融产品与服务的供给有效解决民生服务中的痛点、难点问题，为生产、生活带来诸多便利。

4. 价值共创

在金融行业里，所要解决的关键问题是如何针对不同规模的金融机构与不同的金融场景实现各方主体公平的准入和接入。一般而言，大型金融机构有着充分的资金来源，因此相较于其他领域的机构更加愿意也更有实力参与平台的投入与建设（如北京的金融专区）。同时，金融机构往往也能吸引足够的技术人才，能够独立开发各类隐私计算模型。由于金融机构自身保密性要求，数据不出域，所以外部数据使用越便利越好，这就为相关数据产品与数据应用的诞生提供了机遇。金融数据授权运营的盈利方式可被概括为"以要素为中心"和"以数据为中心"，通俗地讲，就是政府不参与基础设施的建设与技术服务，由机构自筹，因而理论上能够收获更多的经济利益，同时需要承担更大的风险。

在具体实践过程中，金融相关领域法律法规尚未达到完整健全的程度，金融公共数据授权运营模式的底层保障与顶层设计仍然是缺位的。在授权运营模式上，理论上最为适合的金融数据的统一间接多主体授权模式并未得到充分实践。目前，金融公共数据的授权运营还面临着数据碎片化和限制数据整体性和综合性运用等挑战，专区的边界仍是厚重的数据壁垒，金融领域俨然一座座数据孤岛，互联互通是该领域需要面临的严峻课题。

9.4 其他领域

公共数据授权运营在其他领域（社会信用、现代农业、领域交叉）也有初步建设。

9.4.1 优秀案例及成果

1. 成都市"贝融助手"

母婴、养老、家政、婚恋等民生服务关系千家万户，社会需求巨大。此类服务的质量，是民众最为关注的内容之一。成都市大数据集团联合成都正态铠甲科技有限公司以信用为切入点，依托成都市公共数据

第9章 智慧融通：公共数据授权运营的典型场景

运营服务平台的数据资源，打造"贝融助手"信用应用场景，让"无形"的信用带来"有形"的便利，如图 9-6 所示。成都市大数据集团与成都正态铠甲公司将贝融助手的应用拓展至更多领域。例如，在婚恋交友场景下，相亲常停留在表面的了解，外貌、衣着、举止、谈吐、物质等。由于缺少时间的考验，很容易对对方的所作所为存在顾虑，缺少信任感。相亲中应用个人信用评分，是成都市大数据集团与成都正态铠甲公司在合作之初就想过的应用场景。

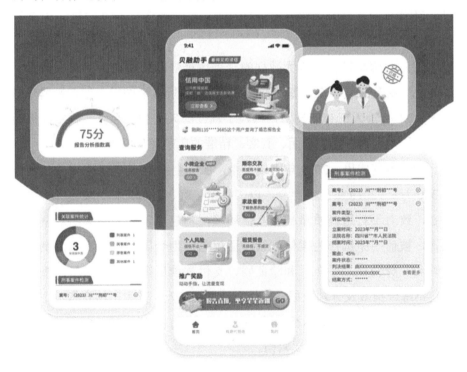

图 9-6 "贝融助手"界面图

（资料来源：贝融助手官网 https://www.beironsign.com/。）

"贝融助手"数据主要来源于公共数据及各类数据库。报告查询内容包括个人风险、婚恋报告、小微企业信用报告、家政报告和租赁报告。"贝融助手"以"数据观察、态势感知、安全评估"为核心，致力于打造高质量社会互信环境，构建以信任为基础的新型社交模式。在用户授权下，贝融助手婚恋报告全面、安全、高效、稳定地多维度呈现交友对象的个人画像全貌。该报告通过合规专业的授权运营机制，接入成都公共数据运营服务平台数千条开放数据，为全成都期望找到另一半的年轻人做好安全和风险的评估把控。

（1）授权运营。供应主体——成都市公共数据运营服务平台；运营主体——成都正态铠甲科技有限公司；授权主体——成都市大数据集团；使用主体——社会公众。其所使用的公共数据包括婚姻状态、失信情况、经营状况、法院案件、失信检测、执行情况、不良信息、申请记录等。

（2）实现路径。作为大数据安全评估报告的领航者，其将大数据与各类生活场景深度融合，基于3000万亿+场景指标图谱，结合机器学习算法、NLP等人工智能技术，构建了领先的人工智能和大数据智能风险评估系统，为客户提供全面、真实、精准的风险评估报告。

（3）运营成果。2019年上线至今，服务企业10万余家，用户体量已达350万+。2019年上线至今，以"数据观察、态势感知、安全评估"为核心，致力于打造高质量社会互信环境，构建以信任为基础的新型社交模式，被信用中国作为案例收录。适用范围为全国。使用方式为填写用户姓名、身份证、手机号和验证码，支付款项后得到相应报告，报告内容包括综合指数及分项数据，报告有效期30天。其中，综合指数由决策引擎输出，分数越高表示行为越良好，分为50以下、50～60、60～70、70～80、80～90、90～100六档。

2. 金润征信"高速通"

交通行业自诞生以来一直自动化产生高质量、高精度的数据，包括车主信息、车辆状况、运行信息和货物规格等。然而由于技术和合规性问题，这些数据长期未得到充分利用。金润征信便利用高速公路通行数据创建了"高速通"产品（见图9-7），帮助银行解决数据短缺问题，补充金融机构的数据来源[164]。

第9章 智慧融通：公共数据授权运营的典型场景

图 9-7　金润征信"高速通"产品

（资料来源：金润数科官网 https://www.jrdigits.com/#/home。）

公司的数据由外部采集和内部加工两部分组成。外部采集的数据包括全国 ETC 车辆高速通行数据、重卡全路段通行数据（北斗+GPS）、车联网数据、主机厂数据等四类，其中全国 ETC 车辆高速通行数据是相关部门第一源合法授权该企业的，并由其独家加工处理输出的数据。内部采集的数据主要是企业自身多年在交通行业经营积淀形成的车辆运营相关数据。

"高速通"是高速公路通行数据在数字普惠金融领域的重要应用，助力银行等金融机构为中小微企业和个体工商户构建更全面的信用评价体系，有效缓解了中小微企业和个体工商户贷款难题。"高速通"推出"客户识别"和"风险管控"两大应用，功能包括反欺诈核验、行业竞争力分析、经营情况静态/动态分析和负面信用分析，衡量指标为人车关系核验、车辆信息核验、高速通行费查询、ETC 拉黑停卡次数查询等。

（1）**授权运营**。金润征信通过交通部路网中心授权，获得合法合规的交通行业公共数据，包括所有车辆在高速公路通行的相关信息。使用主体包括物流企业、货车司机、政府、金融信贷机构等目标使用者。

（2）**实现路径**。因中小微企业和个体工商户的车辆经营数据较少，"高速通"的核心逻辑不是直接调用车辆经营数据，而是利用高速公路的公共数据反推车辆业务信息，从而判断客户经营情况，用于客户信用评估和风险控制。如通过货车在高速公路上的载货重量和通行路线，可大致推断该车辆的业务稳定性和经营成本等信息。

（3）运营成果。目前，"高速通"已投入市场运营并创造了经济效益，如上海银行"商车贷"产品，上海银行基于"高速通"提供的载货重量和车辆路径等真实数据推断车辆经营情况，全面高效地评估贷款者资质。

9.4.2 领域分析

在其他交叉领域的公共数据授权运营应用场景分析中，涉及授权主体和运营主体、不同领域公共数据特点、授权模式及价值共创等四个方面。

1. 授权主体和运营主体

这些领域公共数据的供应及授权主体通常为地方数据局或行业主管部门，负责制定授权政策和监督数据使用，确保数据被合规使用，维护数据的完整性和权威性；运营主体则主要是政府授权的国有企业或私营企业，需要对数据进行日常管理和维护，确保数据的准确性和时效性，还需要根据市场需求和行业发展，不断优化数据服务，以满足不同使用主体的需求；使用主体较为多元，主要涉及金融机构、服务企业、农户等市场经济个体。

2. 不同领域公共数据特点

数据属性上，不同领域的数据往往具有不同的特点。从授权运营的情况看，这些数据往往具有实时性、动态性、多样性、季节性和地域性等特点。如交通流量、环境监测、金融市场等，都具有强烈的实时性和动态性。这些数据需要实时更新，以反映当前状态或变化。公共数据的多样性体现在数据来源、数据类型和数据格式等多个方面。不同领域的数据可能来自各种传感器、数据库、用户反馈或社交媒体等,数据类型可能包括文本、图像、音频、视频等多种形式。某些领域的公共数据表现出明显的季节性和地域性特征。例如,气象数据会随季节变化而呈现出不同的模式,而地理位置信息则直接反映了数据的地域性。这些特点在农业、旅游、能源等领域尤为显著。

数据供应的形式也较为多样,包括传感器自动收集(如环境监测站点的空气质量数据)、数据库整合(如政府部门的统计数据)以及用户自主上报(如健康调查问卷)等。授权运营的公共数据经过清洗、整合、分析,形成有价值的信息与数据产品,往往被应用于行业决策与风险管理。

3. 授权模式

授权模式上,与医疗健康领域类似,各地区通常依据自身的实际情况选择不同的授权运营模式。信用领域的公共数据授权模式可能会选择统一间接模式。由于信用数据涉及多个方面和部门,因此需要综合考虑各方利益和数据需求,进行统一规划和分领域实施。这样可以既保证数据的全面性和准确性,又能满足不同领域和机构的具体需求。如"贝融助手",由成都数据集团作为数据运营的国资载体,获得成都市政府政务数据的集中运营授权,运营单位通过成都市公共数据运营服务平台获得公共数据,并将数据产品服务提供给使用方。

而交通领域涉及的数据种类繁多,包括道路交通流量、交通事故记录、公共交通使用情况等。采用统一直接的授权模式可以更有效地整合这些数据。农业生产具有很强的地域性和季节性特点,不同地区的农业生产条件和需求可能存在较大差异,分散直接的授权模式允许各地区根据自己的实际情况灵活调整数据收集和处理方式,更好地满足地方农业生产的特色需求。

4. 价值共创

价值链各环节以场外交易为主,交易的具体形式有服务收费、产品收费、合作分成等。在服务收费方面，一些平台如"贝融助手"根据用户所需的不同报告类型来设定相应的费用。这种灵活的定价策略，既满足了用户的个性化需求，又为服务提供商带来了稳定的收入来源。而"高速通"则采取产品收费的形式，提供专业的数据产品服务，如数据分析指导，有效地提高了金融机构的工作效率。此外，合作分成也是一种重要的形式，通过与金融机构、保险公司等合作伙伴共享数据价值，企业能够获得收益分成。

第 10 章
未来展望：公共数据授权运营的未来发展趋势

在当前阶段，尽管公共数据的应用已经在一些行业和领域取得了初步进展，但其应用场景的广泛性和深度仍有待提升。在数字经济蓬勃发展的背景下，推动公共数据深度融入实际生产活动，以赋能实体经济，成为释放新型生产要素价值的关键所在。展望未来，公共数据与实体产业的融合将呈现出加速的趋势，这种融合不仅会更加深入，而且将在更广泛的范围内展开。特别是在智能制造、人工智能等细分产业中，公共数据的应用场景将得到进一步的拓展和深入挖掘，从而推动实体产业通过数据驱动实现业务模式的深刻变革。

10.1 公共数据授权运营的未来应用场景创新

现阶段，公共数据的应用场景涉及的行业和领域还比较少，应用程度还比较简单，数据价值释放的范围、规模和深度有限。为了进一步激活并释放数据要素价值，对公共数据智能化的潜在（未来）应用场景的概述与分析就很有必要。

10.1.1 多领域数据融合与创新

本书基于《"数据要素×"三年行动计划（2024—2026 年）》提出的重点行业和应用场景，结合国家相关政策文件，对城市治理、数字人文以及智慧农业等的未来场景展开构想。

1. 城市治理

公共数据在城市治理中发挥着关键作用，尤其在重塑未来交通、提升旅游治理能力以及促进交能融合方面具有显著的推动力。

（1）**重塑未来交通**。公共数据授权运营将重塑未来的交通行业。在交通行业里，调度系统将充分得到数据赋能，主要体现在两个方面，一个是不同于以往由公司设计开发的交通系统，这一系统将首次实现市域级乃至国域级的交通调度，未来的城市管理者将足不出户即可观测到城市交通的一切。另一个是智能算法将通过数据分析的方式对城市交通进行预测并提出实时的、动态化的解决方案，辅助管理者做出决策，决策的方式也将变得智能化，从单一的出行方式最优到多种出行方式相组合最优。

从具体的调度过程而言，交通智能调度系统利用共享数据，将不同运输方式的数据进行集成与分析，以预测运输需求、识别运输瓶颈和优化运输路径，通过找到效率最高的运输方案从而实现多式联运资源的最优配置，降低物流成本，提高运输速度。智能调度系统将结合先进新兴的信息技术（大模型、机器学习、强化学习等）与高质量的公共数据，更加保质保量地完成对交通运输场景和需求的学习、适应、优化与预测工作，再与不同的运输平台和管理系统进行无缝对接，实现数据和资源的共享，这种跨平台协作的模式，将提高整个运输网络的协同效应，减少资源浪费。

（2）**提升旅游治理能力**。建立旅游管理和监测平台，整合旅游资源、环境、安全等数据，实时监测旅游区域的客流量、环境质量等，为旅游管理决策提供支持，确保旅游活动的可持续发展。在未来，具体可以付诸实践的路径可能有：构建一个综合性的旅游管理和监测平台，整合旅游相关的各类数据，包括旅游资源、环境、安全等；实时监测旅游区域的客流量、环境质量、交通状况等关键指标，为旅游管理提供数据支持；与地方政府、旅游企业、交通部门等多方合作，整合各类旅游相关数据，实现数据共享；建立统一的数据标准和接口，确保数据的一致性和可交换性。可以利用机器学习和人工智能技术，对收集到的数据进行深入分析，识别旅游市场的异常行为和潜在问题，还可以自动生成预警，为旅游市场监管提供决策支持。

新的交易组织形式也将应运而生，全国旅游电子合同系统将提上日程，由此可实现合同的电子化管理，提高合同管理的效率和透明度。在本系统里管理者可通过智能分析，确保旅游合同的合规性，防止合同欺诈和不正当竞争。类似的，授权运营数据可接入旅行社，通过与旅行社系统对接，旅行者可以更方便快捷地获取团队信息，包括团队规模、行程安排、服务标准等资讯，管理者可依据这类信息进行市场分析和监管，指导旅游市场监管执法工作，打击违法违规行为；识别监管盲点和薄弱环节，优化监管策略和资源配置，同时确保旅游服务的质量和公平性。授权运营将文化旅游的公共数据价值交由游客（服务对象）来加以评判，鼓励公众参与旅游治理，通过平台收集游客的意见和建议；建立反馈机制，及时响应公众关切，提高旅游治理的透明度和公众满意度。

（3）促进交能融合。交通电力化改革是指将传统的交通能源以化石燃料为主转变为以电力为主，这涉及交通系统和能源系统的深度融合。在这个过程中，公共数据授权运营可以发挥重要作用，促进两个系统的高效整合和发展。优化交通能源管理。公共数据授权允许第三方访问和分析交通流量、能源消耗等数据，有助于优化交通能源管理。通过公共数据授权，交通和能源部门可以共享关键数据，如交通流量、车辆类型、能源消耗模式等。这些数据可以帮助优化能源分配和电网负荷管理，提高能源使用效率。支持可再生能源项目：公共数据授权可以支持可再生能源项目，如太阳能和风能，通过提供有关资源潜力和分布的数据，促进这些能源在交通基础设施中的存储和利用。公共数据授权可以促进智能电网与交通系统的集成，通过需求响应和能源存储解决方案，平衡电网负荷并提高能源利用效率。交通规划和基础设施建设：通过分析公共数据，可以更好地进行交通规划和基础设施建设，确保新建道路、桥梁和交通枢纽能够适应未来的能源需求。

2．数字人文

"数字人文"是一个跨学科的研究领域，它结合了信息技术与人文学科的研究成果，为中华文化的记录、传播和研究提供了新的视角和方法。通过公共数据授权运营，可以建设中华文化数据库，盘活数字文物，使得更多古籍开放共享。

（1）建设中华文化数据库。依托公共数据授权运营，建设中华文化数据库，坚定文化自信、实现文化强国。通过 2022 年 5 月 18 日发布的《关于推进实施国家文化数字化战略的意见》，中共中央和国务院提出了建设国家文化数字化战略的构想，目的是激发民族文化创新的活力，推动文化事业和文化产业的繁荣，同时加强民族精神力量。这一战略强调了构建中华文化数据库的重要性，该数据库将汇聚各领域的文化资源，并整合文物、古籍等数据资源作为公共数据的一部分[165]。

作为数字技术和人文社会科学深度交叉融合的产物，数字人文涵盖了图书馆学、考古学、艺术学、历史学等多个研究领域，融合了GIS、文本挖掘、语料库分析、视频捕捉、动态分析、虚拟现实、图像分析等技术。在未来，这些技术将被应用于中华文化数据库的建设中，通过文本挖掘技术深入分析文献资源，利用 GIS 技术展现中华文化的地理分布，并借助可视化技术构建中华文化的联系和框架[166]。

（2）完善数字文物。公共数据授权运营的数据将进一步有助于数字化文物档案的完善。例如，可以将散布于各个不同部门的文物数字碎片以数字产品的方式拼接起来，形成完整的文物画像，再利用高精度扫描和摄影技术，对文物进行数字化记录，在数据多方汇集的基础上创建详细的三维模型和高分辨率图像。通过数字化手段，建立文物的电子档案，包括历史背景、艺术特点、保护状态等信息。公共数据还能够用于对文物的前世今生做分析，可以收集和分析文物相关的各种数据，如参观者流量、文物损坏情况、修复历史等，再利用数据挖掘、数据仓库技术，对这些信息做深入分析，以识别文物保护的薄弱环节和优先级。该产业链上大量的公共数据可以自成生态，形成"文物云"。"文物云"以一种平台的形式存在，平台底部是数据存储部分（类似华为云及腾讯云存储，但需要运营主体开发），用于存储和管理文物数据，确保数据的安全性和可访问性。该云也是一种云计算平台，由此实现数据的远程访问和协作，促进不同机构和专家之间的信息共享。

公共数据授权运营与数字人文相结合还包括开发虚拟博物馆，利用虚拟现实（VR）和增强现实（AR）技术，为用户提供沉浸式的参观体验，突破物理空间的限制，让世界各地的人们都能近距离接触和了解文物。实体博物馆可以利用物联网（IoT）技术，对文物的存储环境进行实时监测，如温湿度、光照强度等。通过智能监测系统以及通过公共数据学习到的文物保护知识，及时发现并调整不利于文物保存的环境因素。在文物修复与保护方面，可以结合大数据分析和专家知识，开发智能算法，辅助文物修复和保护决策。利用机器学习和人工智能技术，预测文物的老化过程和潜在风险，指导保护措施。

不仅仅是技术上，公共数据授权运营也将在公共政策、国际交流上泛起涟漪。高质量、有高利用价值的数据将为政策制定者提供科学依据，推动文物保护政策的制定和完善，以确保文物保护措施符合国际标准和法规要求。国际合作上，文物云将促进国际的文物保护合作，共享知识和技术。云上各方通过参与国际文物保护项目，共同应对文物保护面临的全球性挑战。授权运营机制在未来将有效地提升文物保护利用的水平，确保文化遗产得到妥善保护和传承，同时增强公众对文化遗产的了解和保护意识。

（3）**古籍管理**。对古籍的整理及数字化保护将是未来公共数据发挥其价值的用武之地。数字化技术对于古籍产业的促进作用将体现在以下这几个方面：首先，它可以将珍贵的古籍文献转化为电子形式，便于保存和传播。同时，数字化不仅能够保护古籍免受物理损害，而且能够通过互联网让更多人接触到这些珍贵的文化遗产。此外，数字化还能够为古籍的研究和利用提供更加便捷的条件，推动文化传承和创新。

公共数据将极大程度上推动古籍数字化的进程，突破目前古籍数字化产品所遇到的实践瓶颈：从供给侧看，公共数据将给人机融合的数码技术提供高质量的训练数据源，古籍平台将利用先进的机器学习算法提取文本特征，从而彻底实现古籍数字化中的生僻字根除目标（即可显示生僻字）。优质古籍公共数据可以提高检索系统的全面性与准确性，提高准确检出异体字的成功率。

从需求侧看，目前古籍数据库及衍生的阅读软件处于一种互不连通、各自为政的状态，给读者阅读、研究带来不少的阻碍[167]。公共数据授权运营则能很好地解决这个问题：授权对象依据市场需求融合各方数据库，打造研制出一个更切合古籍浏览的通用软件（数据产品）。同时，基于公共数据的古籍平台逐渐对外开放古籍检索，引用者无须费时费力地按作者、书名、卷数、篇名等逐项查找，一键即可查看、引用、复制、下载。该平台还将填补内容上的不足。目前已经数字化的古籍数据库主要是在《四库全书》的基础上建立起来的。《四库全书》收书的原则是贵远贱近。明代典籍很少，清代典籍更少。而这两代的典籍加起来至少是此前所有典籍的总和的两倍。同时，考古出土的文献（甲骨、铭文）与一些近现代的图书也可被归于古籍范畴，但其数字化还远未提上日程。未来，依托于公共数据库，我们可以将这些大型丛书、商周青铜器的铭文与甲骨集锦等制作成数字古籍，方便研究者的检索。

3. 智慧农业

公共数据在智慧农业的推广中扮演着核心角色，极大地促进了农业生产的现代化和精细化管理。通过分析和应用气象、土壤、水资源和市场趋势等公共数据，智慧农业能够实现精准种植、病虫害预防、资源优化配置和市场需求分析。

（1）提升精准化管理水平。现代农业正朝着精准化管理的方向发展，这涉及利用遥感、气象、土壤等数据来优化农业生产。遥感技术可以提供作物生长的实时图像，帮助农民监测作物健康和生长速度。结合气象数据，农民可以预测天气变化，如降雨、干旱或风暴，从而及时调整灌溉和施肥计划。土壤数据分析则揭示了土壤肥力和养分水平，指导农民进行精准施肥，提高作物产量和质量，同时减少化肥的过量使用，降低对环境的负面影响。精准化管理的实施，依赖于先进的信息技术，如 GIS、GPS 和 IoT 设备，这些技术能够收集和处理大量数据，帮助农民做出基于数据的决策。这种管理方式不仅提高了农业生产的效率和可持续性，还增强了农业对气候变化的适应能力。

（2）**增强数据驱动决策**。数据驱动决策在现代农业中扮演着至关重要的角色，它通过分析市场趋势、作物病虫害和动物疫病等关键数据，为农业生产者提供了强有力的决策支持。市场数据分析能够帮助生产者预测农产品的需求和价格波动，从而合理安排种植结构和生产计划，避免市场饱和或短缺。同时，病虫害和疫病数据的实时监控，可以为生产者提供早期预警，使他们能够迅速采取防控措施，减少潜在的经济损失。此外，数据驱动的决策还有助于优化资源配置，提高农业生产的整体效率和可持续性。通过这种基于数据的决策方式，农业生产者能够更好地应对市场的不确定性，提高农业生产的适应性和竞争力。

（3）**提高农产品追溯能力**。农产品追溯系统的建立，为消费者提供了一个透明的窗口，让他们能够了解食品从田间到餐桌的每一个环节。这种追溯能力不仅提高了食品安全性，还增强了消费者对农产品的信任和满意度。通过记录产地、生产、加工和质检等数据，农产品追溯系统能够确保食品来源的可追溯性，及时发现并解决食品安全问题。此外，追溯系统还能够帮助生产者和销售者进行品牌建设和市场推广，提高产品的市场竞争力。随着消费者对食品安全和质量要求的提高，农产品追溯系统将成为现代农业不可或缺的一部分，为农业的可持续发展提供有力支撑。

（4）**促进产业链数据融通**。产业链数据融通是现代农业发展的关键，它通过整合生产、销售、加工等环节的数据，优化了供应链管理，提高了整个产业链的效率。第三方主体可以利用这些数据提供智慧种养、产销对接、疫病防治等服务，帮助农业生产经营主体提高生产效率，降低运营成本。同时，数据融通还促进了一站式服务的发展，如供应链金融，为农业生产者提供了更多的融资渠道和风险管理工具。此外，数据融通还有助于打破信息孤岛，实现信息共享，促进产业链各环节的协同发展，提高整个农业产业的竞争力。

10.1.2 赋能国家治理现代化

公共数据在赋能国家治理现代化方面发挥着重要的作用，具体体现在建设数据财政、提高政府透明度、促进决策科学化和提升应急响应能力等多个层面。

1. 建设数据财政

公共数据授权运营制度建设是数据基础制度的重要组成部分，是高水平推进数字化改革的具体体现[77]。公共数据市场化配置改革是实现数据资源有效利用的重要途径。通过创新的运营模式，如政府与市场直接连接的"政所直连"模式，打破了政府与市场之间的数据壁垒，促进了数据资源的共享和流通。这种市场化运作方式不仅能够更好地发挥数据的价值，推动数字经济的发展，同时也有助于优化政府服务，提高政府治理的效率和水平。政府财政结构优化改革是公共数据市场化配置的另一个重要方面。

公共数据运营收入成了政府财政收入的新来源。将公共数据运营收入全额上缴财政局，有助于优化政府财政结构，降低对传统税收的依赖，提高财政收入的稳定性和可持续性。此外，通过统一管理和使用这些数据收入，可以更好地发挥数据资源的价值，推动经济社会的协调发展。区域性数据融合发展是公共数据运营的又一亮点。区域内各城市通过合作和交流，共享和整合数据资源，提升了整个区域的数字化水平和竞争力。这种跨区域的合作模式不仅促进了区域内城市间的经济协作和一体化发展,也有助于构建世界级的数字经济和创新发展高地。

2. 提高政府透明度

公共事务日趋复杂,政府将越来越依赖数据来发声、决策、管理和创新,这一理念将成为政府治理观念转变的核心要素。公共数据的开放授权运营扩大了政府与公民的沟通渠道,双方成员能够在公平、公开、公正的环境中交流,有效解决了时空限制带来的沟通障碍,降低了双方的成本,为公众和政府提供了平台、工具和场所。电子政府和电子政务在很大程度上整合了线下政务的功能,并且具有诸多优势,正逐渐成为政府治理的发展方向和趋势。在政府治理方面,建立大数据施政平台,可以将原本分散存储在不同部门和行业的数据整合为一个整体进行统一管理和共享,有助于消除数据壁垒,实现跨部门协同[168]。

公共数据授权运营为公众提供了更多参与政策讨论和反馈的机会。政府可以通过数据平台收集公众意见,并将这些意见纳入政策制定和调整过程中,从而提高政策的透明度和公众的信任度。当政府数据被授权运营并公开时,公众和媒体可以更容易地监督政府的决策和执行情况,这增加了政府的可被问责性。

3. 促进决策科学化

公共数据开放运营与大模型结合,可以帮助政府获取生产、生活各个领域的实时信息,及时把握各个领域的发展趋势,更系统地了解某热点事件的进程,从而做出科学决策,并更准确地预测未来[168]。

海量的公共数据经过生成式 AI 分析和处理,能够快速识别模式和趋势,为政府提供决策支持。这种分析能力使政府能够基于数据驱动的见解做出更加精准和高效的政策决策,从而提高国家治理的质量和效率。通过 AI 对公共数据的深入分析,政府能够更好地理解资源需求和分配情况,实现资源的优化配置。例如,在交通、能源和医疗等领域,AI 可以帮助预测需求,优化公共资源的分配,减少浪费,提高服务效率。

AI能够整合不同部门的公共数据,打破信息孤岛,促进跨部门协作。这种整合能力有助于形成统一的国家治理视角,提高政策的协调性和执行效率。

推进市域社会治理现代化,以数字化建设为目标,利用互联网、物联网、云计算等技术手段,基于大数据智能处理,全面规划、合理布局、科学设计市域社会治理方案,积极构建城市新型治理形态[168]。加快"数据+AI"的应用,融入社会治理过程,通过建立智慧治理平台实现数据与城市的互通融合,推动智慧城市建设,夯实市域社会治理数字化的基础。整合调配市域各类资源要素建立"三共一体"网络系统(共建、共治、共享),打造"智慧+"理念,提高城市管理和服务效能,增强社会监督和治理能力。积极运用大数据、云计算、物联网、AI等技术,分析整合各类服务资源,精准把握群众诉求,丰富便民服务内容,健全公共服务体系,让社会治理更精准。

4. 提升应急响应能力

公共数据授权运营可以促进不同部门和机构之间的数据共享,为应急管理提供更全面的信息支持。公共数据授权运营有助于跨部门之间的协作,这对于快速响应和处理突发事件至关重要。通过公共数据授权运营,可以集成多源数据,如气象数据、地理信息数据、人口分布数据等,可以采用更先进的算法和模型,提高模拟的准确性和实用性。结合实时或近实时的公共数据,灾害模拟系统能够为应急管理提供更精确的决策支持,优化应急响应计划。

例如,洪水灾害模拟需要收集地形数据、气象数据、水文数据,利用水文模型或者水动力模型进行洪水模拟,从而进行灾难预警、经济损失评估等工作。对于地震,如果能够确定震中位置、震源深度、震级、发震断层等灾害信息,快速收集地质条件、土壤类型、地形起伏等地理信息,以及房屋位置、结构类型、建造年代、高度、材料特性等建筑信息,还有居民分布、人口密度和重要设置等人口信息,那么就可以计算地震对于建筑的作用力、监测建筑结构的易损性、考虑地震的影响、对破坏情况进行分析。

10.2 支撑推进未来产业发展

在未来场景的蓝图背景下，本书从公共数据授权运营催生新产业、新业态和新模式，推动数字产业和传统产业深度融合，支撑推进未来产业发展三个方面，归纳出未来产业发展的潜在趋势。

10.2.1 催生新产业、新业态和新模式

相比于传统要素，数据要素对实体经济的生产制造的限制较少，只要满足数据流通的标准和规定，就可以实现数据的共享、复制和重复使用。同时数据要素具有极高的使用价值，在整个数据要素流动全生命周期中，能催生出多种数据相关的新产业，如数据资源集成、数据加工处理、数据交易仲裁、数据合规评估、数据安全保障等。5G、云计算、AI等新一代数字技术的深入应用，推动各产业的产品特性和服务模式实现从量变到质变的发展，推动传统产业网络化、数字化和智能化，进而产生新产品和新服务[169]。

公共数据将促进数字经济进一步实现量的合理增长，促进数字经济结构优化，响应国家供给侧结构性改革，从而推动数字经济在质上不断攀登高峰。数字经济全要素生产率由此将进一步提升，成为驱动国民经济发展、各产业大跨步式飞跃的关键力量。在未来，第一、第二与第三产业的分野或将不再清晰而割裂，互联互通的数字化生产、要素数字化流动将起到重要的产业交叉、融合创新作用。多项创新实践、多类运营场景将数据生产要素价值进一步释放，会反向促使各利益相关者"返璞归真"，从而加快数据要素市场建设进程，推动数据产业体系进一步健全，数据确权、定价、交易流通等市场化探索不断涌现，在制度层上反哺数字经济，为国民经济发展保驾护航。数据产权、流通交易、收益分

配、安全治理等基础制度加快建设,将破解数据价值释放过程中所遇到的一系列难题。

具体而言,新模式下公共数据推动数字经济发展的可能表现为进一步增大数字经济规模、使得数字经济在国民经济中的地位更加稳固,使数字经济持续保持高位增长,提升数字经济在国民经济中的比重。作为改善整体经济效率的重要支撑,数字产业化将成为未来十年拉动GDP增长的引擎。从数字产业化内部细分行业来看,电信业、电子信息制造业、软件和信息技术服务业、互联网和相关服务业将成为未来的朝阳产业。受益于公共数据,服务业与工业的数字化发展将得到质的提升,成为产业数字化转型提速发展的代表。

生产方面,数字技术加速向研发、生产等环节渗透。以工业互联网为例,授权运营模式将推动工业数字化转型多维度探索成效的显现。工业互联网标识解析体系已经全面建成,未来涌现的融合应用将持续深化,赋能千行百业数字化转型。平台经济的潜能将进一步释放,越来越多服务于各种生产生活场景的授权运营平台将如雨后春笋般兴起。5G技术在数字经济新模式下将持续创新赋能工业互联网,引领产业发展实现巨大突破,推动产业应用持续深化。

生活方面,数字技术加速向使用、反馈等环节渗透。基于授权运营的数字化服务业将向长尾市场寻求新突破:即时零售的电商模式将进一步挖掘市场潜力;适老化改造推动网络支付向老年群体渗透。

监督管理方面,数字经济的"守夜人"数字政府也在推进中,数字化治理的发展能力和规范水平正在同步提升。我国的数字化治理经历了三个阶段:用数字技术治理、对数字技术治理和重构治理体系[170]。在当前的背景下,"用数字技术进行治理"和"对数字技术治理"相关的法规和工作已经基本建立起来,正在进入更加完善的阶段。数字化治理正不断推动治理体系进入优化、升级、重构阶段。在数字化技术无远弗届的未来,提升常态化监管水平成为数字监管主基调,数字经济治理相关制度规则将进一步细化完善。数字政府建设进入体系化推进新阶段,这一阶段的主要特点具体表现为一体化政务服务能力全面提升。

10.2.2 推动数字产业与传统产业深度融合

数据商是连接制造业上下游企业的核心环节，也是促进数据价值释放、培育数据产业生态的"催化剂"。积极发展各类数据商并与制造端融合，可以补链强链、丰富数据产业生态、促进多样性发展。高能级数据商位于产业链顶端，不仅是各类数据商的领军者，还是产业发展的风向标[171]。要积极发展高能级数据商，推动数据产业链优化、创新数据应用场景、探索数据价值的有效释放；重视新业态的发展，提高竞争力，以此快速构建一个健康发展的数据产业生态。

从产业数字化的角度看，数字产业与传统产业有机融合，打破了传统产业的空间形态与边界，形成产业集聚效应与产业结构升级效应，推动传统产业向数字化、智能化、生态化方向创新发展[172]。未来政策需以传统产业的高端化升级和前沿技术的产业化落地为主线，以创新为动力，以企业为主体，以场景为牵引，以标志性产品为抓手，遵循科技创新及产业发展规律，加强前瞻谋划、政策引导，积极培育未来产业，加快形成新质生产力，为强国建设提供有力支撑。

10.2.3 支撑推进未来产业发展

《工业和信息化部等七部门关于推动未来产业创新发展的实施意见》提出，以传统产业的高端化升级和前沿技术的产业化落地为主线，以创新为动力，以企业为主体，以场景为牵引，以标志性产品为抓手，遵循科技创新及产业发展规律，加强前瞻谋划、政策引导，积极培育未来产业，加快形成新质生产力，为强国建设提供有力支撑。

1. 全面提升制造业

数据授权运营通过数据驱动型产品研发模式，为工业制造企业带来了革命性的变革。该模式支持企业整合设计、仿真、实验验证等关键环节的数据，促进了一种数据驱动的产品研发模式的形成，极大地增强了企业的创新能力，使企业能够快速响应市场变化，缩短产品开发周期，提高研发效率和产品质量。此外，公共数据授权运营还推动了协同制造的发展，通过推进产品主数据标准生态系统的建设，支持链主企业打通供应链上下游的设计、计划、质量、物流等环节的数据，实现信息的无缝对接和流程的高效协同，从而实现敏捷柔性的协同制造，优化生产流程，提高生产效率，降低成本，提升市场响应速度和客户满意度。

在服务能力提升方面，公共数据授权运营支持企业整合设计、生产、运行数据，通过数据分析技术进行设备状态监测和预测性维护，减少停机时间，提高生产连续性和可靠性；同时，通过提供定制化服务、智能诊断等增值服务，企业能够实现价值链的延伸和利润的增加。强化区域联动也是公共数据授权运营的一大优势，它支持制造业关键数据如产能、采购、库存、物流等在区域间的流通，增强了区域间制造资源的协同作用，促进了区域内产业优势的互补，并形成了产业链上下游之间的紧密合作，提升整体竞争力，并增强产业链供应链的监测预警能力，及时发现和应对潜在的风险和挑战。

最后，公共数据授权运营还开发了使能技术，推动制造业数据在多个场景下的复用，提高数据的价值和利用效率，支持制造业企业与软件企业等联合，通过充分利用丰富的数据资源，我们可以探索多维度的创新应用。我们致力于开发新型工业软件和装备，包括人工智能生成式设计、人机融合试验和智能无人装备等方面。我们的目标是推动工业领域的技术进步和创新发展，推动制造业的数字化、智能化转型，为工业制造类企业在全球竞争中占据有利地位、实现可持续发展提供坚实的基础。

2. 更好推动服务业

公共数据的开放与授权运营在服务业中发挥着至关重要的支撑作用，它通过提供数据驱动的创新原材料，促进了人工智能、大数据分析等技术的发展，进而推动了新服务和新应用的诞生。在智能交通系统和城市管理方面，公共数据的利用不仅提升了城市运行的效率，还优化了资源配置，助力实现可持续发展。在城市规划中，通过整合和分析人口分布、交通流量等数据，公共数据帮助规划者更精准地理解城市需求，实现更合理的城市布局。在健康医疗领域，公共数据的应用提高了医疗服务的质量和效率，通过数据共享，促进了远程医疗、智能诊断和个性化治疗的进步；同时，通过分析公共健康数据，能够预测疾病趋势，及时采取预防措施。金融科技领域也因公共数据的开放而受益，增强了金融服务的透明度，提高了风险管理的能力，推动了普惠金融的实现，金融机构利用公共数据更精准地评估信贷风险，提供定制化的金融服务。此外，银行等金融机构通过创新地重塑技术架构，构建包含数据产生、交换、整合、挖掘等多个层次的蓝图，不仅满足了内部业务部门的数据相关需求，也为外部数据采集、风险建模、客户管理和数据共享提供了强大的 AI 能力支持，确保了公共数据价值的充分发挥，为服务业的数字化转型和智能化升级提供了坚实的基础。

3. 跨产业作用

江苏率先在全国范围内启动"两业"融合试点工作，依靠公共数据授权运营，能够产生跨产业作用，在两业融合的多种模式上支撑交叉产业发展。

（1）**需求联动模式**。随着社会对高质量生活标准的不断追求，服务业与制造业之间的融合日益紧密，形成了一种新型的"需求联动"模式。在这一模式下，传统服务业如旅游、文化、体育、健康和养老等领域，正产生对衍生制造产品的大量需求，促进了跨行业融合的产业链发展。例如，在医疗行业，如果能够运用公共数据授权运营，那么就能够精准掌握用户需求，直接将用户需求发送到医疗设备制造业，建立集软硬件一体的医疗健康服务体系。

（2）**再造模式**。在"延伸再造"模式中，全供应链流程的协同优化成为关键,这涉及研发、设计、采购、生产、销售及售后服务等各个环节的整合与创新。通过这种整合,企业能够提高信息流、物流和资金流的配置效率,构建起智能化的供应链网络,实现供应链服务与制造业的深度融合。

(3)**全融合模式**。"数字+服务+制造"的"全融合"模式,正在借助AI、云计算、大数据和工业物联网等前沿技术,实现制造业与服务业的无缝连接[173]。公共数据运营商针对制造业特点,利用这些技术促进物联网、车联网和云平台等与制造业和服务业的融合[173],还推动了先进制造业与现代服务业的深度整合。

(4)**总集成总承包**。"总集成总承包"模式侧重于提供全流程服务,满足客户的个性化需求。这种模式通过整合资源和延伸服务链条,从设计到施工,再到运营的环节都使用公共数据赋能,形成一体化服务。

总体来看,这些模式展示了服务业与制造业融合的多样性和深度,通过创新的服务模式和技术应用,不断推动产业升级和价值创造。

10.3 公共数据价值共创的未来政策设计

鉴于公共数据授权运营在推动公共数据开发利用工作中的核心地位,我国亟须加快对科学机制的顶层设计进程,以达到不仅符合国家数据战略的宏观指导,还能精准对接地方政府的实际发展需求。本书将从政策引导激励以及安全保障等方面对未来的政策设计提出策略建议。

10.3.1 政策引导:发展与规范并重

针对公共数据价值共创的未来政策设计,本书首先基于政策引导功能,从政策对公共数据授权运营的发展和规范两个方面提出政策建议。

1. 发展导向:出台国家层面的公共数据政策,完善顶层设计

(1)以中央政策为指引,构建全国一体化的授权运营数据资源体系。以中央政策为指引,各地政府相协作,以国家平台为支撑,从数据对象到数据流程,构建起全国一体化的公共数据授权运营的数据资源体系[174]。从国家层面制定一系列的政策措施和标准规范,明确公共数据授权运营的数据对象、数据格式、数据质量等要求,并建立起完善的数据采集、存储、处理、分析和应用等流程。国家应当发挥财政资金的引导作用,增加对公共数据供给的投资,并健全绩效考核机制,激励各级公共部门积极整合和共享公共数据,优化数据资源的配置和利用效率[132]。

制定公共数据资源库建设政策标准,鼓励政府部门、公共管理服务机构在科研、文旅、交通、商贸等领域建设行业公共数据资源库,推动跨领域的整合和应用。各地可依托本地区公共数据专区,围绕经济运行、医疗健康、城市运行等场景,按需建设适应本地区经济社会发展的公共主题数据库,通过重点领域数据的综合应用,带动公共数据整合及分析应用,鼓励第三方合理地对公共数据进行挖掘与利用,进而提升公共数据资源库的利用水平与效率,扩大公共数据资源库的受众群体与覆盖面。

(2)应加强顶层设计与统筹协调,制定短期目标与长期规划政策。深入理解和分析我国各个地区的独特优势与丰富的实践经验,确保在保持各地区特色的同时,**能够形成一个全国范围内共同推进的框架与规划**。从国家层面制定公共数据授权运营的短期目标与长期规划政策,逐步推进公共数据授权运营工作。短期目标帮助聚焦当前最紧迫的任务,按照既定的优先级进行,确保关键领域和阶段得到足够的支持;而长期规划确保了未来几年甚至更长时间内的持续发展目标。通过制定清晰的短期目标与长期规划,可以确保所有的决策和资源分配都朝着同一方向推进。另外公开的政策规划可以增加公众对公共数据授权运营工作的信任,特别是在数据隐私和安全问题上。透明的规划还能够提供公众参与和监督的机会,增强政策的公共接受度。

国家可以设立专门的机构或委员会,负责全面评估各地区的公共数据资源、技术实力、政策环境等因素,并据此制定出一套既符合国情又具有国际视野的公共数据授权运营战略规划。同时，这一机构还应承担起跨地区、跨部门、跨行业的协调职责，确保各地区在推进公共数据授权运营时能够遵循统一的规则和标准，实现协同发展。

（3）**打破地区边界，加快构建全国一体化的公共数据授权运营体系**。从国家层面为各地连通数据、数据流程、公共数据授权运营流程、保障要素等提供标准化的框架。加快制定公共数据授权运营专项制度，充分吸取先行地区实践经验，明确本地区公共数据授权运营的授权主体、确立授权模式、界定授权范围等要求[175]。首先，在确定公共数据授权运营的授权主体时，优先考虑人民政府，或者可以委托公共数据管理部门进行统筹授权工作。其次，根据"一体化授权"和"分领域授权"的特点，制定相应的具体管理策略，明确公共数据的授权模式。最后，在权衡公共数据的公益价值、经济价值以及安全需求的基础上，动态调整授权范围。

我们要为公共数据授权运营现有行动体系的地区的联动协同，提供政策指导与资源及利益分配机制。在中央与地方的协同框架下展开优化探索，连通各地的行动要素及其成果，实现更高效率与更优资源配置的行动集成。建议建立一个公共数据定价协调机构，负责全面指导和监管公共数据的定价。该机构将逐步建立完善的公共数据有偿使用收费体系，包括收费项目明细、数据登记备案流程、成本核算方法以及确保收费政策透明性的措施[13]；在利润分配方面，需要建立一个与授权模式密切相关、充分考虑信息化建设投入以及数据运营实际成效的利润分配机制。财政部门应该发挥其在运营利润收支管理方面的核心作用，积极探索并建立公共数据资产的专用账户。

2. 规范引导：建立授权运营标准化体系，提供规范性保障

（1）**制定公共数据授权运营程序规范制度**。尽快制定并完善基于授权运营的公共数据采集、存储、加工、流通、交易等全链条的配套标准，如明确公共数据授权运营加工权的具体内容和范围，为公共数据的运营授权提供了标准化的基础。建立统一的数据登记存证、分级分类以及认证管理的标准体系，并制定数据接口、格式等软硬件的通用标准[176]，协同推进政府部门以及公共服务运营单位的标准制定，为公共数据授权运营提供规范性保障。在公共数据授权运营的过程中，由于涉及多种主体和多元化的授权模式，为了降低市场参与者的交易成本和增强政府审核的效率，有必要建立一套完善且标准化的授权流程，以规范各种授权活动。

（2）**明确运营机构的准入和退出机制，建立开发利用者分级制度。**从基础的安全需求、技术的安全需求、应用场景的要求以及重点领域的特殊安全需求四个方面，分别对许可经营的准入条件进行界定，并根据各地、各行业的实际状况，因地制宜制定授权运营的准入标准。建立开发者分级制度，赋予相应的公共数据开发权限，并实施动态评估。可以参考数据分级分类制度，综合考量开发者在数据存储、数据处理、数据服务等方面的运营能力，并根据其强弱对其进行上、中、下分级[177]。

同时，建立基于安全与效率两个方面的退出机制，实现对公共数据授权运行的全方位监管。主要包括未经授权转让和出租运营权；未达到年度工作绩效考核标准；未经许可保留、使用、公开或向他人提供公共数据；在运营过程中发生重大安全事故；未符合年度数据安全测试评估和认证的资格和能力要求[178]。

（3）**出台权威性公共数据产权制度，为公共数据确权提供规范性保障。**为确保数据权益，应将数据产权制度提升至法律层级，制定具有权威性的《数据产权法》[179]。根据主体类型的差异性，依法明确数据要素的所有权、使用权和收益权。建立健全公共数据确权授权法律机制，应当以保护国家安全和个人合法权益以及政府部门依法行政为前提，以推动公共数据开发利用为主要目标，在统筹兼顾公共数据所具有的不同性质的基础上，为充分开发利用公共数据提供支持和保障，使公共数据红利惠及各类市场主体。未来应当基于"数据二十条"提出数据资源持有权、数据加工使用权和数据产品经营权"三权分置"的概念[180]，并结合公共数据流通的环节，制定全国性的法律，以此建立完善、统一的公共数据确权授权机制。

10.3.2 政策保障：安全与监管支撑

本书关于政策保障，从安全和监管公共数据授权运营两个方面提出了相应的政策建议。为公共数据与实体产业的深度融合提供有力的政策激励和支撑，推动数字经济与实体经济的协同发展，共同开创数字化转型的新篇章。

1. 安全保障：标准化、规范化公共数据授权运营流程，保障数据安全

（1）**健全公共数据授权运营领域配套法律体系**。立足于现行的《网络安全法》《国家密码法》《数据安全法》《关键信息基础设施安全保护条例》《个人信息保护法》等法律制度[181]，积极探索公共数据要素流动、相关合规公证、算法审查、侵权认定等规则，确保公共数据授权运营的公平性、安全性和透明性。应强化数据使用的法律责任，审慎建立数据滥用溯源和惩罚的相关制度标准，以营造风清气正的数据伦理环境[179]。建立完善的个人信息保护机制是公共数据授权运营的重要一环，公共数据主管部门应要求授权运营单位构建健全的个人信息保护技术体系和管理体系[132]。

（2）**明确被授权主体数量限制标准**。鉴于安全风险和监管成本，有必要限制被授权主体的数量。未来应尽快制定公共数据授权主体数量限制标准。如果被授权主体数量的不足可能导致运营方成为数据服务的垄断者，这不利于数字经济的健康发展和市场竞争。虽然授权多个市场主体可以提高市场效率，但这种做法也可能引发市场无序、过度竞争以及监管难度增大的问题[94]。目前，只有《浙江省公共数据授权运营管理暂行办法》的征求意见稿提出了具体的授权运营单位数量限制[94]：省级不超过 20 家，各设区市不超过 10 家，设区市可选择条件较好的县（市、区）开展试点，试点县（市、区）授权运营单位不超过 2 家。然而，最终通过的《浙江省公共数据授权运营管理暂行办法》去除了这一具体限制，仅使用"总量控制"一词进行模糊限定。

（3）限定授权运营数据范围，制定公共数据授权运营分级分类标准。由于公共数据受到含有大量的个人数据和商业秘密等因素的影响，对于授权运营数据的安全性、使用目的与范围提出了更高的要求。那些可通过公开途径免费获取的公共数据不应要求运营方支付额外对价，也不应包含在授权运营的数据范围内。此外，还需督促政府履行公共数据开放的职责，不能仅依赖授权运营来推卸开放公共数据的职责。目前，有条件开放的数据类别相对直接且定义清晰，已成为授权运营的一个基础范畴。然而，这不应被视为最终目标。展望未来，我们可以参考现有的公共数据开放的分级和分类策略，对授权运营的公共数据实施类似的分级分类管理，从而提升数据管理的细致性和使用的效率，政府应该根据自身的特定要求和实际情况，合理编制公共数据目录，明确数据的来源、范围、用途和授权条件等信息。

2. 监管支撑：公共数据授权运营全流程监管，保障公共利益

（1）**强化公共数据授权运营监管体系。**在公共数据授权运营相关标准、规则及法律体系下，构建覆盖公共数据授权运营全流程的治理监管体系，完善公共数据要素及其关联要素的联动治理监管机制[174]，实现政府监管、行业自治、主体自律的多元协同治理体系。一是防范经营者的垄断和不正当竞争，防止所有权人和经营权人滥用收益权与民争利甚至阻断公众的合法利用行为，依据有关的法规和政策进行公共数据的反垄断规制，以营造公平竞争、规范有序的市场环境，保护用户的利益。二是强化对公共数据及其相关产品和服务定价机制的监管。政府部门可以通过设定指导价格或实行价格备案制度，监督授权运营单位的定价和收费行为[132]。此外，司法和执法机构应根据相关法规制度，加大对公共数据授权运营领域违法违规行为的整治和惩罚力度，以确保公共数据授权运营工作有序进行。

（2）**制定公共数据授权的评估机制**。在进行公共数据授权运营之前，须根据明确的规则和标准进行风险评估，比如对数据使用者进行资质审查[132]，包括对运营主体的技术能力、管理能力、信誉记录等综合评估、对数据使用目的和方式进行评估，确保其符合法律法规要求，且不会对公共利益造成损害；实施数据保护影响评估，评估数据处理可能对个人隐私、企业利益及国家安全等方面产生的影响，从而制定相应的风险应对措施。

事中制定公共数据授权运营使用过程管理制度。监管机构利用技术手段实时监控数据的使用情况，及时发现和处理违规行为。定期评估数据使用效果，分析数据使用的合规性、效率以及所产生的社会价值等方面。根据评估结果，及时更改数据授权策略和管理措施，确保数据使用的合规性和高效性[177]。

授权运营结束后，应该重点关注对公共数据利用成果的评价机制。我们需要对数据利用成果进行全面评价。这包括评估数据利用产生的经济效益、社会效益以及是否达到预期目标等。对于发现的违规行为，依法进行处罚并要求整改。同时，将违规记录纳入信用体系，作为未来是否继续授权运营的重要参考依据。

附 录

各省级公共数据开放平台一览表。

序号	省份	省级平台名称	平台链接
1	安徽省	安徽省公共数据开放平台	http://data.ahzwfw.gov.cn:8000/dataopen-web/index
2	福建省	福建省公共数据资源统一开放平台	http://data.fujian.gov.cn/
3	甘肃省	甘肃省公共数据开放平台	未查询到网址
4	广东省	"开放广东"平台	http://gddata.gd.gov.cn/
5	广西壮族自治区	广西壮族自治区公共数据开放平台	http://data.gxzf.gov.cn/portal/index
6	贵州省	贵州省政府数据开放平台	http://data.guizhou.gov.cn/home
7	海南省	海南省政府数据统一开放平台	http://data.hainan.gov.cn
8	河北省	河北省公共数据开放网	http://hebdata.hebyun.gov.cn/home
9	黑龙江省	黑龙江省政务数据开放平台（试运行）	http://116.182.12.53:8001/oportal/index
10	河南省	河南省公共数据运营服务平台	http://data.hnzwfw.gov.cn
11	湖北省	湖北省公共数据开放平台	http://data.hubei.gov.cn/
12	湖南省	湖南省政务大数据公众门户	https://data.hunan.gov.cn/etongframework-web/business/resource/list.do
13	江苏省	江苏省公共数据开放平台	http://data.jszwfw.gov.cn:8118/extranet/openportal/pages/default/index.htm
14	江西省	江西省公共数据开放平台	https://data.jiangxi.gov.cn/
15	辽宁省	辽宁省公共数据开放平台	http://data.ln.gov.cn/oportal/index
16	宁夏回族自治区	宁夏回族自治区公共数据开放平台	https://opendata.nx.gov.cn/portal/index

（续）

序号	省份	省级平台名称	平台链接
17	内蒙古自治区	内蒙古自治区公共信息资源开放平台	http://open.nmgdata.org.cn/
18	青海省	青海省人民政府政务公开平台	未查询到网址
19	山东省	山东省公共数据开放网	http://data.sd.gov.cn
20	山西省	山西省公共数据开放网站	http://data.shanxi.gov.cn/
21	陕西省	陕西省公共数据开放平台	未查询到网址
22	四川省	四川公共数据开放网	未查询到网址
23	新疆维吾尔自治区	新疆维吾尔自治区政务数据开放网	未查询到网址
24	浙江省	浙江省人民政府数据开放平台	https://data.zjzwfw.gov.cn/jdop_front/index.do

参 考 文 献

[1] 国务院. 国务院关于印发"十四五"数字经济发展规划的通知[EB/OL]. (2022-01-12)[2024-06-03].https://www.gov.cn/zhengce/content/2022-01/12/content_5667817.htm.

[2] 中国社会科学院工业经济研究所. 中国工业发展报告（2022）[M]. 北京：经济管理出版社，2022.

[3] 陈兵. 科学构建数据要素交易制度[J]. 人民论坛·学术前沿，2023(06)：66-78.

[4] 汪燕. "数据要素×"时代开启赋能数字经济做强做优做大[N]. 中国计算机报，2024-01-15(016).

[5] 金骋路，陈荣达. 数据要素价值化及其衍生的金融属性：形成逻辑与未来挑战[J]. 数量经济技术经济研究，2022，39(07)：69-89.

[6] 王晓东. 打通"数实融合"中的数据供给堵点[EB/OL]. (2023-09-27)[2024-06-07]. https://www.ndrc.gov.cn/wsdwhfz/202309/t20230927_1360933.html.

[7] 苏德悦. 数据生产力活力迸发加速向"数据强国"迈进[N]. 人民邮电，2023-12-25(001).

[8] 戈晶晶. 孟庆国：以公共数据为抓手推动数据要素市场建设[J]. 中国信息界，2023(03)：12-16.

[9] 张树臣，陈伟，高长元. 大数据环境下公共数字文化服务云平台构建研究[J]. 情报科学，2021，39(04)：112-118.

[10] 孟庆国. 以公共数据治理为抓手，加快推动数据基础制度的构建与完善[EB/OL].(2022-12-21)[2024-06-06].https://www.ndrc.gov.cn/xxgk/jd/jd/202212/t20221220_1343707.html.

[11] 张斌，李亮. "数据要素×"驱动新质生产力：内在逻辑与实现路径[J]. 当代经济管理，2024，46(08)：1-10.

[12] 郑磊，刘新萍. 中国公共数据开放发展报告（2022）[M]. 北京：社会科学文献出版社，2022.

[13] 张会平. 我国数字政府建设效能提升的难点及应对[J]. 国家治理，2023(13)：24-28.

[14] 宋冬林，孙尚斌，范欣. 数据成为现代生产要素的政治经济学分析[J]. 经济学家，2021(07)：35-44.

[15] 刘治彦，王谦. 数据要素对经济增长的影响——基于科学决策的中介效应分析[J]. 当代经济管理，2024，46(09)：9-19.

[16] 王英，马海群. 数据要素视角下公共数据安全保障的若干问题研究[J]. 现代情报，2024，44(08)：4-12.

[17] 周文泓，王欣雨，陈喆，等. 我国公共数据授权运营的实践进展调查与展望[J/OL]. 现代情报，1-19[2024-08-07].

[18] 陈书晴，任昊翔，陶思佳，等. 数据要素与多元市场主体融合机制研究[J]. 信息通信技术与政策，2022(01)：2-10.

[19] 向建群，刘云忠，尤孝才. 矿产的资源化、资产化、资本化三位一体管理的经济研究[J]. 中国矿业，2013，22(01)：37-40.

[20] 杜庆昊. 数据要素资本化的实现路径[J]. 中国金融，2020(22)：34-36.

[21] 李健. 数字经济、要素市场化与产业结构转型升级[J]. 统计与信息论坛，2024，39(05)：31-44.

[22] 窦悦，郭明军，张琳颖，等. 全国一体化数据交易场所体系的总体布局及推进路径研究[J]. 电子政务，2024(02)：2-11.

[23] 徐晔，王志超. 数据要素市场化建设与企业数字化转型——基于数据交易平台的准自然实验[J/OL]. 软科学，1-13[2024-07-19].

[24] 张斯睿，闫树. 数据要素市场建设的关键突破口：公共数据授权运营[J]. 信息通信技术与政策，2023，49(04)：22-26.

[25] 吴武清，李祁恒，章柳漪，等. 公共数据资源与企业全要素生产率——基于地方政府数据开放的准自然实验[J]. 系统工程理论与实践，2024，44(06)：1815-1833.

[26] 闫树，吕艾临，马闻达. 我国数据要素产业发展现状与趋势[J]. 信息通信技术与政策，2024，50(04)：2-8.

[27] 黄益平，沈艳. 数据要素市场化配置多点发力[J]. 经济，2022(02)：74-77.

[28] 邰蕾. 我国数据要素市场化配置改革路径分析及发展建议[J]. 通信世界，2024(03)：24-27.

[29] 袁媛，孟亚洁. 解读全国统一大市场打造以"内循环为主"的新发展格局[J]. 通信世界，2022(09)：28-29.

[30] 孙静，王建冬. 多级市场体系下形成数据要素资源化、资产化、资本化政策闭环的总体设想[J]. 电子政务，2024(02)：12-20.

[31] 张楠，孙涛，汤海京. 电子公务框架下的公共数据资源管理[J]. 中国行政管理，

2008(S1): 82-85.

[32] 任泳然. 数字经济驱动下政务数据资产化与创新策略研究[D]. 江西财经大学, 2020.

[33] 郑春燕, 唐俊麒. 论公共数据的规范含义[J]. 法治研究, 2021(06): 67-79.

[34] 张新宝, 曹权之. 公共数据确权授权法律机制研究[J]. 比较法研究, 2023(03): 41-55.

[35] 沈斌. 论公共数据的认定标准与类型体系[J]. 行政法学研究, 2023(04): 64-76.

[36] 钟书丽, 韩世蛟, 张瑶瑶, 等. 公共数据有偿服务的正当性与实践路径研究[J]. 电子科技大学学报（社科版）, 2024, 26(01): 44-53.

[37] 夏义堃. 数字环境下公共数据的内涵、边界与划分原则分析[J]. 中国图书馆学报, 2024, 50(02): 100-114.

[38] 王锡锌, 王融. 公共数据概念的扩张及其检讨[J]. 华东政法大学学报, 2023, 26(4): 17-27.

[39] 黄先海, 虞柳明, 戴岭. 政府数据开放与创新驱动：内涵、机制及实践路径[J]. 东南学术, 2023(02): 102-113.

[40] 陈龙, 王建冬, 窦悦. 基于互联网大数据的宏观经济监测预测研究：理论与方法[J]. 电子政务, 2016(01): 18-25.

[41] 郑磊. 开放的数林：政府数据开放的中国故事[M]. 上海：上海人民出版社, 2018.

[42] 明承瀚, 徐晓林, 陈涛. 政务服务数据共享研究——以武汉市为例[J]. 电子政务, 2018(01): 14-21.

[43] 于浩. 以政务大数据共享深化"放管服"改革——以"最多跑一次"改革为例[J]. 山西经济管理干部学院学报, 2020, 28(04): 33-37.

[44] 胡业飞, 孙华俊. 政府信息公开与数据开放的关联及治理逻辑辨析——基于"政府—市场—社会"关系变迁视角[J]. 中国行政管理, 2021(02): 31-39.

[45] 顾嘉琪, 袁莉. 基于公众需求的政府数据开放服务质量提升研究[J]. 情报杂志, 2020, 39(6): 196-202.

[46] 段盛华, 于凤霞, 关乐宁. 数据时代的政府治理创新——基于数据开放共享的视角[J]. 电子政务, 2020(09): 74-83.

[47] 罗晶. 基于大数据技术的智慧城市公共资源配置系统设计[J]. 现代电子技术, 2021, 44(2): 122-126.

[48] 杨秀云, 韩奇. 公共数据开放能提升企业全要素生产率吗?[J]. 证券市场导报, 2023(12): 18-30.

[49] 王伊瑶. 公共数据授权运营的行政法规制研究[D]. 广东财经大学, 2023.

[50] 李重照, 黄璜. 英国政府数据治理的政策与治理结构[J]. 电子政务, 2019(01): 20-31.

[51] 代佳欣. 英美新三国政府开放数据用户参与的经验与启示[J]. 图书情报工作, 2021, 65(06): 23-31.

[52] 朱贝, 盛小平. 英国政府开放数据政策研究[J]. 图书馆论坛, 2016, 36(03): 121-127.

[53] 黄如花, 刘龙. 英国政府数据开放的政策法规保障及对我国的启示[J]. 图书与情报, 2017(01): 1-9.

[54] 梅傲, 柯晨亮. 日本开放数据利用模式分析及其启示[J]. 现代情报, 2022, 42(03): 95-101.

[55] 孙成德. 完善人民知情权的实现形式规范政府信息查阅场所建设——写在《中华人民共和国政府信息公开条例》实施周年之际[J]. 兰台世界, 2009(S1): 1-4.

[56] 杜海英, 程延军.《政府信息公开条例》实施情况实证研究——以《内蒙古政府信息公开年度报告》为样本[J]. 内蒙古大学学报（哲学社会科学版）, 2016, 48(04): 44-51.

[57] 朱锐勋. 中国政府信息公开的历史演进及其制度完善——《政府信息公开条例》颁布五周年回顾与展望[J]. 电子政务, 2013(07): 82-88.

[58] 赵继娣, 张罕仑. 地方政府数据开放成效评价研究——以上海市为例[J]. 电子政务, 2017(09): 11-21.

[59] 黄思棉, 张燕华. 当前中国政府数据开放平台建设存在的问题与对策研究——以北京、上海政府数据开放网站为例[J]. 中国管理信息化, 2015, 18(14): 175-177.

[60] 刘新萍, 孙文平, 郑磊. 政府数据开放的潜在风险与对策研究——以上海市为例[J]. 电子政务, 2017(09): 22-29.

[61] 姜雪婷. 上海市"一网通办"政务服务平台建设研究[D]. 东华大学, 2021.

[62] 中国信息通信研究院. 公共数据授权运营发展洞察（2023年）[Z]. 2023.

[63] 王晓冬. 我国公共数据开放面临的问题及对策[J]. 中国经贸导刊（中）, 2021(10): 78-79.

[64] 崔志敏. 公共数据开放的法律规制研究[D]. 南昌大学, 2021.

[65] 毛冰. 我国政府数据开放的地方立法问题研究[D]. 北京交通大学, 2023.

[66] 鲍静, 张勇进, 董占广. 我国政府数据开放管理若干基本问题研究[J]. 行政论坛, 2017, 24(01): 25-32.

[67] 郑磊, 刘新萍, 吕文增. 中国公共数据开放利用报告——省域报告（2023）[M]. 北京: 社会科学文献出版社, 2023.

[68] 郑磊, 刘新萍. 我国公共数据开放利用的现状、体系与能力建设研究[J]. 经济纵横, 2024(01): 86-92.

[69] 刘春艳, 齐雪晨. 公共数据开放平台用户体验状况调查与对策研究——以国内 12 个城市的公共数据开放平台为例[J]. 图书情报导刊, 2023, 8(10): 46-56.

[70] 姜鹏, 秦静. 智慧城市建设的五个问题[J]. 北京规划建设, 2017(06): 11-14.

[71] 吴帅帅. 政府数据开放的功能定位、实践困境及优化路径[J]. 情报杂志, 2023, 42(01): 168-173.

[72] 王新明, 桓德铭, 邹敏, 等. 我国公共数据开放现状及对策研究[J]. 江苏科技信息, 2021, 38(25): 40-43.

[73] 尹西明, 陈劲, 王冠. 场景驱动: 面向新质生产力的数据要素市场化配置新机制[J]. 社会科学辑刊, 2024(03): 178-188.

[74] 林明燕, 张廷君. 地方政府数据开放平台绩效评估指标体系实证研究[J]. 图书馆理论与实践, 2019(12): 46-54.

[75] 刘春艳, 孙明阳. 基于 TOE 框架的公共数据开放利用水平影响因素及提升路径分析[J]. 现代情报, 2024, 44(03): 105-119.

[76] 李强, 严永康, 钱智勇. 我国开放数据研究领域的科学知识图谱分析[J]. 国家图书馆学刊, 2023, 32(06): 91-105.

[77] 郑磊. 打通数据"宝瓶口": 公共数据资源供给的路径和目的[J]. 图书情报知识, 2024, 41(02): 23-27.

[78] 侯晓丽, 赵需要, 周庆山, 等. 政府开放数据生态链价值共创机理与节点优化策略研究[J]. 情报理论与实践, 2024, 47(05): 67-77.

[79] 韩梦琳. 大数据时代智慧城管运行机制研究[D]. 中共浙江省委党校, 2018.

[80] 胡业飞, 田时雨. 政府数据开放的有偿模式辨析: 合法性根基与执行路径选择[J]. 中国行政管理, 2019(01): 30-36.

[81] 袁刚, 温圣军, 赵晶晶, 等. 政务数据资源整合共享: 需求、困境与关键进路[J]. 电子政务, 2020(10): 109-116.

[82] 查怡然. 政府数据开放范围研究[D]. 湖北大学, 2022.

[83] 谢宗霖. 公共数据授权运营领域隐私保护问题研究[D]. 广西民族大学, 2023.

[84] 王治伟. 服务型政府视角下 S 市公共服务数字化转型障碍与优化策略[D]. 苏州大学, 2022.

[85] 肖冬梅, 苏莹. 我国政府数据开放中的安全风险及其防范对策[J]. 现代情报, 2022, 42(06): 112-120.

[86] 马费成, 卢慧质, 吴逸姝. 数据要素市场的发展及运行[J]. 信息资源管理学报,

2022，12(05)：4-13.

[87] 刘再春. 我国政府数据开放存在的主要问题与对策研究[J]. 理论月刊，2018(10)：110-118.

[88] 高丰. 厘清公共数据授权运营：定位与内涵[J]. 大数据，2023，9(02)：16-32.

[89] 宋烁. 构建以授权运营为主渠道的公共数据开放利用机制[J]. 法律科学（西北政法大学学报），2023，41(01)：83-94.

[90] 时祖光. 公共数据授权运营的理论阐述与规则构建[J]. 科技与法律（中英文），2023(06)：33-42.

[91] 冯洋. 公共数据授权运营的行政许可属性与制度建构方向[J]. 电子政务，2023(06)：77-87.

[92] 孙清白. 公共数据授权运营营利性与公益性的冲突及其制度协调[J]. 行政法学研究，2024(03)：140-153.

[93] 国务院. 中共中央 国务院关于构建数据基础制度更好发挥数据要素作用的意见[EB/OL]. (2022-12-19)[2024-05-28]. https://www.gov.cn/zhengce/2022-12/19/content_5732695.htm.

[94] 肖卫兵. 论公共数据运营前的授权环节立法[J]. 法学论坛，2024，39(03)：114-122.

[95] 马颜昕. 公共数据授权运营的类型构建与制度展开[J]. 中外法学，2023，35(02)：328-345.

[96] 张会平，薛玉玉. 公共数据授权运营产权运行机制的理论建构与实施路径[J]. 电子政务，2023(11)：2-13.

[97] 赵正，杨铭鑫，易成岐，等. 数据财政视角下公共数据有偿使用价值分配的理论基础与政策框架[J]. 电子政务，2024(02)：21-32.

[98] 严宇，李珍珍，孟天广. 公共数据授权运营模式的类型学分析——基于数字治理生态的理论视角[J]. 行政论坛，2024，31(01)：74-82.

[99] 李晓楠. 数字经济背景下公共数据开放安全治理[J]. 济南大学学报（社会科学版），2024，34(02)：75-85.

[100] 张斯睿. 新趋势下的公共数据授权运营推进反思[J]. 信息通信技术与政策，2024，50(04)：34-40.

[101] 唐要家. 数据产权二维目标及其制度实施[J]. 社会科学辑刊，2023(06)：156-164.

[102] 门理想，张瑶瑶，张会平，等. 公共数据授权运营的收益分配体系研究[J]. 电子政务，2023(11)：14-27.

[103] PRAHALAD C K, RAMASWAMY V. Co-creating unique value with customers[J].

Strategy & Leadership, 2004,32(3): 4-9.

[104] VARGO S L, LUSCH R F. Evolving to a New Dominant Logic for Marketing[J]. Journal of Marketing, 2004,68(1): 1-17.

[105] 赵龙文，洪逸飞，莫进朝. 政府开放数据价值共创过程及模式研究[J]. 情报杂志，2022，41(10)：147-155.

[106] 王学军. 价值共创：公共服务合作生产的新趋势[J]. 上海行政学院学报，2020，21(01)：23-32.

[107] 姚晓立. 品牌创新和营销生产力的价值共创效应——基于消费者关注的中介效应检验[J]. 商业经济研究，2021(14)：66-70.

[108] 唐长乐. 开发利用背景下的政府开放数据价值共创研究[D]. 武汉大学，2019.

[109] 沈斌. 公共数据授权运营的功能定位、法律属性与制度展开[J]. 电子政务，2023(11)：42-53.

[110] 辛勇飞. 中国数据治理规则体系构建：现状、挑战与展望[J]. 人民论坛·学术前沿，2023(06)：6-12.

[111] 赵蔡晶，计丽娜. 开放与运营：公共数据价值实现的双路径[J]. 信息通信技术与政策，2023，49(04)：27-33.

[112] 王伟玲. 政府数据授权运营：实践动态、价值网络与推进路径[J]. 电子政务，2022(10)：20-32.

[113] 张会平，顾勤，徐忠波. 政府数据授权运营的实现机制与内在机理研究——以成都市为例[J]. 电子政务，2021(05)：34-44.

[114] 上海市人民政府. 上海市公共数据开放暂行办法[EB/OL]. (2019-08-29)[2024-06-11].https://www.shanghai.gov.cn/nw45024/20200824/0001-45024_62638.html.

[115] 上海市人民政府. 上海市进一步推进新型基础设施建设行动方案（2023—2026年）[EB/OL]. (2023-09-15) [2024-06-11].https://www.shanghai.gov.cn/nw12344/20231018/8050cb446990454fb932136c0b20ba4d.html.

[116] 龚芳颖，郭森宇，马亮，等. 公共数据授权运营的功能定位与实现机制——基于福建省案例的研究[J]. 电子政务，2023(11)：28-41.

[117] 浙江省人民政府办公厅. 浙江省公共数据授权运营管理办法（试行）[EB/OL]. (2023-08-01)[2024-06-15].https://www.zj.gov.cn/art/2023/8/22/art_1229017139_2487072.html.

[118] 王丛虎，李子林. 公共资源交易数据治理创新的内在逻辑——以贵州省域数据共享与治理为例[J]. 中国高校社会科学，2023(05)：149-156.

[119] 王翔，郑磊. "公共的"数据治理：公共数据治理的范围、目标与内容框架[J].

电子政务，2024(01)：2-9.

[120] 汪玉凯. 数据治理的内涵、困境及其实践路径[J]. 社会治理，2023(03)：4-11.

[121] 王今，邹纯龙，马海群. 公共数据生态系统测度及优化路径研究[J]. 情报理论与实践，2022，45(10)：19-26.

[122] 孙建军，马亚雪. 面向多元场景的数据治理：进展与思考[J]. 图书与情报，2023(04)：1-11.

[123] 国家市场监督管理总局，中国国家标准化管理委员会. 信息技术数据质量评价指标：GB/T 36344—2018[S]. 北京：中国标准出版社，2018.

[124] 周枫，金波. 基于 PDCA 模型的档案数据质量治理研究[J/OL]. 情报科学，1-18. (2024-05-07)[2024-06-14].http://kns.cnki.net/kcms/detail/22.1264.G2.20240506.1623.006.html.

[125] 王吟，卢星宇，陈曦. 构建全国一体化公共数据资源体系促进公共数据汇聚利用[N]. 贵州政协报，2024-03-10(002).

[126] 上海市人民政府. 上海市公共数据和一网通办管理办法[EB/OL]. (2018-10-12)[2024-06-18]. https://www.shanghai.gov.cn/nw43860/20200824/0001-43860_57203.html.

[127] 王珏. 以数据开放共享助力政府治理能力提升[J]. 经济师，2020(07)：239-240.

[128] 张静雯. 我国政府数据开放利用法律制度研究[D]. 云南师范大学，2022.

[129] 吉林省人民政府. 吉林省公共数据和一网通办管理办法（试行）[EB/OL]. (2019-01-04) [2024-06-18]. https://xxgk.jl.gov.cn/szf/gkml/201901/t20190117_5486564.html.

[130] 北京市大数据工作推进小组. 北京市公共数据管理办法[EB/OL]. (2021-01-28) [2024-06-18]. https://open.beijing.gov.cn/html/zcfg/2022/1/1642494400922.html.

[131] 北京：53 个部门数据壁垒 10 分钟打通[J]. 计算机与网络，2019，45(22)：2-3.

[132] 张涛. 公共数据授权运营中的国家担保责任及其调控面向[J]. 清华法学，2024，18(02)：18-30.

[133] 易淑鸿. 自然资源数据专区授权运营法律制度研究[D]. 江西财经大学，2023.

[134] WEBER K, OTTO B, ÖSTERLE H. One Size Does Not Fit All---A Contingency Approach to Data Governance[J]. Journal of Data and Information Quality, 2009,1(1): 1-27.

[135] 王真平，彭箫剑. 政府数据采集的法治路径[J]. 图书馆，2021(12)：17-24.

[136] 于同同，王鹏皓. 基于全生命周期的公共数据安全治理研究[J]. 黑龙江社会科学，2024(01)：59-66.

[137] 欧阳日辉，杜青青. 公共开放数据的"数据赋智"估值模型及应用[J]. 西安交通

大学学报(社会科学版)，2023，43(02)：80-94.

[138] 马费成，孙玉姣，熊思玥，等. 三大数据资产化路径探析[J/OL]. 信息资源管理学报，1-10.(2024-05-14)[2024-06-21]. http://kns.cnki.net/kcms/detail/42.1812.G2.20240510.1747.004.html.

[139] 中国软件评测中心. 公共数据运营模式研究报告[R]. 2022.

[140] 浙江省人大及其常委会. 浙江省公共数据条例[EB/OL]. (2022-01-21)[2024-06-22]. https://www.zj.gov.cn/art/2022/10/13/art_1229610718_2436607.html.

[141] 国务院. 国务院关于加强数字政府建设的指导意见[EB/OL]. (2022-06-06) [2024-06-22]. https://www.gov.cn/zhengce/content/2022-06/23/content_5697299.htm.

[142] 国务院办公厅. 全国一体化政务大数据体系建设指南[EB/OL]. (2022-09-13) [2024-06-22]. https://www.gov.cn/zhengce/content/2022-10/28/content_5722322.htm.

[143] 全国一体化政务大数据体系建设指南[J]. 中小企业管理与科技，2022(20)：1-11.

[144] 张阿哲，李家欢，朱子建. 数字孪生流域数据安全问题探究及对策[J]. 水利信息化，2022(06)：15-19.

[145] 杨云龙，张亮，杨旭蕾. 可信数据空间助力数据要素高效流通[J]. 邮电设计技术，2024(2)：57-61.

[146] 李荣志，张晓宇，许萌君，等. 新形势下数字统战标准体系建设的框架与路径——以江苏数字统战标准体系建设为例[J]. 江苏省社会主义学院学报，2023，24(2)：44-52.

[147] 王淑梅. 数智化背景下企业会计数据治理研究[J]. 中国产经，2023(23)：100-102.

[148] 杭州市人民政府办公厅. 杭州市公共数据授权运营实施方案（试行）[EB/OL]. (2023-09-01) [2024-06-27]. https://www.hangzhou.gov.cn/art/2023/9/8/art_1229063382_1837127.html.

[149] 南京市人民政府办公厅. 南京市公共数据授权运营管理暂行办法[EB/OL]. (2024-04-23) [2024-06-27]. https://www.nanjing.gov.cn/zdgk/202404/t20240424_4216147.html.

[150] 北京市经济和信息化局. 北京市公共数据专区授权运营管理办法（试行）[EB/OL].(2023-12-05) [2024-06-26]. https://www.beijing.gov.cn/zhengce/zhengcefagui/202312/t20231211_3496032.html.

[151] 青岛市大数据发展管理局. 青岛市公共数据运营试点管理暂行办法[EB/OL]. (2023-04-25)[2024-06-26]. http://www.qingdao.gov.cn/zwgk/xxgk/dsjj/gkml/gwfg/202305/t20230517_7191162.shtml.

[152] 沈阳市大数据管理局. 沈阳市公共数据授权运营工作指南（试行）[EB/OL]. (2023-12-28)[2024-06-26]. https://dsjj.shenyang.gov.cn/zdgz/202401/t20240111_

4588417.html.

[153] 上海市普陀区人民政府办公室. 普陀区公共数据运营服务管理办法（试行）[EB/OL].(2021-11-24) [2024-06-26]. https://www.shpt.gov.cn/zhengwu/jhzj-qfbzhzw/2024/104/90777/fbc7a6dabbe94365a8bd5533a78fdf91.pdf.

[154] 中国电子技术标准化研究院，御数坊（北京）科技咨询有限公司，北京大学，等. 数据管理能力成熟度评估模型：GB/T 36073—2018[S]. 北京：中国标准出版社，2018.

[155] 国家信息中心，中国电子技术标准化研究院，电信科学技术研究院有限公司，等. 信息技术　大数据　政务数据开放共享　第 2 部分：基本要求：GB/T 38664.2—2020[S]. 北京：中国标准出版社，2020.

[156] 中国电子技术标准化研究院，中国科学技术大学，国家计算机网络应急技术处理协调中心，等. 数据安全技术　数据分类分级规则：GB/T 43697—2024[S]. 北京：中国标准出版社，2024.

[157] 周文泓，王欣雨，陈喆，等. 我国公共数据授权运营的实践进展调查与展望[J/OL].现代情报, 1-19. (2024-05-08)[2024-08-21]. http://kns.cnki.net/kcms/detail/22.1182.G3.20240508.1345.004.html.

[158] 迪莉娅. 公共数据授权运营数据要素流通监管的理念、模式与发展策略[J]. 现代情报，2024，44(03)：93-104.

[159] 王万华. 论政府数据开放与政府信息公开的关系[J]. 财经法学，2020(01)：13-24.

[160] 刘迎风，梁满，冯骏. 以数据为核心：构建上海市公共数据安全保障体系思路[J]. 中国信息安全，2019(12)：64-67.

[161] 张楠. 数据要素市场化配置探索：理论与实践[J]. 软件和集成电路，2023(05)：22-23.

[162] 魏明月，王淑，王淼，等. 基于"互联网+"的跨区域医疗信息共享与服务协同平台设计[J]. 中国卫生资源，2021，24(05)：547-550.

[163] 夏飞，黄丽华. 金融业数据流通交易市场初探[J]. 上海信息化，2023(02)：25-31.

[164] 财通证券. 数据要素应用加快推进，掘金建筑行业应用[EB/OL]. (2024-05-19)[2024-07-03]. https://www.hangyan.co/reports/3371779215945893622.

[165] 刘琼，刘桂锋，卢章平，等. 中华文化数据库：缘起、渐序、汇聚——基于党的二十大报告中关于"文化强国"和"数字中国"的思考[J]. 情报科学，2023，41(07)：23-31.

[166] 练靖雯，赵宇翔，李新月，等. 枯木逢春犹再发：基于互联网档案循证的数字人文数据可持续访问和重用探索[J]. 情报理论与实践，2024：1-13.

[167] 杨琳. 大陆古籍数字化的现状及存在的问题[C]. 第一届中国古籍数字化国际学术研讨会论文集，2007：46-58.

[168] 盛振江. 大数据赋能社会治理创新的逻辑与路径[J]. 中国治理评论，2023(01)：77-93.

[169] 靳晓宏，谭晓，李辉. 数据要素乘数效应赋能实体经济发展：作用机理及路径选择[J]. 情报理论与实践，2024，47(06)：31-38.

[170] 田川. 数字经济：推进中国式现代化的重要动力[N]. 社会科学报，2023-09-07(001).

[171] 张骏，马蕾. 率先面向制造业构建数据产业生态[J]. 群众，2024(04)：35-36.

[172] 唐萍萍，任保平. 数字经济赋能新型工业化的推进机制与实践路径[J]. 上海商学院学报，2024，02(25)：3-17.

[173] 浙江省发展和改革研究所联合课题组，杭州市发展和改革委员会，杜平，陈静静，等. 服务制造化、制造服务化打造两业深度融合城市范例[J]. 浙江经济，2022(01)：46-49.

[174] 张夏恒，刘彩霞. 数据要素推进新质生产力实现的内在机制与路径研究[J]. 产业经济评论，2024(03)：171-184.

[175] 卢启刚，陈晨，师旭颖，等. 公共数据授权运营的关键问题与实施架构研究[J]. 网络安全与数据治理，2024(05)：83-92.

[176] 齐萱，赵天宇. 新质生产力下数商企业数据资产管理质量提升研究[J]. 财会研究，2024(05)：73-79.

[177] 刘阳阳. 公共数据授权运营：生成逻辑、实践图景与规范路径[J]. 2022(10)：33-46.

[178] 叶明，朱佳佳. 论公共数据授权运营的立法路径[J]. 地方治理研究，2024(01)：14-27.

[179] 师博，魏倩倩. 数字经济与实体经济融合的制度安排[J]. 经济与管理评论，2024，02(40)：17-28.

[180] 胡锴，熊焰，梁玲玲，等. 数据知识产权交易市场的理论源起、概念内涵与设计借鉴[J]. 电子政务，2023(07)：27-42.

[181] 范柏乃，段忠贤. 数字经济安全风险防控机制建设路径探讨[J]. 国家治理，2022(05)：43-46.